纸上耕耘　润泽心田

中国石窟艺术精讲

常青——著

東方出版中心

图书在版编目（CIP）数据

中国石窟艺术精讲 / 常青著. 一上海：东方出版中心，2022.8（2025.10重印）

ISBN 978-7-5473-2007-5

Ⅰ. ①中… Ⅱ. ①常… Ⅲ. ①石窟－研究－中国 Ⅳ. ①K879.204

中国版本图书馆CIP数据核字（2022）第087063号

中国石窟艺术精讲

著　　者　常　青
策划/责编　戴欣倍
装帧设计　钟　颖

出 版 人　陈义望
出版发行　东方出版中心
地　　址　上海市仙霞路345号
邮政编码　200336
电　　话　021-62417400
印 刷 者　上海丽佳制版印刷有限公司

开　　本　710mm × 1000mm　1/16
印　　张　23.5
字　　数　309千字
版　　次　2022年8月第1版
印　　次　2025年10月第2次印刷
定　　价　98.00元

目录

山西

河南

河北

陕西

四川

前言

石窟，就是开凿在河畔山崖间的寺院。因为它们绝大多数是一座座石质的洞穴，有着佛教寺院性质的使用功能，所以，石窟也叫“石窟寺”。这种建筑形式起源于古代印度，传入中国后，与中国传统文化相结合，造就了一大批中国独特的石窟艺术，成为中华民族传统艺术的重要组成部分。

在印度，石窟是一种宗教建筑，服务于佛教、印度教、耆那教等宗教。中国石窟起源于印度佛教石窟。佛教是世界上的三大宗教之一，它起源于印度，主要流行于亚洲地区。佛教的创始人悉达多，族姓乔达摩，释迦牟尼是佛教徒对他的尊称，意思是释迦族的圣人。释迦牟尼生活的时代，差不多与中国春秋时代的圣人——孔子同时，也算是东方这两大文明古国的一个有趣巧合了。释迦牟尼是在 29 岁出家修行的，在 35 岁时通过自己的独立思考创立了一套学说体系，以后一直在印度的恒河流域一带进行传教活动，逐渐得到了上层统治者的支持，在普通群众中也拥有越来越多的信徒。释迦牟尼总结出自己的学说体系，被他的信徒们称作“成道”，而成道以后的释迦牟尼也就是我们一般概念中的佛了。

到了 1 世纪前后，印度佛教中出现了大乘和小乘两个派别，这里的乘就是“乘载”或“道路”的意思，这是后期的大乘佛教把前期佛教贬称为小乘，认为他们的说教引导众生到达幸福的彼岸世界更加方便。小乘佛教认为佛只有释迦牟尼一人，而大乘佛教则宣称佛不仅仅是释迦牟尼一位，在过去、现在、未来三世间，在上下四方四维的各个空间领域，都存在着各种各样的佛，他们有的就是涅槃彼岸极乐世界的主宰。

那么，怎样才能摆脱现实中的苦难、达到涅槃世界呢？佛教认为，只要严格地按照佛教所规定的正确方法去修行，把自己的生活行为、思想道德完全纳入佛教的轨道，将来是一定可以成佛的。包括石窟在内的佛教寺院就是提供给出家僧人们进行念经、说法、修行和日常生活起居的场所，僧人们在这里将会学到佛教的思想，按照佛教的规定进行修行，他们认为这就是通往彼岸幸福世界的道路。大乘佛教也称作“像教”，因为他们主张造立或描绘各种各样的佛像，以及佛教世界里的其他尊神像，如菩萨、罗汉、天王、金刚力士等，去供奉它们，这样一来，在这些偶像们身上就会具有这些佛教尊神们的全部思想和神通。面对这些偶像，众生们就可以寄托他们的所有愿望。我们在石窟和地面寺院里，会看到各种佛教人物偶像，因为佛是无所不在的。所以，遍布各地的大小寺院和石窟，也可以说是佛在我们人间的不同住所。

佛教信徒可以分为出家人和在家人两种。在家佛教徒就是居士，他们也是以佛寺和石窟作为活动基地的，那么佛寺和石窟相对于他们而言，就是沟通现实世界和佛教世界的桥梁。这就是石窟的基本作用和功能，是为弘扬佛教思想、为僧侣们的出家修行服务的。同时，古代的善男信女们认为出资开凿石窟、雕塑与绘画佛像的过程，本身就是一种做功德的行为。

随着佛教在东汉初年传入中国，佛教信仰在东汉末年确立，石窟这种集建筑、雕塑、绘画于一体的艺术形式也在 4 世纪以后落地中国。5 至 8 世纪是中国石窟发展的最盛期，最晚的可以到达 19 世纪。中国历朝历代的石窟寺可以分为以下几种类型：

（1）洞窟内立一座中心塔柱的塔庙窟，是提供给僧侣们绕塔作礼拜用的。

（2）用于讲经说法的佛殿窟。

（3）供给僧人生活起居和坐禅修行用的僧房窟。

（4）在有的塔庙窟或佛殿中雕塑了大型佛像，就形成了大像窟。

（5）在佛殿窟内设立中心佛坛，形成模仿地面寺院殿堂做法的佛坛窟。

（6）专门为坐禅修行而凿的小型禅窟（罗汉窟）。

（7）由小型禅窟组成的禅窟群。

（8）利用天然溶洞稍加修凿而成的石窟。

（9）利用崖面的自然走向而布局规划开凿出的摩崖造像。

另外，中国石窟寺在不同的时代与不同的地区发展也是不平衡的，这样就形成了不同时代的艺术风格和不同地区的地方特色。中国石窟寺的制作，还是就地取材、因地制宜的。在质地松软、不适合雕刻的山崖上开凿出的石窟，就会像敦煌莫高窟那样发展彩塑像和壁画。在质地较松的砂岩崖间，就会凿出规模巨大的大同云冈石窟。然而，在质地坚硬的石灰岩崖间，洛阳龙门石窟的规模不太大，但有精雕细刻的作品。于是，中国大地就产生了一座座不同质地的岩中殿堂与众多的精美雕塑像以及壁画。

就全中国的范围来看，石窟与摩崖造像地点的总数约在五千处以上，而石窟洞和造像龛的数量在各地的保存有多有少，总数很可能会超过十万处。所有地点，按其窟龛造像数量之多少，空间与体量之大小，可以分为四个级别。第一级为甘肃敦煌莫高窟、山西大同云冈石窟、河南洛阳龙门石窟三大石窟。第二级为窟龛数量在两百处左右或规模相当的石窟群，其代表有新疆拜城克孜尔石窟、甘肃天水麦积山石窟、甘肃永靖炳灵寺石窟、甘肃庆阳北石窟寺等。第三级为窟龛数量在一百处左右或规模相当的石窟群，其代表有四川广元千佛崖石窟、浙江杭州飞来峰石窟等。第四级为窟龛数量在五十处以下或规模相当的石窟群，其代表有河北邯郸北响堂石窟、河南巩县石窟、云南剑川石钟山石窟等。中国石窟的时代延续之长久，保存内容之丰富，是其他信仰佛教的国家所无法相比的。各个地区、各个地点艺术风格的形成都不是孤立的，在它们之间存在着错综复杂的相互影响关系，不断地推动着石窟寺向中国民族化的风格迈进。

在一个人有限的生命中，是不可能走完中国全部石窟地点的。但其中最著名的石窟有三十处左右，是石窟艺术研究者与爱好者必须要参访的，因为它们是中国石窟艺术的精华，谱写着这个特殊艺术形式的发展史。这些精华石窟包括新疆拜城克孜尔石窟、吐鲁番柏孜克里克石窟，甘肃的敦煌莫高窟、安西榆林窟、永靖炳灵寺石窟、天水麦积山石窟，山西的大同云冈石窟、太原天龙山石窟，河南的洛阳龙门石窟、巩县石窟寺，河北的南北响堂石窟，陕西关中唐代石窟、延安宋金石窟，四川的广元石窟、安岳石窟，重庆的大足石窟，浙江的杭州飞来峰石窟，以及云南的剑川石钟山石窟。走完了这些石窟地点的人们，可以自豪地说："我已经领略到了中国石窟艺术的精华！"

本书的主旨就是依次介绍这些精华石窟。为了使大家更好地了解石窟艺术，特意在绪论部分讲解"佛教艺术的基本常识"，使大家对佛教艺术的一般知识有所了解。在每一小节中对各地精华石窟进行叙述，内容包括石窟的概况、开凿背景、延续年代，以及对代表性洞窟的分析，对具体图像宗教意义的讲解等，还将涉及印度、中亚和中国的文化艺术交流等。如果这本书能陪伴石窟寺爱好者走完上述精华石窟，是我倍感欣慰之事！那么，为编写本书所付出的心血都是值得的。

绪论

佛教艺术的基本常识

公元前6世纪至前5世纪，佛教在古印度诞生。公元67年前后（东汉明帝时期），佛教传入中国。经过在中国近两千年的漫长历史演变，我们今天所看到的与中国佛教相关的艺术作品不仅种类丰富、形式多样，更在不同的历史时期形成了各自独特的风格。目前，中国佛教艺术的总体保存情况可以说遍布世界各地，既包括石窟寺、寺院、佛塔等不可移动文物，还有大量可移动的单体文物被海内外各大博物馆收藏。

中国佛教艺术作品数量庞大，总数约占中国古代艺术作品的50%，而道教的艺术作品只占不到1%。这些佛教艺术的灿烂成果，不仅极具研究学习的价值，也极具游览观赏价值，让后人可以通过这些艺术作品了解那些特定时代的人文、艺术、社会特征。

绪论将从佛教艺术种类、佛教造像的分类、佛教艺术的题材、佛教题材的变迁、佛像风格的变化五个方面，系统地介绍中国佛教艺术的基本常识，让读者在后续的阅读中更好地欣赏浩瀚时光为我们所留存的精美佛教石窟艺术。

一、佛教艺术的种类

（一）寺院

寺院指在地面上建造的供奉佛、菩萨等神灵的场所，也是僧侣们修行与居住的地方。中国佛教寺院的建筑形制与布局经历了早期、中期、晚期三段时期的变化。

早期即初唐之前，那时候的寺院以佛塔为中心。中期，进入唐朝以后，很多佛寺不再以塔为中心，而是以大殿为中心，将佛塔置于寺旁的塔院之中。晚期，即入宋以后，佛寺的布局更为严谨，逐渐形成伽蓝七堂，分别为山门、佛殿、法堂、方丈、斋房、浴室、东司（厕所），主要大殿位于寺内的中轴线上，其他配殿及附属设施则置于中轴线两侧。明清之后，伽蓝七堂的布局固定成为佛寺规范，也是如今大众最熟悉的传统禅宗寺院布局。作为寺院中心的大殿，殿内通常会于正中供奉释迦牟尼佛及胁侍弟子、菩萨像，在主尊佛像的背屏后面塑水月观音像；在大殿两侧的山墙下安置十八罗汉像，每侧九尊。

（二）石窟

石窟是起源于印度的一种佛教建筑形式，指开凿在河畔山崖间的佛教寺院，因此又称为“石窟寺”。佛教提倡遁世隐修，一些僧人不愿在闹市的寺院中修行，于是选择离开城镇到山间开窟造像，用以修行、居住。通常石窟寺所在地均是距离城镇不远、依山傍水、风景优美的区域，既满足了僧人避世修行，同时也为他们的日常生活带来便利。

虽然中国最早的石窟是模仿印度石窟开凿的，但中国现存石窟数量已超过了印度。规模不一的石窟寺群分布在全国各地，其中最主要的三大石窟群为甘肃敦煌莫高窟、河南洛阳龙门石窟、山西大同云冈石窟。

石窟寺的形制通常反映着地面寺院大殿或佛塔的布局，我们可将其细分为不同的种类，较为典型的是中心柱窟、佛殿窟。

中心柱窟的窟室平面为方形或长方形，中间有方形的塔柱直通窟顶，在中心柱窟的四面开龛造像，或者绘制壁画。方形的塔柱模仿的是中国佛寺中的木塔建筑。一般在木塔的第一层有实心方柱体直通顶部，方形柱体的四面各有一个或数个佛龛，可看出与中心柱窟的相似性。这种建筑形式源于印度早期的修行方式——入塔观像。指进入佛塔之后，人们可以沿着顺时针方向环绕塔来观赏佛像，再退到僻静之处苦思冥想、坐禅修行，最终达到人佛合一的理想境界。唐代及以前，入塔观像的修行方式十分流行，所以现存的大部分中心柱窟都开凿在那个时期。

进入唐代以后，中心柱窟数量逐渐减少，佛殿窟开始占据主要地位。佛殿窟，主要用以讲经说法，形制为方形或长方形平面，穹顶或覆斗顶。

除了中心柱窟和佛殿窟之外，供僧人坐禅、修行的小禅窟也是常见的形制之一。在印度，小禅窟通常开凿在石窟后壁或左右侧壁，供僧人们坐禅、修行之用。在中国，小禅窟的大小仅可容一人坐入，如敦煌莫高窟西魏雕凿的第 285 窟就是这种形制。

（三）佛塔

塔也起源于印度，被称为“窣堵坡”，意为坟冢。在佛教中，“窣堵坡”原本是佛祖释迦牟尼圆寂后，用以保存和供奉他火化后所留下的舍利的建筑物。

印度的佛塔为覆钵式，形制如倒扣的半球形。自佛教在东汉传入以后，中国古人将其汉化，形成了木或砖石构筑的楼阁式塔、密檐式塔、亭阁式塔等形制。随着汉传佛教的发展和建筑技术的进步，中国佛塔的材质也越来越丰富，除了石塔、砖塔、木塔（图 1），还有琉璃塔、铁塔等。作为佛教艺术的重要种类，佛塔同时也融入了造像、壁画等多样的佛教艺术元素，如在塔外壁上做雕塑像，在塔内绘制壁画等。

（四）雕塑

雕塑是常用来表现佛教的崇拜偶像。佛教雕塑最常用的材质有四种：石、铜、

图1　山西应县佛宫寺释迦塔（辽代）

木、泥。铜质雕塑，一般表面会鎏金，所以也叫“鎏金铜像”，在古代被称为“金像”。因为古时金属原材料比较珍贵，铜像一般体量都不大，偶有差不多和真人一般大小的大型铜像。更为常见的是石雕、木雕和泥塑。

干漆造像，又称“干漆夹苎”，原料包括天然漆液与苎麻、桐油、朱砂等。因其重量轻，主要用来举行“行像”仪式，即将佛像安置在装饰性的花车上在城内巡行，以供路旁众人膜拜。

其他材质的雕塑，如瓷、铁、金、银、玉、水晶等，相较而言数量较少，一般多见于家庭供奉或私人收藏。

造像碑，是中国古代雕塑的一种重要类型，属于石碑的分支。佛教传入中国后，古人将刻碑记事的传统与雕刻佛像相结合，在石碑上浮雕造像，并在底部刻发愿铭文。造像碑曾经在中国北朝时期一度流行，现存数量庞大。至唐朝时逐渐衰落，只有零星留存。在唐朝以后，造像碑基本绝迹。造像碑主要被安置在寺院、街道两侧以及墓前，为生人祈福，为死者消业。

（五）绘画

佛教艺术绘画有以下几种。

壁画，一般绘制于寺院或者石窟的墙壁上。

挂轴画，绘制在纸或绢上，再装裱成可以悬挂和卷起收纳挂轴。

册页画，由数张硬纸板折装成册，在每页上绘画，可以像一本书一样进行左右或上下翻阅。

手卷画，类似于挂轴，将书画装裱成卷子，握在手中横向展开阅览。

木雕版画，常用于书籍插图。雕版印刷起源于中国唐朝，最初将插图、文字在同一个版面上刻出，以整版的形式印制。现存最早的雕版印刷品是在敦煌莫高窟藏经洞中发现的唐代《金刚经》。

（六）佛教器物

佛教器物，广义上指佛教寺院内一切与佛事相关的器物。现存的佛器文物大多发掘于佛塔的地宫，原地面上寺院内的器物大部分都不存在了。佛器是佛教艺术中十分重要的门类，种类丰富，如果按用途分类，一般有庄严具、供佛器、报时器、容置器、携行器及密教法具六种。

古人会将自己宝贵的器物供奉给佛。例如，在陕西扶风法门寺的唐塔地宫中就发现了数量庞大的皇室供奉器物，包括法器、舍利用具、宫廷用的熏炉与茶具等。

二、佛教造像的分类

（一）佛

佛，是梵文 Buddha 的音译，意译为“悟道者”“觉者”，指自己已经觉悟了，还要使众生觉悟，并且觉行圆满。佛在佛教界代表最高果位，超出了六道轮回。佛教中出现最早的“佛”，是历史上的释迦牟尼。根据佛经记载，他在达到最高果位后，身体发生了一些异乎常人的变化，佛经称为“三十二大人相，八十种随形好”，即身体有 32 种大特征，还有 80 种小特征。在现实中，一件佛像上无法同时表现佛的上百种大小特点，所以佛教艺术家们在造像时对这些特征都会有所取舍。他们所选择的一些典型特征，构成了我们今日所看到的佛像最常见的形象：一是佛头顶有肉髻，这种外形与中国古代男性头顶的发髻相似，但实际上这不是头发造型而是佛的头顶隆起。肉髻表面会被头发覆盖，所以会刻有头发的纹理，这种纹理每个朝代不尽相同。二是佛的眉间有白毫，即是两眉之间有一个小圆圈。除了头部面部的特点，佛的身体也与常人不同，如胸前有万字，两耳较长，长臂过膝等。

佛陀的衣服称为袈裟，指为求解脱之人所穿的法服。汉地佛衣的样式主要有三种：一是通肩式，表现为圆弧形领口，大衣从脖颈一直下垂至腿间，结构简洁。二是袒裸右肩式，袈裟从左肩一直斜披至右胸部绕到背面，露出右肩与右臂。三是半披式，与袒裸右肩式相似，但区别在于右肩并不是袒露，而是被袈裟覆盖少许。

佛像的旁边一般有胁侍，意为站在佛旁边的助手，主要分为弟子、菩萨、天王（护法）三大类。

1. 弟子

弟子，指释迦牟尼的弟子，他们随佛修行，聆听说法。在佛教雕塑或绘画中，往往会在佛的两旁对称布置两位或者多位弟子。关于释迦牟尼弟子的数量，佛经里有多个说法，从四大弟子到十大弟子，甚至是五百弟子，均有记载。弟子的形象类似于现实生活中的和尚，与佛一样身着袈裟，但弟子是光头并且头顶没有肉髻。在佛的弟子中，最著名的弟子有两个，一个是老者形象的迦叶，一个是少年形象的阿难。

2. 菩萨

菩萨，具名“菩提萨埵”。“菩提”意为觉悟，“萨埵”意为有情，意即“觉悟有情”。有情包含了各种各样有感情的生物体，有过世的鬼魂，在世的人，天上的神仙，地上的动物，也就是众生。菩萨，是佛教中仅次于佛的第二高果位。菩萨推迟自己进入涅槃的时间，留在人间来觉悟有情众生。菩萨有很多，中国人最熟悉的是观音菩萨、文殊菩萨、普贤菩萨、地藏菩萨等。

菩萨的雕塑像起初是模仿古代印度的王子形象，头顶梳有发髻，有的戴冠，袒露上身，下身着长裙。与衣饰简洁明了的佛陀相比，菩萨的衣饰显得更为繁复，同时还有大量佩饰，如项圈、璎珞、臂钏、手镯等（图2）。菩萨形象传入中国后，经历了一个从男性化到女性化的过程，在其中还有一段男女形象综合的过渡期。在现今的菩萨形象中，最典型的便是细目长眉、恬静高雅的女相观世音菩萨。但实际上，菩萨是没有性别的，佛经中记载佛与菩萨本身无相。

图2　美国纽约大都会艺术博物馆藏唐代金铜菩萨像

3. 天王（护法）

护法，即保护、维持正法，是护卫佛国安全的守护神。大家最为熟悉的护法神是四大天王、两力士等。在佛教寺院、石窟、壁画中，他们多以成双成对的形式出现。天王的形象通常为武将打扮，手持武器，身披铠甲，脚下踩小鬼，威风凛凛。力士一般穿着与菩萨相似，袒露上身，着臂钏、手镯、璎珞，头上戴冠，但是形体与菩萨则完全不同，身体强壮，面部为夸张忿怒之相。传说两力士前世为兄弟，听到佛说法后顿悟，许愿释迦牟尼转生后愿托身为其护法。

（二）飞天

飞天是佛教中的一类众生，多为女性形象，负责音乐与舞蹈。有学者认为，她们是佛教护法中的乐神乾达婆与歌神紧那罗，但也有学者认为是佛教六道轮回最上层的“天”界众生，可以在天上奏乐，或者拿着鲜花、水果来供奉佛。在佛教艺术中有大量飞天的形象，尤其是在壁画上。飞天的衣饰、佩饰与菩萨相似，造型不同之处在于菩萨往往站立，而飞天腾飞于空中。

（三）供养菩萨

菩萨有很多种类，其中修行层次较低的菩萨为供养菩萨，为佛陀和弘扬佛法做供养。供养菩萨形体相对于其他主要的菩萨较小，着菩萨装，在佛教艺术作品画面中占次要地位。

（四）罗汉

罗汉，是阿罗汉的汉语简称，意译为应供、杀贼、无生，属于佛教果位的第四果。罗汉都是佛的弟子，之所以将罗汉从广义的弟子中区分出来，是因为唐代以后汉传佛教专立罗汉，在寺院中常塑有罗汉像。罗汉的造型与和尚一样，往往成组出现，常见有十六罗汉、十八罗汉或五百罗汉像。

（五）传法祖师

祖者始也，祖师，即始立法为人之师表者。佛祖释迦牟尼去世后，佛法由弟子一代代继承，其中为佛教继承发扬作出巨大贡献甚至是开宗立派的僧人，人们会在寺院、石窟为其塑像，以纪念和崇拜。在印度和中国都有传法祖师，有些是带有神话色彩的虚构人物，有些是历史上真实存在的僧人。

（六）供养人

供养人是中国历史上资助佛教艺术制作的俗人统称。在他们资助某种佛教艺术的时候，会让艺术家在艺术作品旁边或次要的位置雕塑或画上自己的肖像，同时在旁边题刻或写上自己的姓名，有的还记载着自己的官职、地位、功德、愿望等信息。供养人是当时生活在社会上的真实人物，但他们的形象往往不是写实的，而是通过当时典型世俗人物的形象概括表达。所以大部分石窟内供养人雕塑像与画像不具有个性，而具有共性，都十分相似，但有时代风格。

三、佛教艺术的题材

（一）本生故事

本生故事广义上包括所有释迦牟尼前世事迹，狭义上指南传巴利文佛典《本生经》中讲述的佛陀前生事迹的故事，共有547则。佛教认为，释迦牟尼在前世的修行中有过各种不同的身份，比如商人、国王、王子等，无论是哪一种身份，释迦牟尼始终怀有慈悲之心怀，并乐于行善，这在广为流传的“割肉贸鸽”“舍身饲虎”等本生故事中都有淋漓尽致地体现。除了不同的人类身份，释迦牟尼也曾是各种仁禽义兽，以马、狮、猴、象等形象在佛经中出现。最为人所知的本生故事是“鹿王本生”，讲述佛教的因果报应。

（二）佛传故事

佛传即释迦牟尼的生平。有关佛陀释迦牟尼生平的故事最早是在信众之间口口相传，后来不断被有想象力的僧人和文人丰富并加工，最后形成一套故事体系。《佛本行集经》是极为重要的佛传，它详细叙述了释迦牟尼诞生、出家（图3）、成道等事迹，其中既有朴素的生平经历，又有如同神话般的超凡故事。

（三）因缘故事

“诸法因缘生，诸法因缘灭。”佛教认为，一切事物的生成皆依赖各种条件。直接主要的根本条件称作“因”，间接配合成就的次要条件称作“缘”。集合根本因及各种缘由互相配合，才能成就现象界一切法，即为因缘。因缘也是因果报应之理，是佛教基本义理之一。

因缘故事是以故事的形式来传播佛教道理，往往将壁画作为载体来展现众生因果报应而得以亲近佛法。据《佛本行集经》记载，释迦牟尼35岁成道，至80

图 3　山西大同云冈石窟第 6 窟北魏浮雕佛传之“逾城出家”

岁涅槃，其中 45 年的时间游历四方、普度众生。在这期间发生了许多他感化众人使之皈依佛门的事迹，后世将这些故事艺术化，进行教化传播，如莫高窟第 285 窟西魏壁画《五百强盗成佛因缘》便是一种因缘故事画。

（四）经变

经变，经是佛经，变是“变相”或“变现”。经变即将佛经形象化，用绘画或者雕塑的手法生动形象地将深奥的佛经思想表现出来，以宣扬佛经的真正内涵。

经变往往用来表现宏大的佛讲经说法的场面，同时也会在细节之处描绘某个佛经故事的具体情节。经变画是敦煌石窟壁画中极为重要的内容。据统计，敦煌莫高窟中有经变壁画三十三种，内容丰富、形式多样，包括《西方净土变》《东方药师变》《法华经变》等，均是艺术珍品。

（五）说法图

说法图是佛教雕塑与艺术绘画中最常见的艺术类型，通常用来展现佛陀释迦牟尼说法布道、度化众生的场景。一般表现为佛在中间而坐，两侧分列胁侍。其中胁侍的种类与数量根据时代发展会有所不同，最早是一佛二菩萨，或者是一佛二弟子。以后出现一佛与二弟子、二菩萨，再后来逐渐加入天王和力士，最后形成了一佛二弟子二菩萨二天王二力士的一铺九尊组合。

（六）密教图像

密教是大乘佛教的一个派别，与其相对应的是显教。密教诞生于6世纪的印度，7世纪传到中国，曾经广泛流传，目前主要集中在西藏。密教造像特点明显，常见多面多臂的形象，如四臂观音、十一面观音、千手观音、千钵文殊等，还有忿怒相的护法神等。

四、佛教题材的变迁

早期（420—550）

佛教于东汉时期传入中国，至南北朝时期已经过两百多年的发展，其主要流行本生故事和佛传故事并逐渐走向成熟独立。南北朝时期战乱频繁，流离失所的百姓可以从佛教信仰中得到心灵慰藉与精神启迪，于是佛教信众逐渐增多。在佛教故事中，本生与佛传题材大多与释迦牟尼艰苦修行有关，常人难以做到。当时的僧人希望通过通俗易懂的艺术形式来展现这些故事，唤起百姓对佛的尊敬，明白现世的苦难是来自前世的恶业，从而加深信仰。

中期（550—960）

南北朝晚期至隋、唐、五代时期，佛教艺术题材开始流行经变画。目前考古发现年代最早的经变图出现在西魏的麦积山石窟和北齐的南响堂石窟。唐代是经变画的高峰期。五代之后，经变画数量逐渐减少，不再占据主流地位。

经变图在佛教艺术中期流行的推动力来自所处的时代背景。国力强大的隋唐王朝基本实现了国家的大一统，相较南北朝而言比较和平稳定，因此信众修行的方式开始转变为研习佛经、讨论佛理，而不是南北朝时期所追求的身体力行的苦修。普通民众更加关心的是自己死后能否进入西方极乐世界，于是描绘各种各样佛教净土宏观美妙的经变图就流行起来了，并逐渐主导了当时的佛教艺术创作。

晚期（960—现代）

进入宋代以后，中国社会发生了巨大变化，与文化上的世俗化趋势一致，佛教艺术创作中世俗的题材数量开始增多。佛教艺术在走向世俗化的同时也开始呈现汉化趋势，一些异于起源地印度的中国本土特有的题材，进入到佛教艺术的殿堂，包括中国特有的神灵、中国本土的僧人等。在这个汉化过程中，最为典型的是中国特有的大肚弥勒佛。在印度，弥勒佛是世尊释迦牟尼佛的继任者，如今还没有成佛，仍然居住在兜率天宫之中。但五代时期的汉族艺术家却创作了憨态可掬的大肚弥勒佛，是以禅宗的布袋和尚为原型的，更具汉族亲民的佛像形式（图4）。此外还有观音菩萨，在汉传佛教中的形象逐渐女性化，与最初袒裸着上身的印度王子形象完全不同，整体反映了中国人的审美变化。

另一变化是藏传佛教的影响，但这种影响的时间跨度与空间范围都有限，只有在元朝时曾以行政手段推行过藏传佛教。明清时期，藏传佛教在内地逐渐减弱，只剩下局部影响。藏传佛教艺术吸收了许多纯印度式佛教艺术的风格，同时将密教造像多面多臂的形象也传播到了中国部分地区。

五、佛像风格的变化

第一期（2—5 世纪）

从东汉晚期佛教传入中国开始一直到十六国晚期，严格来说是 2 世纪到 4 世纪晚期或 5 世纪早期，这是中国佛像艺术的第一阶段，这一阶段流行犍陀罗风格。犍陀罗风格，顾名思义，就是来自犍陀罗地区的造像风格。犍陀罗，是位于今天

图 4　浙江杭州飞来峰石窟南宋第 68 号龛布袋和尚

巴基斯坦的北部地区，也是世界上最早出现佛像的地区。犍陀罗雕塑风格特征明显：面部为欧洲式面孔，深目高鼻，嘴角微翘，面带微笑。服饰风格比较厚重写实，衣纹走向主要是从左肩处呈放射状向下分布，线条飘逸流畅，显得衣服颇有质感。现藏于美国哈佛艺术博物馆的金铜燃肩释迦牟尼佛坐像，就是中国早期佛像受犍陀罗风格影响的代表作品。研究者认为，这尊佛像制作于十六国时期（约 350 年前后），由新疆地区所造，后被西域僧人携至河北。

第二期（420—485）

5 世纪早期到晚期，在这段不到一百年的时间里，佛像艺术流行笈多风格。

笈多是古印度的一个强盛朝代，从 4 世纪到 6 世纪，统治了印度北方大部分地区，被称为印度艺术的黄金时代。笈多王朝的艺术家们，在吸收犍陀罗和早期秣菟罗两种风格优点的基础上，创造出了一种特点鲜明的新型风格。

笈多风格的佛像，面相不再是欧洲式的立体深邃，而是变得方圆饱满。衣饰不再像犍陀罗式样那般厚重写实，而是变得轻薄，紧贴着身体，衬托出了身体的轮廓，很像出水后的效果。所以，中国古人将其称为“出水式”。再者，笈多佛像的衣纹刻画变得抽象，不再强调写实感。但同时，部分佛像还保留着犍陀罗的特点，如衣纹从左肩处呈放射状向下分布。笈多风格主要影响了中国十六国晚期至北魏中期的造像，如山西大同云冈石窟的第一、二期佛像，雕刻于 5 世纪下半叶，多是身着通肩式大衣，衣服紧贴身体，面部方圆饱满，就是极为典型的笈多样式。

第三期（486—550）

从北魏太和十年（486）开始，或是追溯到更早的南北朝（420—589）初期，至东、西魏灭亡，这一时期的中国佛像流行的是褒衣博带、秀骨清像造型。这是最早的纯中国式审美佛像风格，面孔既不像犍陀罗风格那么欧式，也不像笈多式的丰满方圆，而是面相清秀、削肩体长、形象俊逸，很像当时的中国贵族男子。这种变化反映了佛教造像艺术的汉化，意味着符合中国人审美的佛像艺术风格开始占据主流。

第四期（550—618）

自北齐至隋代末年，随着社会的发展，佛教造像风格也开始发生新的变化。当时的社会推崇复古思潮，具体反映在为追求尊鲜卑去汉化的复古风格，重新接受笈多式文化的影响，形成一种面部丰满、身体呈桶状的佛像风格潮流。这种潮流流行的时间不长，至唐朝早期便结束。

第五期（618—960）

进入唐朝之后，印度次大陆不再由笈多王朝统治，而更迭为全新的波罗王朝（8—12 世纪）。波罗王朝的佛教艺术在沿袭笈多王朝风格的同时，也基于时代的变化而有所发展，人物雕塑的体型更加优美并且极具动感，比如，胯部扭动的幅度增大，这些新的特点同样随着佛教的传播影响到了唐朝。唐朝的佛教造像是健与美的结合，无论是佛、菩萨、弟子、天王、力士，身材都十分健壮，线条优美，造型偏爱使用扭动姿态，衣纹上更加注重细节，整体风格走向写实，并且个性分明。

第六期（960—现代）

从唐朝灭亡直到当下，佛像造像流行的风格，一言以蔽之就是丰满富态。在盛唐时代（712—756），社会上推崇以胖为美，佛教造像在健与美的基础上更加重视表现丰满的体态，佛像变得丰腴浑厚。从此之后，中国佛像的特征便定型为面庞宽额丰颐、容貌端庄秀美、神情慈爱祥和的模样。佛的着装是北魏以来的汉式褒衣博带装的变体，且将胸部裸露较多，以显富态之感，直至今日都仍然如此。

综上所述，中国佛教艺术的分类多样，既有建筑，也有雕塑、绘画，还有器物，且数量庞大，内容博大精深。寺院与佛塔等建筑体现着佛国空间，而建筑之内安置的造像代表着佛国世界的众神，有佛、弟子、菩萨、各类护法等，他们各司其职，共同弘扬着佛教大法。佛教众神灵由于职责不同，形象也不同，认清他们谁是谁，而不是把所有佛教造像都叫"佛像"，这点很重要。佛教艺术以佛经为本，以启迪众生为目的，因为从佛经中选取的题材多样，有本生、佛传、因缘、经变等，它们的表现方式与内容各不相同，且有时代特征。最具时代特征的是佛教造像风格的变化，从早期的犍陀罗式，发展到印度笈多式，再创作出汉式造型，又再次引进印度风格，这样波浪式发展，直至进入宋代以后定型为汉式风格，影响至今。掌握了上述佛教艺术的基本常识，再去欣赏石窟等艺术作品就方便多了。

Gems of Chinese Grottoes

新　疆

拜城克孜尔石窟

拜城克孜尔石窟位于新疆拜城县克孜尔镇，是新疆地区最大的一处石窟寺（图5）。走近克孜尔石窟，我们首先看到的是屹立于门前的佛教高僧鸠摩罗什（343—413）的现代雕像。鸠摩罗什是中国东晋十六国时期翻译佛经、传播佛法的一位高僧，在中国佛教历史中有着不可磨灭的突出贡献。他在中国佛教史上的贡献和名气仅次于因明代小说《西游记》而家喻户晓的唐僧玄奘（602—664）。鸠摩罗什的出生地，就是克孜尔石窟所归属的古龟兹国，该地位于今新疆塔克拉玛干沙漠北沿，中心即库车、拜城一带。所以，当代的人们就在古龟兹国给我们留下的最重要的这处佛教艺术地点为他建造了这尊雕像，以纪念他的历史功绩。

先来简单介绍一下新疆总体的历史地理背景。塔克拉玛干沙漠位于新疆的中部，其北沿和南沿是丝绸之路的两条主干道。这两条主干道向东汇合于敦煌，向西汇合于喀什，之后便走向西方的欧洲和南亚次大陆的印度。新疆在古代历史上称为西域，历代都在这里设立了管理西域的政治与军事机构。研究新疆的考古资料会发现，它的历史面貌既受西方的影响，又有东方的因素。在古代，新疆塔克拉玛干沙漠北沿最大的国家就是龟兹，龟兹以东的国家叫高昌。在塔克拉玛

图 5 新疆拜城克孜尔石窟外景

干沙漠的南沿，位于西部的国家叫于阗，东部罗布泊一带的国家叫楼兰，也就是后来的鄯善。东汉至唐朝时期的新疆地区，都以信仰佛教为主，所以这里留存了很多佛教遗址。因为在塔克拉玛干沙漠北边有山崖，具有开凿石窟的条件，因此北边的石窟寺比较多，主要分布在库车、拜城、吐鲁番一带。这个石窟群带中最大的一处，就是龟兹国的克孜尔石窟。

中国有敦煌、云岗、龙门这三大石窟寺，它们的规模无与伦比。克孜尔石窟以及甘肃天水麦积山石窟、甘肃永靖炳灵寺石窟、重庆大足石窟等一般归于三大石窟下的第二档次。克孜尔石窟共编号 263 座，前些年新发现了一座洞窟，编号为“新 1 窟”。在这 263 座洞窟中，保存比较完整的有 135 座，其中有 90 座是中心柱窟和讲堂窟，这与举行佛教仪式有关；有 45 座是僧房窟，是提供给僧人们起居用的。一些僧房窟、中心柱窟、讲堂窟组合在一起，就构成了一个小寺院。

在古代中国，建筑在地面的木构寺院一直都是佛教艺术的主要载体，也是人们修行拜佛的重要场所。山中的石窟寺，则是接受了地面寺院的影响而开凿的。克孜尔石窟的中心柱窟和讲堂窟都是平面长方形的形制，里面原有许多精美的壁画和塑像。但是 13 世纪以后，大部分壁画遭到了破坏。20 世纪初叶，德国人在克孜尔石窟发掘出了一些被沙土掩埋的塑像残件，全部带到了德国。还有一些克孜尔石窟的残塑像被其他国家收藏。因此，除了新 1 窟之外，遗留下来的塑像数量非常少。

龟兹地区佛教产生的时间现在无从考证。根据现有的历史文献记载，4 世纪时，龟兹的佛教已经相当繁盛，当时有僧侣一万多人，仅都城一带的佛寺、佛塔就有一千多座。龟兹国主要重视小乘佛教，其北部的疏勒、焉耆等地，也都先后接受了小乘佛教的思想。小乘佛教只信仰释迦牟尼一个佛，重视个人的修行，主张断除烦恼，远离社会，出家过禁欲的生活，以此来争取个人的彻底解脱。这与大乘佛教拯救众生的思想以及信仰有所区别。在接下来要讲到的龟兹地区石窟壁画的内容就可以看出，小乘佛教的信仰对石窟寺艺术的制作产生了很大影响。但是据传，鸠摩罗什在龟兹国时，弘扬的是大乘佛教，所以大乘佛教在当时的龟兹也有一定的基础。我们在克孜尔石窟里面也发现了少数大乘佛教的壁画，但大部分还是小乘佛教的内容。在龟兹地区，除了克孜尔石窟以外，库车、拜城一带还有一些石窟寺，如库木吐喇、森木塞姆等，但这些石窟寺规模很小，数量也很少，它们所展现的文化面貌基本都可以反映在克孜尔石窟内。所以，克孜尔石窟完全可以代表龟兹国所有石窟寺的艺术风格。

我们先来看看克孜尔石窟的分期——

第一期：3、4 世纪至 4、5 世纪。

第二期：4、5 世纪至 5、6 世纪。

第三期：5、6 世纪至 7、8 世纪。

克孜尔石窟的三个时期分得比较模糊，主要是因为缺乏文字材料。考古学者只能根据样式、风格的比对来排出序列，然后根据序列在几个代表性石窟里采集一些有机物的样本，经过碳 14 的测定来划分。从最后得到的年代数据来看，时间跨度很大，因此最后的划分结果比较模糊。第 1、2 两期是龟兹国佛教石窟艺术比较独立的发展时期，洞窟形制、壁画的布局和绘画技法方面都保持着龟兹的风格。到了第 3 期，特别是该期的后段，明显受到了唐朝汉风的影响，龟兹国的石窟艺术风格从此发生了巨大变化。所以总体来说，克孜尔石窟主要有龟兹和汉两种风格，我们介绍的重心将放在龟兹风格方面。

接下来，我们将主要从洞窟形制与组合、壁画布局与内容、壁画风格和艺术渊源四个方面来介绍克孜尔石窟。

一、洞窟形制与组合

首先是第一种洞窟类型：礼拜堂窟。这一类洞窟主要包括大像窟和中心柱窟。大像窟主室平面呈长方形，顶部是纵券顶，因正壁原供奉着一尊高 10 米左右的大立佛像而得名。随着年代久远遭到破坏，这些佛像现在已不存在了。当时的人们可以在主室的空间里拜佛，同时还可以绕着佛像转一圈礼拜，这是因为大佛的两边下侧向内凿有连通的隧道。这里的前室壁画主要表现佛的因缘故事和本生故事。甬道中光线较阴暗，与主室分别展现阴阳两种场景。甬道内一般会塑一个床台，上面供奉卧佛像，来表现佛涅槃的场景。例如：第 47 窟，窟顶高 16.5 米，正壁上原有高大的立佛塑像，像的两下侧分别向内开出甬道。它的后室甬道很矮，凿成了一个横券顶小室，下部有床台，床台上以前曾放置有一尊右胁卧佛像。卧佛像后面画壁上，仍然隐约可见卧佛身后背光的痕迹。背光上面有一排孔洞，推测当时可能还塑了一些弟子与菩萨像，表现他们举哀的场景。

接下来看一下中心柱窟。以第 38 窟为例，这是一所早期开凿的洞窟，内部是平面长方形的窟室，窟室正壁开一龛，龛内原来塑有佛像。龛外两侧各向内凿一内部相连通的隧道，可环绕正壁主龛佛像一周，这也就形成了一个中心柱（图 6）。窟室的前室为纵券顶，采光较好，里面的隧道则比较阴暗。

图 6　新疆拜城克孜尔石窟第 38 窟内景

中心柱窟和大像窟的功能都是礼拜佛的殿堂，前室空间较大，可以举行一些聚会或讲经说法，也可以举行佛教仪式。

中心柱窟的壁画布局和大像窟一样，前室壁画表现的是佛在世时的因缘故事，展现了佛普度众生、为众生讲经说法的场面。窟门的前壁上方画有呈两腿交叉坐姿的未来佛弥勒，表现他在兜率天上说法的情景。因为弥勒是未来佛，此时还没有下凡成佛，所以用菩萨的形象来表现。弥勒的旁边还有一些听法的菩萨，他们都恭恭敬敬地双手合十。

第 38 窟的隧道内光线比较昏暗，与大像窟相似。这里的壁画主要表现佛涅槃时的场景，在甬道壁下部画有多座佛塔，塔身里面各画了一位坐佛，寓意佛的舍利子就葬在这些塔的下面。此壁画表现的是《八王分舍利》的故事。据传佛涅槃后，弟子们火化了他的遗体，得到了舍利子。有八个信仰佛教的国王希望能将舍利子拿到自己的国家供奉，便前来抢夺舍利子。于是，佛的一位弟子将舍利子分成了八份，八个国王一人拿了一份回到了自己的国家建塔供养。甬道的正壁画佛涅槃像，佛的身后画举哀弟子、菩萨，基本与大像窟一致。

再看第 38 窟后甬道壁的这幅涅槃壁画。佛右胁而卧，头下有一个枕头，右手放在自己的脸下，这正是佛经里所述的佛涅槃时的姿态。佛的前面坐了一个女人，低着头，面向他，背对着观者。这个女子很可能是佛的母亲。据佛经记载，在释迦牟尼诞生不久，母亲就去世了，他是由姨母养大的。居住在天上的母亲听说佛要涅槃后，十分悲痛，特意从天上下凡，来看她的儿子最后一眼。那时，释迦牟尼的遗体已经进入了棺材，但是他感觉到了母亲的来临，就把棺盖打开，和母亲见了最后一面。

第 17 窟也是一所早期开凿的洞窟，甬道后壁上也有一幅佛涅槃壁画。在卧佛的身后画有火焰背光。甬道最里面的侧壁上还凿了龛，用来供养泥塑佛像。提供给僧人们礼拜用的中心柱窟和大像窟，是保存壁画种类最多的洞窟，在壁画布局方面很相似。

那么，为什么要把石窟造成这种中心柱或大像窟的样子，来让信徒们围绕佛像在隧道里做右旋（顺时针方向）礼拜呢？这应当是受到了印度佛塔礼拜的影响。在印度，迄今发现的最早佛塔建造于阿育王时代，桑奇大塔就是其中的典型之例。桑奇大塔平面呈圆形，有四个塔门，塔身和栏杆之间是一个礼拜道。信徒们从四个门进入后，就可以在礼拜道上围绕塔做右旋礼拜，同时还可以观赏礼拜道两侧的佛教造像。印度早期佛塔的雕像一般刻在塔门、塔身和栏楯上，内容有佛传、本生故事、装饰图案等。除了在地面上建造佛塔外，也建有一些佛堂来作为礼拜的地点，这些内部有佛塔的佛堂被称为“塔堂”。与此同时，印度人还在山间开凿了一些石窟，供人拜佛的石窟就是对地面上塔堂的模仿。塔堂窟内一般会雕凿一座佛塔，塔的两侧有很多柱子围绕，塔前面有长方形的空间，可以提供给信徒们举办仪式，或用于讲经说法。在这样的塔堂窟里，信众们可以绕着佛塔做礼拜，同时也能观赏窟内的佛像。这些殿堂里的塔就是佛的象征。

当这种礼拜修行方式传到了新疆龟兹地区以后，龟兹国并没有完全照搬印度的做法，而是采用了自己独特的方法，从而创作出了有着同样宗教功能的大像窟和中心柱窟。因此，克孜尔石窟反映出宗教文化在传播过程中往往会产生一些地方特色。同样，这种洞窟形制传播到中国内地时，其形式也有所变化。

我们再来看看克孜尔的其他洞窟形制。除了作为礼拜用的大像窟和中心柱窟以外，还有方形窟、僧房窟等类型。方形窟的平面呈方形，顶部也是券顶。僧房窟一般有一个门和过道，通过过道可以进入两室，一大一小，功能不一。大一点的是卧室，小一点的可用作厨房或者是坐禅修行的地方，类似我们现代房屋的套间功能。如果有更多的人在这个地方居住修行，就会把大一点的僧房改装成一个塔堂窟。如第 80 窟，从它的平面来看，很有可能以前是一所大室套小室的僧房，从小门进入可通往小室。以后的人们把这所洞窟进一步深凿，就凿出了一个隧道，这样就形成了一个中心柱窟，可以来做礼拜，这也为僧房窟里居住的人们提供了礼拜的方便。因此在克孜尔石窟群中，就存在着早期僧房窟到晚期被改作成为中心柱窟的情况。

克孜尔石窟寺院的布局是怎么样的呢？一般都是一个中心柱窟外加几个僧房窟，有的中间还会加一个方形窟或者大像窟，这样就形成了一个寺院。大像窟通常没有前室，而中心柱窟一般有前室，前室和主室之间有门，主室中间是可供礼拜的塔柱。这种寺院的规模并不大，因此在克孜尔石窟群有很多这样的小寺院。几个信徒在各自僧房里居住，共用一个中心柱窟。方形窟的宗教功能和中心柱窟不一样，在方形窟内可以做礼拜，也可以讨论佛理，或者听高僧讲经说法。克孜尔石窟与印度石窟寺的组合很像，后者一般是一所塔堂窟和几所僧房窟共同组成一所寺院。但克孜尔的僧房窟与印度僧房窟不同，印度僧房窟形制与敦煌莫高窟西魏开凿的第 285 窟类似，中间是一个方形平面的大厅，大厅侧壁各开了一排小僧房窟，而第 285 窟的两侧则是小禅窟。

二、壁画布局与内容

下面我们来详细讲述一下中心柱窟前室券顶的壁画布局与内容。

前面提到，在中心柱窟前壁门上方壁画画的是在兜率天上讲经说法的未来佛弥勒。对弥勒佛的崇拜属于大乘佛教。大乘佛教信仰多佛，如西方阿弥陀佛、未来的弥勒佛、东方的药师佛等。小乘佛教只信仰一个佛，就是释迦牟尼。关于弥勒两侧听法的菩萨，有的学者认为这些是天人，因为天宫伎乐壁画上有过类似这样的天人打扮。这些人物的画法，都是西域式的凹凸晕染法，它的绘画技法与汉族地区用线描来勾勒人体各个部位的线描法不一样，这在下面会详细讲解。

中心柱窟侧壁可分为两部分，即侧壁和纵券顶的两侧面。第 17 窟的纵券顶中部的长方形部分所画的是代表天界的天象图，而纵券顶的两侧表现的是人间。人间世界用菱格划分，其边缘以代表山川的抽象波浪线条相衔接，内部以黑色、蓝色、白色、绿色等颜色相间填充，以此来体现不同的空间。每一个菱格都是独立的，其表现的内容有两种，一种是因缘故事，一种是本生故事。本生故事展现的是佛前世的故事，佛成为释迦牟尼的这一世是他在人间的最后一世，成佛之后便不再入轮回。在此之前，佛曾无数次轮回转世，不论每一次轮回转世成什么样的人物或动物，他都在普度众生，都是信徒们修行的典范。所以，人们将他的前世生平事迹作为样板画在墙上，供大家学习。总的来说，克孜尔石窟顶部壁画布局一般都是中间一个天象图，只是内容略有点区别；两侧为因缘画或本生画，或者因缘画与本生画相交错。

第 38 窟前室纵券顶上的壁画布局与第 17 窟相同，各色菱格以抽象的山川连缀，菱格内都画着一幅佛的因缘故事或本生故事，这就好似每一个佛的故事和其中的人物都活动在山林间，从而形成了一个自然、连续的场景。其侧壁上端画有一排天宫伎乐，天人们站在天宫楼台上，仅探出上半身，他们有的在奏乐，有的在供养佛，烘托着窟内的气氛。

克孜尔主室券顶中间天象图的一般布局是中间画一个金翅鸟，两侧各一个立佛像，立佛在天上飞翔。最两端分别画有太阳和月亮，分别有四只鸟围绕着太阳和月亮飞翔，另外还有风神在旁。我们来看看第 38 窟主室券顶中脊部天象图的细节。太阳放射着光芒，四只鸟围绕在太阳周围，云彩在空中飘动，另一端四只鸟绕着弯弯月亮，佛立在中间，身后发出火焰般光芒，仿佛在天上飞舞。佛旁边裸露半身的是拿着风袋的风神。古代人不知道刮风的原理，于是他们想象天上有位天神拿了一个大袋子，里面装着风，只要把袋口一打开，风就从袋子里面出来。这里展现的风神没有刮风，袋口扎得紧紧的。汉族地区的石窟里面也有这样的风神。

第 8 窟主室也有类似的壁画布局。纵券顶最中间的长条形画面，画的是天象图，两侧是菱格状的因缘故事画（图 7）。怎样来确定画的内容是因缘故事还是本

图 7　新疆拜城克孜尔石窟第 8 窟主室纵券顶菱格因缘故事画

生故事呢？本生故事画面内容不一，描绘的人物也不同，有的是菩萨，有的是动物，有的是普通人，如第 38 窟顶部壁画就是本生故事。而因缘故事图像大致相似，中间总是坐着一佛，佛身后都有背光。佛的旁边一般立着一个小人，这个人通常经历了世间的疾苦；或者他有什么疑问来问佛，佛给他解释因缘，然后教化他，最后使得他皈依佛教。简单来说，因缘故事表现的多是佛在一生当中给众生讲经说法的场景，一般都比较程式化，变化不大。可惜现存的这些壁画中的佛像大都被破坏了。

再来看第 8 窟主室券顶东侧壁的因缘故事画细节。每个菱格中间为佛像，佛像后面有圆形的背光，再后面是一棵树，这种场景在佛经里面经常表现佛在菩提树或娑罗树下修行、讲经说法。一些造型打扮不一的小人站立在佛的旁边，这些凡人在人世间受尽了苦难，各有不同遭遇，他们对于自己受苦的原因百思不得其解，于是便跑去问佛。佛告诉他们前世造了什么孽，这一辈子就应该受什么苦。如果这一辈子很享福，那是因为你前世做了很多功德。最后，他们都被佛一一点化。许多信徒就是因为这样的安慰才选择了信仰佛教。在南北朝动荡时期，中国内地的佛教能够取得很大的发展，也与这种因缘说教有着重要关系。这幅壁画上面几排都是因缘故事，展现的是佛在不同的空间里面给大家讲经说法的场景。下面一排画的是本生故事，画师借用山水的画法将一个个场景隔开，给人感觉这里像是同一片山林。统一的幅面与佛每一世在不同空间、时间里面发生的故事相结合，给人一种奇妙的时空交错感。

第 17 窟主室券顶东侧壁也展现着本生故事，同样也是菱格式的布局，其空间的表现法也都是龟兹风格，与其他地方的洞窟都不一样。来看几个例子，比如，第 17 窟这个小菱格里，背景全是蓝色的，一些小花点缀其中，整体给人一种夏日森林的感觉。菱格中间的主要人物头戴冠，袒裸上身，下身穿裙，属于菩萨装。这里菩萨或天人的服装，一般都是仿照印度王子的打扮，因此这种菩萨装可以表现菩萨、天人以及国王或王子等多种形象。此处表现的则是一位国王。国王坐在中央，前面跪着一个肌肤黝黑的人，拿着一个工具敲打着国王的眼睛。这个故事讲述的是快目王施眼的故事。据传释迦牟尼前世中有一世叫快目王，一个没有眼睛的盲人希望能看到东西，就跑来求助快目王，希望快目王能帮助他看到东西。于是，快目王就把他的一只眼施舍给了这位盲人。本生故事一般表现的都是这种施舍场景，佛教界常用施舍的题材来宣扬布施。既然佛的前世能把自己的眼睛、身体都布施出去，而我们作为人还有什么不能布施的呢？这些故事在劝导人们，不应执着于外界的财富和物质的享受，任何物质的东西都是身外之物，我们应该多关心人间其他人的疾苦。

第 17 窟的另一幅画讲述的是转世为猴王的释迦牟尼带领猴子们普度众生的故事。有一次，猴王和它的猴群遭遇到国王打猎，国王发现后便要追赶猴群并杀死它们。猴王便带着猴子们逃跑，可是路上遇到了一个深不见底的山涧，掉下去就会摔死。这时，猴王就用胳膊扒着一棵树，脚再圈着另一棵树，使得自己的身体形成了涧溪上的一座桥，让它的猴子猴孙们踩着它的身体过河。等大家都过去了，它体力再也支撑不住，掉下去死掉了。佛能够捐献自己的生命来救助它的群猴们，也就是施舍自己的身体普度众生，这就是佛的伟大之处。

第 17 窟的另一幅壁画，讲述的是佛转世为设头罗犍宁王的故事。他的国家有一年遇到了天灾，大家都饥饿难耐。国王看到这样的情形后，为了救济他的子民，就把自己变成了一条大鱼，让他的子民割掉自己身上的肉来充饥。从这个故事中我们同样看到了佛的伟大。人的一生很短暂，不过是沧海一粟，所以不要执着人世间的一些所谓的幸福，这就是佛教界的观点。

第 17 窟的另一个菱格本生故事画讲的是，佛的一世是一名叫萨博伽的平民商人。有一次，他跟着一大群商人去经商，途中进入了一个很大很深的森林，到了晚上一片漆黑，伸手不见五指，大家都迷路走不出去了。这时，萨博伽为了解救同行的商人，便把自己的两个胳膊缠上布，蘸油点燃，形成了两个火炬为大家照明，就这样把众人带出了森林绝境。画面中的萨博伽是菩萨形象，其他两个人则是当时中亚地区普通商人的打扮，旁边还有驮东西的骆驼，只露出半个身子，整体展现的是商队在森林里行走的情景。

中心柱窟的纵券顶下部是窟内的两侧壁，分成上下两层。凸出的上面一层展现的是成组排列的天宫伎乐，他们有的在奏乐，有的在交谈。下面是主室两侧壁的主要部分，每个画面是一个大方格，格内大都画的是一座比较高大的佛像，被附属人物围绕着，只表现佛的因缘故事。

如前所述，在中心柱窟的隧道里一般画着佛涅槃的壁画。有一幅壁画也描写着佛与母亲会面的场景。佛的母亲听说佛要涅槃了，便下凡来看佛，此时棺材正在燃烧。但佛感应到了母亲的到来，便从棺材里面探出身来与母亲相见。这是在克孜尔石窟里面很少见且十分精美的壁画，可惜被德国人窃走，现藏于德国柏林亚洲艺术博物馆。

三、壁画风格

克孜尔的许多壁画表现天人或菩萨形人物，我们可以清楚地看到晕染的技法。在人物的肌肤上有浓淡变化的晕染，眉、眼、鼻处则运用了白色来进行高光提亮，给人一种面部凹凸不平的视觉感（图 8）。这种画法来自印度，而克孜尔石窟的天

图 8　新疆拜城克孜尔石窟第 224 窟甬道外侧壁未生怨王与王后像（德国柏林亚洲艺术博物馆藏）

人壁画技法既有印度的影响，同时也有自己的独创性。比如，人物面相画法抽象，圆形的脸既不像汉族地区的脸型，也与印度的面型不太一样，具有龟兹地区人物的风格特点。我们可以拿一幅印度阿旃陀石窟的释迦牟尼壁画来比较一下。印度壁画也采用了凹凸晕染法，以及面部使用白色提亮的方法，来表现人物身体的肌肤部分。可以看出，用这样的技法画出的人物有较强的写实感，使肌肤凹凸不平，给人一种三维立体感，更加接近欧洲油画的观感。这种画法在一百多年以后传到中国内地，被内地画家称为“凹凸画法”，也叫“天竺遗法”。这里的天竺即指印度。随后，在汉族地区也逐渐采用这种技法来绘制壁画，我们在敦煌、大同、炳灵寺石窟等地都可以看到这样的技法。

我们再来看第 38 窟的菱格故事画。右边菱格表现的是因缘故事，左边菱格为本生故事，讲述佛的前世舍身饲虎的故事。两个菱格中都有一棵抽象的花树，只是右边菱格中的树被佛身光遮挡了一部分，其完整面貌即为左边菱格中树的样子。佛在树下的情景来自印度犍陀罗艺术。例如：有一尊犍陀罗雕像，表现佛在讲经说法，头顶上方是一个树冠，这里的树叶较为写实。这种表现方法在犍陀罗艺术中很流行，不久就影响到了龟兹地区。不过龟兹地区的艺术家并没有全盘接收这种写实的技法，而是采用将一朵一朵圆形花点缀在树上的抽象画法来表现树。这就是文化传播的规律，即有取舍，有改变，才能形成当地的特色，形成不同的文化圈与艺术风格。于是，我们就看到了丝绸之路上文化艺术的相互交流与影响。

四、艺术渊源

为什么我们会在龟兹地区看到来自印度犍陀罗地区的影响呢？2—3世纪是佛教在龟兹地区的发展初期，此时在印度西北部，即今天巴基斯坦地区有一个叫贵霜的帝国在犍陀罗地区发展了起来。它是由来自中国甘肃地区的大月氏移民到那里建立起来的国家。特别是在2世纪中晚期，贵霜帝国的第三个国王迦腻色伽王在位时，国力达到了强盛。迦腻色伽王信仰佛教，就向境外传播佛教。后来，贵霜帝国开始向外移民，其中有一部分人便来到了新疆，佛教与犍陀罗艺术也随之影响至此，有的贵霜移民还曾深入中国内地。贵霜移民所在之处使用的语言叫犍陀罗语，书写的文字叫佉卢文，考古学家在新疆的北疆、南疆等地都发现了佉卢文文书。所以，当时在库车、龟兹地区居住的很多人都是贵霜的移民或移民的后代，他们接受了犍陀罗文化艺术的影响。因此，克孜尔石窟在艺术表现上存在犍陀罗文化的因素，但又有所改变。

造像形制也是如此。在20世纪初，德国探险家格林威格尔和勒科克等人在克孜尔石窟发掘了一批雕塑品，带回了德国。其中，有一件来自克孜尔第77窟的彩塑菩萨头像，他的脸型是欧洲人样式，与我们汉族人的脸型完全不同。这种脸型有可能就是当时龟兹人的长相，因为他们是贵霜的移民或移民后代。这也可能是当时龟兹地区雕塑的艺术表现手法，是对犍陀罗风格传统的延续。但它与犍陀罗雕塑并不完全相同，比如头发并不是特别写实的刻画，发纹表现比较抽象。

克孜尔石窟所表现的很多都是小乘佛教内容，窟内有很多佛像壁画，但都是表现释迦牟尼一个佛。虽然弥勒也是佛，但是画上所表现的是还没有成佛时的弥勒，因此谈不上是大乘因素。在本生故事和因缘故事壁画中，也都是围绕释迦牟尼一个佛而展开的。不过，这里也有一些大乘佛教的元素。比如第 13 窟，有一幅壁画表现的是卢舍那佛的法界像。卢舍那佛是大乘佛教的佛，后来被华严宗所信仰。法界像就是将许多来自《华严经》的故事内容画在佛身体表面的图像，这样的法界像我们在敦煌地区的石窟里也有发现，但被大家公认的最早的一幅法界像就是克孜尔石窟的这一幅。因为它比较特殊，所以也被德国人掳走，现收藏在德国柏林亚洲艺术博物馆。因此，从总体上看，克孜尔石窟以小乘佛教内容为主，也有少数的大乘佛教内容。

克孜尔石窟在第三期受到了汉风的影响，同时龟兹的风格也在继续着。例如：在第 189 窟，圆形的穹顶中间画有一尊坐佛，还有众多的小坐佛如四射的光芒般层层围绕着他，喻示着大千世界、三世十方都有佛的存在。这就是大乘佛教的元素，不只崇拜一个佛。那么，大乘佛教和小乘佛教还有什么区别呢？小乘佛教认为人们都无法成为佛，最多只能修炼成阿罗汉。而大乘佛教认为人人皆可成佛。第 189 窟的千佛画法和敦煌莫高窟的北朝、唐代的千佛画法很像，尤其是北朝时期的千佛壁画，很明显是受到了汉族元素的影响。为什么会出现这样的情况呢？这与当时的时代背景有关。唐太宗李世民（627—649 年在位）曾派兵攻占龟兹，于 648 年在当地设立了安西都护府。之后，唐朝对龟兹的管辖历经了唐高宗时代（650—683）、武则天时代（684—704），直到唐玄宗时代（712—756）丢失西域为止。在这段时间内，克孜尔石窟第三期继续开凿，我们就看到了此时的壁画受到的汉族影响，其中有千佛采用整齐的排列方式，这正是敦煌南北朝时期石窟的千佛画法。

五、结语

克孜尔石窟主要包含有三种宗教功能的洞窟：一是礼拜堂，包括大像窟、中心柱窟，是举行礼拜仪式活动的地方；二是讲堂窟，一般呈方形，用于讲经说法；三是僧房窟，用于僧侣居住。这三种洞窟相组合，就形成了一个小型寺院。克孜尔石窟群中有很多这样的小型寺院组合，它们共同形成了一个大石窟群。在壁画布局方面，主要由礼拜堂的壁画来呈现。礼拜堂的主室空间壁画主要表现佛的前世以及在世的故事场面。在后室隧道里比较阴暗的地方，主要表现佛涅槃或阴间的场景。主室的顶部一般都是纵券顶，纵券顶最中间画有天象图，主要表现金翅鸟、风神、月亮、太阳、飞舞的佛等。天象图两侧为排列整齐的菱格画，以本生和因缘故事为主要内容。主室侧壁的上方表现的是天宫楼阁、伎乐天人，下方为佛说法的场景或因缘故事。总体来看，壁画内容以小乘佛教为主，但也有少量大乘佛教的因素。

克孜尔石窟壁画的风格可分为两种：早期和中期流行龟兹风格，晚期既有龟兹风格的延续，又融入了汉族地区的风格，与唐代对龟兹的统治有关。在壁画技法来看，既受到了印度的影响，普遍流行在人的肌肤部位运用凹凸晕染画法，又受到了犍陀罗地区的影响，如在佛的头顶上方画树。晚期又受到了汉族画法的影响，以线描技法为主。克孜尔石窟之所以受到印度和犍陀罗的影响，是因为龟兹人的祖先有贵霜帝国的移民。

吐鲁番柏孜克里克石窟

位于今新疆吐鲁番的柏孜克里克石窟创建于古高昌国时期，是新疆第二大石窟群（图 9）。由于具备优越的地理位置等条件，高昌国历来都是重要的军事要塞。柏孜克里克石窟所在的山崖下面有一道河谷，上面是火焰山。这是一座死火山，小说《西游记》里唐僧、孙悟空等经过的火焰山就是这里。

柏孜克里克石窟能够被世界所知，与德国两名考古学家有关。格伦威德尔（1856—1935）是柏林民族学博物馆的研究员。1902 年，他第一次率领普鲁士皇家吐鲁番考察队去考察吐鲁番地区的历史遗址。勒柯克（1860—1930）也是柏林民族学博物馆的研究员，他和格伦威德尔一起参加吐鲁番考察队，也曾先后多次进入新疆考古。格伦威德尔主张把考古的遗址作为一个总体来看待，做完调查记录后要保持遗址的原样。而勒柯克的主张不同，他的想法是把一个遗址调查完之后，能拿走的东西就拿走，让这些东西都归德国所有。1904—1905 年，勒柯克在第二次去吐鲁番考察时，听说戈壁边的山里有洞窟，他们就上山了。在他们往山上爬的时候，就发现了被沙子掩盖的柏孜克里克石窟。清理之后，他们对石窟进行了测量、记录。调查完后，勒柯克将大量精美的壁

图9　新疆吐鲁番柏孜克里克石窟外景

画进行切割，其中包括最精美的第 20 窟，大约有 20 幅大型壁画被全部揭走。如今的柏孜克里克石窟，塑像已经被破坏，大部分壁画被德国考古队掠走，基本可以说是精华已失。如果想要研究柏孜克里克石窟的精美壁画，必须借助德国人当时做的考古调查资料，以及保存在柏林亚洲艺术博物馆的壁画。

柏孜克里克石窟的建筑形式主要有两种。一种是在崖壁表面直接向内开凿石窟，这种石窟一般有前、后两室，后室凿在崖体里，前室是在崖体外部人工用砖或土坯砌起来的部分。在后室里，由于崖体都是很松软的岩石，不能在上面直接雕像，只能在壁面抹泥塑像或画壁画。另一种是不向崖内开凿石窟，而是直接在外面用砖头或土坯砌出一个洞窟，有的供僧人居住的长方形小僧房就是这样的。

一、分期与洞窟类型

柏孜克里克石窟可以分为五个时期：

460—640 年，高昌国时期。

640—848 年，唐西州时期。

848—983 年，西州回鹘（高昌国）时期，信奉摩尼教。

983—1283 年，西州回鹘（高昌国）时期，信奉佛教。

1283—1383 年，蒙古统治时期，之后灭于伊斯兰人。

“高昌”一名取自汉朝。汉朝军队攻打匈奴时进入吐鲁番地区，因其“地势高敞，人庶昌盛”，便将此地取名高昌。南北朝时期，几家汉族势力先后在这里建立了阚氏高昌、张氏高昌、马氏高昌及麴氏高昌王国。高昌国最早在柏孜克里克崖壁上建造石窟寺院时，开凿得比较分散。后来唐朝统治吐鲁番地区时建立了西州政权，在原来的基础上又开凿了很多洞窟。848 年，西州吐鲁番地区被少数民族回鹘占领，建立了回鹘高昌国。这一政权历经了晚唐、五代、宋、元诸朝，持续了四百多年，是柏孜克里克石窟艺术最发达的时期。回鹘高昌国时期又可以分为三期，第一期相当于晚唐至北宋初期，那时的回鹘人信仰摩尼教，就把柏孜克里克的一些早期洞窟重新修缮，在原壁画之上重新抹泥绘画，将其改成了摩尼教洞窟。第二期从 983 年开始，当地人转变了自己的信仰，改信佛教。于是，少部分摩尼教洞窟保持原状，大部分洞窟则又抹泥重新绘画，变成了佛教洞窟。1283 年，蒙古军队准备攻打高昌，当地政权选择了议和投降，从此高昌地区被蒙古政权统治。后来蒙古四大汗国之一的察合台汗国与中央政权发生矛盾，便出兵占领了高昌。因为察合台汗国信仰伊斯兰教，伊斯兰教徒不允许佛教偶像崇拜存在，佛教就在吐鲁番地区渐渐消失了。随之被尘封的还有柏孜克里克石窟，直到 20 世纪初德国人发现为止。

柏孜克里克石窟现有洞窟 86 座，还有 9 座分散在其他地方。在 86 座石窟里，有 68 座是佛教洞窟，还有几座是摩尼教洞窟。从洞窟的功能来看可分成以下几种。第一种是塔庙窟，洞窟中间有一个方形的柱体，类似于龟兹地区的中心柱窟。第二种是佛殿窟，这是柏孜克里克比较有特色的一种洞窟，平面呈长方形，一般是纵券顶。还有一种平面呈回字状的佛殿窟，中间是一个佛堂，佛堂外围凿有甬道，信徒们可通过甬道环绕佛堂礼拜。塔庙窟和佛殿窟主要用于宗教仪式、研习佛理或讲经说法，塔庙窟还可用作观佛修行。第三种是僧房窟，是僧人们居住的地方。第四种是禅窟，是僧人们坐禅修行的地方，面积比较小，在里面只能坐不能站。第五种是瘗窟，用于埋葬僧人们的骨灰。第六种是储藏窟，是放杂物的仓库。壁画主要集中在塔庙窟和佛殿窟里，这两类洞窟是我们接下来要重点介绍的。

下面我们将按照分期，依次介绍柏孜克里克石窟。

二、高昌国时期（460—640）

高昌国时期的洞窟目前所保留的壁画不多。因为后期的工匠为了修建的方便，通常直接用泥盖住原来的壁画，然后在上面重新绘画，所以早期存世的壁画非常少，大部分保存下来的石窟艺术作品都创作于回鹘高昌国时期。现存的高昌国洞窟形制主要有塔庙窟、佛殿窟。塔庙窟的结构类似克孜尔石窟的中心柱窟，方形结构的佛殿窟也是龟兹地区流行的形制，可以看出明显是受到了龟兹地区的影响。塔庙窟的壁面上一般绘有千佛，佛殿窟中间一般会凿一个方形的矮坛。这种凿方形矮坛的做法，我们在敦煌莫高窟西魏第285窟中也见到过，很有可能是从内地传过去的。所以，我们推测高昌国当时与西边的龟兹国、东边的汉族地区都有文化交往。而敦煌是当时离得最近的汉族地区的佛教艺术宝库，他们很有可能将敦煌的洞窟作为造窟的借鉴。

第18窟是一座塔庙窟，壁上画有千佛（图10）。身穿通肩式袈裟的千佛是敦煌莫高窟南北朝时期最流行的题材。所以，其千佛排列方式，基本上是从中国内地传过来的，不是当地的特色。第18窟还有一个特点是窟顶为套斗式的平棋藻井，由相互交错的方形拼接而成，中间是一朵莲花，总体上是仿木构的屋内藻井样式。敦煌莫高窟的窟顶大多就是这种套斗顶样式，表明了柏孜克里克石窟明显受到了汉式风格的影响。

图10　新疆吐鲁番柏孜克里克石窟第18窟千佛壁画

第 51 窟为僧房窟，窟顶也画有千佛。这一幅千佛壁画既受到了汉式的影响，又受到了龟兹地区的影响。每一尊佛都画在了一个亭阁式的塔身上，塔身上面有一个三角形的塔刹。这种塔的形式来自龟兹，在克孜尔石窟中心柱窟的甬道壁内就有这样一排排列塔，每一个塔身上都画着一尊佛像。汉式的影响表现在旁边的榜题上，榜题一般写的是佛的名字，每位佛都有自己的名字。大约在南朝梁代翻译了《千佛名经》，就是为千佛定名的。从这一千佛图中，我们可以看到东西方对于早期柏孜克里克石窟的影响。

三、唐西州时期（640—848）

640 年，唐太宗李世民的军队夺取了吐鲁番地区，建立了行政机构西州来进行管理，一直延续到唐玄宗的盛唐时期（712—756）。

这段时期的一些佛殿窟里筑有大型的平面长方形的纵券顶，壁面上画有千佛和经变画。佛教题材在每个历史时期都有不同的侧重点，而经变画是唐代最流行的题材，即用图像的形式来表现佛经的内容。所以当看到经变画时，就知道这是从内地传入的。在此后很长时间里，当地的画匠、艺术家的创作仍然延续了唐代的传统。

第 69 窟是一所佛殿窟，壁画题材有千佛和经变。千佛延续着南北朝时期的题材，但佛像的整体风格已经变为了唐朝的。唐朝的佛装吸收了过去所有的三种样式，不再像南北朝时期佛像那样穿着单一。这三种样式分别是：袒裸右肩式、双领下垂式（类似褒衣博带装）、通肩式。在这里我们可以看到前两种。再看第 69 窟佛像的细节，唐朝的佛像造型集健与美为一身，面部丰圆，细腰、挺胸、宽肩，身段既优美又健壮。这幅壁画表现了典型的唐朝佛像艺术风格，完全可以与敦煌石窟相媲美。

第 17 窟是一所长方形平面的纵券顶佛殿窟。从墙壁上残存的背光推测，洞窟正壁与两侧壁原来曾安置有泥塑佛像，其中正壁一尊，左右两侧壁各三尊，有可能是七佛题材，表现的是过去六佛和现在的释迦牟尼，这是来自大乘佛教多佛信仰的影响。纵券顶表面的众方形格内是佛说法图，其中也有经变画。与同一时期敦煌地区的经变画相比，第 17 窟的经变画画幅较小，画法略显稚拙，每一幅方格里的人物刻画都非常简单，有浓郁的地方特色。其中一幅表现的是佛说法的情景：佛坐于中间，旁边是听法的弟子、菩萨，下部表现的是《观无量寿经》中的十六观，即观想无量寿佛国的十六种东西，包括宝座、树、佛像等。该画面被毁坏严重，很多细节已不清楚。

第 16 窟佛殿窟有一幅《涅槃经变》壁画，原本是一幅很精美的画作，可惜人物的眼睛已经被毁坏了。从人像的绘画技巧来看，线描非常细腻，可见当时的工匠很有绘画功底。壁画表现的是佛涅槃时乐队奏哀乐的场景，乐队里面有的是汉人打扮，有的像西域地区人的打扮。乐师们用不同的乐器演奏，相当于当时的一个大型交响乐队，这些乐器对研究当时的音乐史很有帮助。像这样的群体奏乐场面，在敦煌莫高窟唐代经变画里面常有出现，可见受当时汉风影响之深。

我们再来看看第 16 窟壁画人物的细节。当地考古学者认为，一位吹笛的长髯男子表现着婆罗门，因为他的打扮很像印度人，上身袒裸，身上还挂有一些印度男子的装饰物。这幅壁画人物刻画非常有神韵，可惜眼睛也被有意毁坏了。

四、西州回鹘高昌国时期（848—983，信奉摩尼教）

唐代安史之乱（755—763）爆发后，位于今西藏地区的吐蕃王国趁乱攻占了西州、甘肃地区，中原王朝和西域的主交通因此中断。彼时唐朝中央无暇顾及西域，便请交情较好的回鹘击退吐蕃。之后回鹘取得胜利，开始了对高昌地区的管辖，高昌地区与内地的联系也得以恢复。由于当时的回鹘国王受到了摩尼教的影响，高昌地区便改为信奉摩尼教。在回鹘国王的要求下，唐朝中央政府同意在长安（今陕西西安）、洛阳等大城市建立摩尼教寺院。但因为汉族对摩尼教比较排斥，摩尼教在内地并没有发展起来。

在 848—983 年间，回鹘高昌国在摩尼教的影响下，摩尼教洞窟在柏孜克里克石窟发展了起来。但因为在之后的983—1283年间，回鹘高昌国又改信佛教，并直接在原来摩尼教洞窟的基础上将其改装为佛教洞窟，如今摩尼教洞窟仅留存四五个。在这些摩尼教洞窟中，我们发现了少量壁画，题材多是三干树、摩尼宝珠、守护灵、摩尼教伎乐等。

第38窟是一座摩尼教洞窟，其中的一幅画可称为柏孜克里克石窟摩尼教题材的代表作。画的中间为三干树，也称光明树，表现的是光明王国占领东西北三方。摩尼教信仰光明和黑暗的冲突，认为整个宇宙，包括人类过去、现在、未来的发展都是在光明和黑暗的冲突矛盾下演变而来的。同时，他们憎恶物质世界，用黑暗象征物质，而精神境界则是由光明来象征。光明树上结满果实，象征他们的信徒如果实般丰盛。树下的摩尼教信徒们都穿着代表圣洁的白色衣服，还有些伎乐人在奏乐。可惜壁画表面有的地方已经风化了，有的细节则被毁掉了。

五、西州回鹘高昌国时期（983—1283，信奉佛教）

从983年的北宋初年到1283年的元朝初年，回鹘高昌国信仰佛教，与内地联系广泛。这一时期是柏孜克里克石窟发展的高峰期，洞窟内保留下来许多有代表性的精美壁画，可惜大部分都被德国考古队切割走了，收藏在柏林亚洲艺术博物馆。

这个时期，柏孜克里克兴起了一种新型的“回”字形平面佛殿窟。这种洞窟左半部分为一个平面方形的洞窟，里面套着一个方形穹隆顶殿堂，左、右、后三面以纵券顶甬道环绕，右半部分再连接一个长方形的纵券顶佛殿。第20窟就是一座典型的平面“回”字形佛殿窟，中间殿堂正壁绘《大悲变相图》壁画，两侧壁各绘一幅《毗沙门天王赴会图》壁画，甬道侧壁绘系列《因缘故事图》，长方形的佛殿里绘有大黑天、荼吉尼天女和经变画。可以看到这个时期的柏孜克里克石窟，一方面有着唐代西州回鹘时期的独特风格，又与两宋政权交往频繁，深受汉族文化影响。另一方面，当地的艺术家也接受了藏传佛教影响，如大黑天图像，说明藏传佛教在这个地方也曾经流行过。

下面我们来详细讲一下壁画的情况。第 20 窟的壁画是柏孜克里克石窟的精华所在，且规模最大。可惜的是，如今这里已是空空如也，几乎所有的壁画都收藏在柏林亚洲艺术博物馆。原位于中央殿堂正壁的《大悲变相图》，看到其整齐切割的痕迹，就知道这幅壁画是被一块块切割下来运走的。《大悲变相图》的上半部分早已被毁掉了，下部表现的是观音菩萨的一些护法，可以看到一些力士、明王、婆罗门及其眷属形象，还有身体较小的供养菩萨，他们都是观音菩萨的胁侍（图 11）。还有人身象首的毗那夜迦天，他以前是印度教的神灵，在佛教里作为护法。从整幅壁画的绘制来看，可以看出当年画工的技法非常高超，受唐风影响，又有自己独特的风格，很接近同时期敦煌的壁画风格。同时，画工也采用了龟兹地区流行的凹凸画晕染方法，给部分人物的肌肤以一种三维立体感。

图 11　新疆吐鲁番柏孜克里克石窟第 20 窟中央殿堂正壁《大悲变相》壁画局部

《大悲变相图》中，有一位女子站在前面，后面紧跟一名侍女，后上方为供养菩萨，两侧各一位明王护法。明王像来自密教，在唐代长安地区也有明王壁画和雕塑。明王属于佛和菩萨的变化身，他们变化成多面多臂的忿怒形象，是为了降服那些不信佛、心里有贪嗔痴的人。据推测，《大悲变相图》壁画的上半部分应当有大悲观音像，当时勒科克等人在柏孜克里克考察时，在规模小一点的洞窟内发现了类似的题材，上面所画的就是大悲观音。

再看第20窟中间殿堂的侧壁壁画。两侧壁各画有一幅《行道天王图》，描绘的是天王巡视的场景。天王有四位，分别守护佛国世界的东、西、南、北。四大天王各统领八名大将，总共三十二名大将。南方天王的第一名大将是韦驮，他也是三十二大将之首。三十二大将又各自统帅成千上万的夜叉兵，是守护佛国的大军。天王还负责巡视各地，保护佛教国度的安全。当时的高昌国已经成为一个佛教国家，所以绘画天王来保护当地的人民，也保护这个地方的佛教社会。这幅壁画里的天王都是唐朝武将的打扮，可见当时回鹘和唐朝的关系非常密切，接受着唐朝的影响。有的天王身旁下方有夜叉鬼，还有别的随从，也有一些人给四大天王之首的毗沙门天王（又称北方天王）供奉东西，人物绘画非常灵动。

再来看第20窟原甬道部分的壁画。甬道侧壁上绘制了很多幅壁画，规模都很大，高度都在3米左右，在中国古代佛教艺术史上都是少见的。敦煌地区也有这样的大幅壁画，但是题材不一样。这种因缘故事题材壁画表现的一般都是立佛侧身站在中间，身后有头光和背光，脚下踩莲花，有众护法神和供养人列于两侧。位于中间的佛像衣服紧贴身体，类似唐代的出水式佛像，很有唐代风韵。与唐朝佛像的区别主要在于头和身的比例不同，这些大幅壁画的佛像身体比例一般都不太恰当。但现代有的艺术家认为这是一个视角的问题，如果站在下面看这幅像，比例可能就是合适的。

那么这种画是什么题材呢？有种说法认为这是“誓愿图”，即供养人向佛发愿，祈祷佛实现一个愿望，后来愿望实现，就画了壁画来还愿。也有种说法认为这种画讲述的是佛本行故事，即佛传故事。佛传故事有广义和狭义两种，狭义的佛传故事指的是释迦牟尼一生的故事情节，一般表现佛的诞生、成道、在成道前的第一次说法、涅槃等情节。而佛从35岁成道后的第一次说法，到80岁涅槃这段时间讲经说法的内容，我们称为因缘故事。我认为这种壁画表现的是佛的因缘故事。

其中的一幅因缘故事壁画高3.25米，宽1.9米。这幅画很有特色，中间的大佛脚下踩着一艘船，船下面还画有一道道水波纹，表现佛立在水中的船上。上方有一个回鹘文题记，内容是："当本商主看见天宫具力神驾临河边时，随即将这尊神渡往河的对岸。"我们猜想，这句话可能是说明某个商队里的商人看到了河里有一尊佛像，称他为天宫具力神，然后将佛像捞起来，并把他送到对岸。类似这样的情节，在中国古代的佛教历史文献上有记载。例如：唐代高僧道宣（596—667）于麟德元年（664）撰写的《集神州三宝感通录》一书记载了这样一个故事：在东晋咸和年间（326—334），丹阳的地方官高悝在张侯桥下的水里得到了一尊金佛像，没有背光和佛座，佛像的背上梵文铭文说，这尊佛像是印度阿育王（公元前268—前232年在位）的第四个女儿造的。当高悝载着金佛像到达长干巷口时，拉车的牛拒绝前行。不得已，他们就在那里造了一座长干寺，来安置金像。据说，这就是现在位于南京的长干寺。一年后，一个渔民在海里发现了一个金莲花座。不久，有一个采珠人又在海底发现了金背光。这两件东西都和长干寺供奉的金像十分吻合。这样的故事题材还被绘在了敦煌莫高窟唐代第323窟的南壁。类似这样的佛像，我们把它叫作"瑞像"，即带有吉祥征兆的佛像。所以我认为柏孜克里克的这幅壁画就是这种类似情节的因缘故事画。

这幅壁画是周围甬道内众多壁画中最精美的一幅，也是研究柏孜克里克石窟壁画的学者们研究得最多的一幅。首先是因为佛站在一艘船上，这种表现形式很特别。还有站在佛两侧的人物，表现的是当时高昌国地区各少数民族以及中亚、西亚等地区人们的样貌，他们每个人的服装各不相同，还有用驴或骆驼等交通工具带来各种物品供奉佛的形象。所以，这幅壁画对研究当时高昌地区的风土人情具有很高的历史价值。

除了佛像壁画外，第 20 窟内还有些供养人像，我们来看几幅有代表性的作品。一幅画作品旁有回鹘文题记，写明是“沙利家族人像”，说明这三位都是贵族高官。他们头戴很有特色的高冠，服装类似圆领窄袖的唐装。其中左侧两位长得很相似，右侧一位样貌有西域男子的特点。其实，这种供养人像并不是他们真实面貌的写照，而是用一种主流审美下的典型形象来象征所有的供养人。

另一幅壁画旁的回鹘文题记内容是“喜悦的公主殿下尊像”，展现了回鹘王室贵族女子的形象。受唐朝的影响，回鹘女子也以丰腴的身段为美。喜悦公主殿下和旁边另一位同样身份的女子都有榜题，面相也基本一致，都是象征性的人物肖像。

第三幅供养人壁画画的是佛教界的三都统像（图 12）。“都统”是佛教领袖，这幅画中的三都统形象似汉人，旁边的题记用汉字和回鹘文两种语言书写。因此，回鹘王室和遗族雇佣了一些汉人来当他们的佛教领袖，还参与了第 20 窟的创作。

图 12　新疆吐鲁番柏孜克里克石窟第 20 窟三都统壁画

高昌回鹘时期壁画题材非常丰富，不仅仅是上述几例。第 18 窟是一座塔庙窟，窟内壁画有的表现六道轮回。画面下方表现地狱道恶鬼们正在受罪的情景，刻画得非常形象，如小鬼被严加审判、被大火炙烤等。中间有一些回鹘文题记，应与说明具体题材有关。画面上半部分表现的是人道、天道，可惜已经损毁了。

第 18 窟的《药师经变》壁画也很优美。经变题材在唐代以后流行，并且对回鹘地区也产生了影响。据德国人的研究，这幅壁画表现了《药师经》中提到的“九横死”和“十二大愿”的场景。“九横死”就是九种不正常的死亡，比如被野生动物咬死、被强盗杀死等。如果佛教信徒们遇到这些横死的情况，药师佛就会发十二大愿来拯救。

在第 33 窟有一幅《涅槃经变》壁画，绘制于正壁的纵券顶下方，表现佛涅槃后众弟子举哀的场面。画面的下部原来有一尊泥塑卧佛像，现在已经不存在了。卧佛的身后壁面画着举哀的众弟子、表情肃穆的菩萨等，在纵券顶的表面则绘有千佛。据佛教的说法，佛去世之后，弟子们非常悲痛，号啕大哭。但菩萨们却很安详，因为菩萨知道佛的去世是对轮回转世的解脱，是入涅槃了。但弟子们不清楚这些，只知道自己的师尊离开了，所以十分悲痛。这幅画的笔法很精细，生动地画出了弟子们哭天抢地的悲伤神态。可以想象当时高昌国地区的王室、贵族应该是动员了他们最好的画师来创作这幅壁画的。同窟的侧壁也画有一幅《涅槃经变》图，表现的是婆罗门奏哀乐的情形，是用当时少数民族人物的艺术造型来表现一些佛教神灵的形象。

第 31 窟有一幅精美的回鹘国王画像，旁边的回鹘文题记主要赞美了国王的功德，这位国王应该参与了石窟的开凿和造像工程。从其穿着来看，当时的回鹘国王服装和高级官员的服装一致，可能在质地上有所区别。

综上所述可以看出，这段时期柏孜克里克石窟的壁画表现了当时高昌国的最高绘画水平，反映了唐朝以后在中国形成的多民族文化融合的艺术文明。在中国历史上，这批壁画也是独树一帜的。

六、蒙古统治时期（1283—1383）

13 世纪，高昌地区被蒙古人和平占领，之后又被察合台汗国统治。察合台汗国信奉伊斯兰教，他们占领吐鲁番地区后，将整个地方的信仰由佛教改为了伊斯兰教。大部分回鹘人仍然在当地生活，后来逐渐变成了现在的维吾尔族。

蒙古人占领高昌国以后，这个地区的壁画、塑像仍然延续过去唐朝的题材与艺术风格，同时也吸收了蒙古的一些影响，在颜色、构图等方面都产生了一些变化。例如：第 27 窟的千佛壁画，这种题材并不是新疆地区的传统，它是来自汉族地区。壁画下面是大型的泥塑佛背光，表明其间原本应该有泥塑佛像，可惜已经不存在了。佛的背光之间还画有一些菩萨像，两边画满千佛。这种表现方式仍然是回鹘西州时期传统风格的延续。

我们也看到了一些有蒙古特色的壁画。元朝统治者信仰西藏喇嘛教，并且用行政手段在国内推行喇嘛教。第 29 窟的一幅壁画明显表现了喇嘛教的特色。喇嘛教佛像特点是佛的额头很宽，脸呈倒梯形，与唐宋时期佛的椭圆形脸不一样。另外，喇嘛教佛像身材矫健、肩宽腰细，很像健美的中年男子身材。据学者们考证，这一壁画中的坐佛表现大日如来，是密教（包括喇嘛教）的最高尊神。佛像旁还有一些胁侍菩萨像，也明显具有藏传佛教造像的特点。第 27 窟还有蒙古女供养人画像，推测当时有一些蒙古贵族参与了石窟的开凿，也有可能没有参与，是石窟的资助者在为当时的蒙古贵族做功德。从绘画技法来看，这段时期的绘画水平明显衰落了。

最后，我们来了解一下被德国人切割走的第 20 窟大型壁画的命运。1945 年以前，被切割运到德国的柏孜克里克壁画均在柏林国立民族学博物馆（就是今天的柏林亚洲艺术博物馆的前身）展出。那些大型因缘故事壁画全部镶在墙上，有的小型壁画也镶在墙上。大型壁画在墙上被钢筋焊接固定得非常牢固，如果想把它们拿下来，就必须把钢筋架子整个拿下来，拆卸非常困难。从 1944 年开始，盟军开始 24 小时不停地对柏林进行战略性轰炸。在这种情况下，民族学博物馆只好搬家。他们把小型壁画都从墙上取下来，连同展厅里面的文物一起转移到了地下室。但由于大型壁画拆卸困难，他们就没有把这批壁画拿下来，并且心存侥幸地认为也许盟军不会炸毁这座建筑。不幸的是，博物馆大楼遭到了轰炸，这批大型壁画就这样被毁掉了。我们现在看到的照片资料，都是 20 世纪 30 年代柏林民族学博物馆所拍摄的彩色照片，使壁画的原貌得以保存。

七、结语

柏孜克里克石窟可分为五期。第一期是高昌国时期，政权由汉人建立，接受龟兹国和中原文化艺术的影响，分别形成了龟兹风格的中心柱窟型和中原风格的千佛壁画。第二期是唐朝统治西州时期，工匠们借鉴了东边敦煌地区的经变画进行创作。后来，回鹘人占领高昌，他们与唐朝的关系良好，就恢复了高昌地区因吐蕃人而中断的与内地的联系。回鹘人起初信仰摩尼教，使一些洞窟被改成摩尼教洞窟，今天我们还可以看到一些摩尼教壁画。983 年到 1283 年，回鹘人改信佛教，摩尼教洞窟又改为了佛教洞窟，致使摩尼教洞窟保存不多，仅存四五个。回鹘人改信佛教以后，艺术创作仍然受唐朝遗风的影响。在 13 世纪晚期，高昌地区被蒙古政权统治，壁画风格仍然延续唐朝遗风，但艺术水平有所下降。同时，该地区也受到了元朝喇嘛教的影响，出现了一些带有藏传风格的壁画。到了 14 世纪晚期，吐鲁番地区被其他教徒占领，柏孜克里克石窟从此沦为废墟，隐匿于沙尘中，直到 20 世纪初被德国人发现。

Gems of
Chinese Grottoes

甘 肃

敦煌莫高窟北朝洞窟

甘肃敦煌，是丝绸之路在汉族地区的最后一站，也是进入西域的起点。

丝绸之路起于西汉首都长安（今陕西西安），途经河西走廊，抵达敦煌。西出敦煌是新疆，也就是当时的西域。古代的外国人经过西域的长途跋涉，进入中国内地的第一站就是敦煌。故此地尤为重要，俗称“丝路咽喉”。

“敦煌”两字最早见于《史记》。《史记·大宛列传》记载开通丝绸之路的张骞（约公元前164—前114）给汉武帝（公元前140—前87年在位）的报告中说：“始月氏居敦煌、祁连间”。公元前111年，汉朝正式设敦煌郡。东汉应劭注《汉书》解释敦煌说：“敦，大也；煌，盛也。”唐朝政治家、地理学家李吉甫（758—814）编《元和郡县图志》说：“敦，大也。以其广开西域，故以盛名。”因此，敦煌特指这个东西方文化交融之地，并且形容它的文化昌盛繁荣。然而，与敦煌文化的博大精深相反的是，此地面积甚小，人口也不多。

敦煌城市虽小，但积淀下来的文化艺术却如此丰厚，原因在于几千年来它都是东西方文明的交融碰撞之地，蕴涵了千年东西方文明的沉淀。千年丝绸之路的发展使得敦煌日渐呈现出繁荣昌盛的景象，也逐步发展成为一个西北军政和文化商业重地，一个“华戎所交大都会”。

西晋王朝覆灭后，晋室南迁，在南京建立东晋政权。北方地区呈现了“五胡”十六国混战、割据局面。在魏晋时期，今甘肃省河西地区先后建立了前凉、后凉、南凉、西凉、北凉等地方政权。在前凉张骏（307—346）统治时期，曾改敦煌为沙州。400 年，李暠（351—417）在敦煌称王，建立西凉国，敦煌有史以来第一次成为国都。这一时期，河西地区社会安定、经济繁荣、文化昌盛，而中原地区却是群雄逐鹿、战火四起。故此，中原大批学儒、百姓来到河西避难，带来了先进的文化和生产技术。敦煌本就是佛教东传的通道和门户，中原战乱却给敦煌佛教带来了空前兴盛，也迎来了石窟的开凿（图 13）。从那时起，一直到明清时期，敦煌的佛教艺术活动一直没有间断，洞窟开凿频繁。元代以后，敦煌不再建有新洞窟，只是修补前朝洞窟。

图 13　甘肃敦煌莫高窟外景

古代僧人开凿洞窟都选在河畔山崖间。开窟首选山崖自不必说，而在河畔则是为了解决水源问题。遗憾的是，敦煌的山崖间会有阶段性流沙。虽然自古以来，负责看守莫高窟的工人都会在洞窟附近清理流沙，但黄沙漫漫，千年来依旧有很多洞窟被长时期淹没在流沙中。

一、莫高窟的发端

关于莫高窟的开凿，初唐332窟前室有武周圣历元年（698）李克让所立“李君莫高窟佛龛碑”，碑上写着：“乐僔法良发其宗，建平东阳宏其迹。”这里的乐僔是前秦时期的僧人。他有一个心愿，要寻一处有缘清静地，钻研佛法。为此，他踏上了目的地未知的苦行之旅。当乐僔来到敦煌，站在鸣沙山上远眺时，奇迹出现了。对面的三危山竟笼罩在一片金光灿烂之中，仿佛千佛现身、度化众生。乐僔的心霎时安定下来：脚下这片土地，就是自己苦寻的圣地。于是，他便在此居住下来，并且在敦煌东南的鸣沙山崖面凿壁开窟、参禅修佛，从此开启了莫高窟的营造。

乐僔之后，又有一位从东而来的法良禅师到达敦煌。他深受乐僔故事的触动，于是在乐僔开凿的石窟边上，也造了一窟。史籍未载法良开窟的具体时间，据学者考证，应在十六国时期。在两位高僧的带动下，鸣沙山上伽蓝渐起。震惊世人的佛教艺术宝库莫高窟，在这两座石窟的基础上，终至辉煌大观。

事实上，乐僔和法良开凿的石窟究竟是什么样的，目前还未有确切证据加以说明。有学者认为，他们最先开凿的石窟也许只是坐禅修行的禅窟，和莫高窟的艺术关系不大。

北魏统一北方后，敦煌转而隶属北魏，才真正迎来了辉煌发展的开始。此后，北魏分裂为东魏和西魏，西魏后被北周取代，而敦煌就相继受西魏、北周的管辖。在此期间，敦煌莫高窟又出现了两位弘法人，就是前文唐代题记中提到的“建平东阳宏其迹”。这里的东阳，指北魏晚期至西魏的东阳王元荣。建平，指北周的建平公于义。他们相继被派遣到敦煌执政，且都是佛教信徒，莫高窟在他们的管辖下发扬光大，便很自然。

接下来的历史进入隋唐大一统时代，莫高窟艺术也达到了最高峰。唐代以后的宋元时期，莫高窟的开凿仍在延续着，最终造就了西区492所艺术洞窟，是供僧人们讲经说法、礼佛的场所。明清时期，莫高窟不再开凿新洞，只修复前朝洞窟。莫高窟的北区洞窟主要发展于唐代以后，是供僧人修行和居住的区域。

在一千五百多年的敦煌历史中，南朝学者刘昭的一句话足以概括："华戎所交，一都会也。"华即是华夏，戎则指西域文明。敦煌地处丝路咽喉要地，是东西文化交流的门户，佛教东传的通道。在这片神奇的土地上，历史赋予了它穿越时空的力量，也滋养出了辉煌灿烂的敦煌莫高窟艺术。

接下来，以莫高窟西区洞窟为主，按时代顺序来介绍这里的佛教艺术成就。

二、北朝一期：平城与西域风格的影响

现存最早的一批莫高窟洞窟开凿于北朝时期，可分为四期。第一期是北魏中期，约在孝文帝太和时代（477—494），共有 3 所洞窟。第二期为北魏晚期，大约在北魏太和十八年至正光六年间（494—525），共开凿 8 窟。这两期，正好是云冈石窟开凿的第二期和第三期。第三期为北魏末到西魏，时间大约在北魏孝昌元年以后至西魏时期（525—545），共开凿了 10 所洞窟。第四期为北周时期，有洞窟 15 所，个别洞窟的上限可在西魏末年，下限约至隋初开皇六年（586）之前。在北朝的敦煌莫高窟，开凿的洞窟总数并不多，但内容丰富多彩，跨越整整一百三十年时间。

北朝一期共有三所洞窟，即第 268、272、275 窟。敦煌研究院的学者认为这三个洞窟可能出自北凉。但如今越来越多的学者持出自北魏的观点。在洞窟形式上三窟各不相同，但顶部都出现了汉族房屋的结构；造像皆为单尊塑像，多以弥勒为主；佛像服饰多为右袒式袈裟；画中飞天体态略显僵硬、笨拙，以"V"字形飞天居多。绘画技法则以"凹凸式晕染法"为主。就窟内出现的汉地房屋样式推论，北魏统一北方后，才有可能出现这种汉族风格的建筑样式。因此，本书更倾向于这三个洞窟开凿于北魏，而非北凉。

我们来了解一下北朝一期三窟分别呈现的特点。

第 268 窟，平面为长方形，两侧壁各凿两个坐禅修行的小禅窟，但也有学者

认为这两个小禅窟是后期开凿的。洞窟正壁龛内的主尊是交脚佛，有人认为这可能是未来佛弥勒，也有人认为是释迦牟尼佛（图 14）。这种交脚佛像与交脚弥勒菩萨坐姿相同，所以更像是弥勒菩萨的样式。佛龛两侧画有供养菩萨和飞天，佛龛下面画有供养人。洞窟顶部是仿汉民族房屋的天花板结构，即连续的套斗顶。在佛像的穿着上，主要是受中世纪印度笈多风格的影响。这尊交脚佛穿着右肩袒露的大衣，大衣质地轻薄，紧贴身体，为标准的笈多风格。佛像的面部有西方人的特点；身形矫健，也有犍陀罗的遗风。但造像面部似乎经过后期修复，是否在修复过程中采用了犍陀罗艺术风格，还不知晓。

图 14　甘肃敦煌莫高窟第 268 窟正壁

第 272 窟的面积比第 268 窟要大，正壁也开龛，龛内塑一尊倚坐佛像，也是一佛题材，没有胁侍。这尊佛像的体态与风格和第 268 窟主尊相似，只是坐姿不同，呈双腿下舒。这种坐姿的佛像在唐朝用于表现弥勒佛，但在北魏既可以表现释迦，也可以表现弥勒。窟顶依旧为套斗式的仿汉民族房屋天花板结构，外围画着天宫伎乐。这种天宫伎乐壁画和克孜尔石窟的同类壁画有一定的相似性，因此受西域绘画风格影响较大。在克孜尔的壁画中，就可以看到这种大量“阳台式”的天宫，乐人们伸出半个身子，在阳台上奏乐。窟内的两侧壁画着千佛和供养菩萨，分层排列，这也是典型的汉民族壁画布局。从窟内的分层壁画以及窟顶天花情况看，当时的敦煌佛教艺术已经开始在很大程度上受到内地影响了。

第 275 窟的平面是长方形，洞窟正壁没有开龛，而是直接贴壁塑出一尊交脚菩萨像，这是北魏弥勒还未成佛时的典型图像。他上身袒裸，下身穿着紧贴身体的长裙，衬托出身体的外形。这种风格依旧是笈多式的。弥勒菩萨两侧各有一狮子守护，背后壁画表现主座的靠背和众供养菩萨，整个洞窟把雕塑和壁画融为一体。中原地区现存最大的交脚弥勒菩萨像位于山西大同云冈石窟第 17 窟，高达 15.6 米，是一项宏伟巨制，造于 5 世纪中期，早于第 275 窟。大同是北魏首都平城所在地，云冈第 17 窟又是北魏皇家石窟工程，我们可以想象莫高窟第 275 窟中的交脚菩萨像与平城的图像样式西传应该有一定的关系。

第 275 窟的两侧壁也是分层布局，共分三层，但内容与前两窟不同。上层是一排塑像龛，中层是佛本生故事壁画，最下一层是供养人壁画。侧壁上层各开三龛，分别为阙形龛和双树形龛。在阙形龛内塑交脚菩萨像，象征着弥勒菩萨居于兜率天宫。阙形龛象征着汉民族传统建筑中的阙。阙是一种建在道路之上的门类示意物，用来表示由此而始。古时候经常把阙作为帝王宫廷的代表，那么阙形龛就代表着天上的宫阙，来表现佛国天宫的样式。弥勒菩萨是住在兜率天宫中的“补处菩萨”，也就是佛的候补，在下生之前均在考虑将来如何成佛的问题。总之，这些龛都是来自汉民族的建筑样式。双树形龛内塑半跏坐姿的思维菩萨像，表现释迦牟尼在成佛前于菩提树下思维的情景。

在两侧壁的中层，南壁画佛传图，为释迦牟尼出游四门的场面；北壁画本生故事多种，有尸毗王割肉贸鸽等。它们是莫高窟现存最早的故事壁画。本生故事的上部画着飞天，身体呈“V”字形飞动，显得比较笨拙。画师用铅粉颜料在肌肤的轮廓处进行了凹凸式晕染，这种技法来自西域，可见于克孜尔石窟。但是，铅粉经过紫外线照射后会氧化，使颜色变黑。于是，原本肌肤的晕染就变成了深褐色或黑色，看起来像是在身体四肢外勾画出粗壮的轮廓，但也给人一种立体感。

总之，莫高窟最早三窟在整体上呈现着明显的汉民族及西域特色，不愧古人对敦煌的称呼——“华戎交汇”的都会。

三、北朝二期：保守的北魏晚期风格

莫高窟的北朝二期开凿于北魏晚期。494 年，孝文帝从平城迁都洛阳，之后更加强有力地接受南朝的影响，全面汉化。那时的南朝与中原地区流行魏晋风度，褒衣博带、秀骨清像、潇洒飘逸。佛教艺术也受到了这种社会思潮的影响，但敦煌距离北魏的中心区域太远，中原的风格传到敦煌需要时间。从莫高窟风格发展情况看，当时中原流行的新风尚传到敦煌，大约需要二十多年时间。所以，此时的莫高窟造像与壁画依旧是原有的笈多风格和受西域影响较多。

莫高窟的北朝二期流行中心柱式洞窟，且基本结构相似。平面一般是长方形，在中后部有方形柱体的中心柱直通窟顶，并在四面开龛造像，可供人们围绕着柱子做右旋礼拜，也可以边走边看四周的壁画。中心柱上方窟顶为平顶，表面绘仿汉民族房屋上部天花板的平棋图案。中心柱的正面与窟门之间有较大的空间，可以用作聚会或佛教仪式。在中心柱前面的空间上方是“人”字披形窟顶，做出了仿木构斗栱和椽子。在窟内两侧壁的“人”字披下各有一个阙形龛，龛内造交脚菩萨彩塑像。这种中心柱窟的宗教功能就是“入塔观像”，即进入佛塔，绕塔礼拜，同时观想佛像。然后，僧人们回到自己的修行住处，坐禅冥想，最后达到人佛合一的境界。这种修行仪式最早出自印度，如印度的卡尔拉石窟有一座塔堂窟，大约开凿于 1 世纪前后，窟内就凿有一座覆钵式石塔，信徒们可以环绕佛塔作礼拜。这种宗教功能的洞窟传到了西域，就变成了克孜尔石窟的中心柱窟样式。与印度石窟不同的是，克孜尔石窟采用的是隧道式结构，这种结构虽与敦煌的中心柱窟有些相似，但依旧不同。敦煌的中心柱仿造得更像中原地区木塔的第一层结构。在洛阳发现的北魏皇家寺院永宁寺遗址中，可以看到塔址的中心是一个方形的实心体，并且在四面开龛，人们可以环绕着这个实心体进行礼拜。因此，中心柱窟里的方形柱体仿照的就是木塔第一层的方形实心体，而中心柱窟很可能仿照早期木塔的第一层结构。

第 259 窟是仿中心柱窟的形制，即它只表现典型北魏中心柱窟的部分，只做出了中心柱前部的少许部分，给人感觉这个方形柱体隐于正壁之内。因此，信徒们在此窟中只能举行聚会，不能环绕柱体做右旋礼拜。在象征性的柱体正面开出圆拱形龛，龛内有彩塑两佛并坐像，他们是释迦牟尼佛与多宝佛。根据《妙法莲华经》的记载，多宝佛喜听《妙法莲华经》，在他往昔行菩萨道时，立誓在成佛灭度之后，凡十方世界有宣说《法华经》之处，必自地中涌现于前，以证明此经的真义。因此，等到释迦牟尼在世宣说《法华经》时，忽见有七宝塔从地中涌出，耸立于空中，塔内有多宝如来坐狮子座，其全身姿态如入禅定状。多宝佛分出半座于释迦牟尼佛，于是，两佛便并坐于塔内，共宣此经大法。所以，龛中的这两尊佛像，表现着释迦牟尼佛与多宝佛。这种题材在石窟中的现存最早之例，是甘肃永靖炳灵寺石窟第 169 窟，内有西秦时代的释迦牟尼佛与多宝佛并坐塔内的壁画。第 259 窟的两侧壁也如第一期那样分两层开龛造像，上层为阙形龛，龛内造交脚菩萨和思维菩萨像，表现弥勒菩萨和释迦牟尼出家前在菩提树下悟道的情景。下层开圆拱形龛，龛内造结跏趺坐佛和倚坐佛像，表现释迦牟尼成佛后的形象。在龛间的空余之处还画有千佛和供养菩萨壁画。菩萨的服饰仍然是孝文帝汉化改革前的样式，即仍是西域的样式，流行于云冈石窟的第一期和第二期的前半段。因此，该窟和中原同时期的造像相比则显得保守。

第 254 窟是一所典型的北魏中心柱窟（图 15）。在前部窟顶用浮塑的形式做成“人”字披，仿汉民族传统建筑的椽木结构，在椽木之间画一些天人与花卉。侧壁壁画表现佛本生故事，其中的佛像服饰依旧保守，仍是传自印度的佛装，而且身体强健有力，还未受到当时洛阳地区流行的秀骨清像、褒衣薄带装的影响。254 窟的本生故事画仍是一期曾经有过的尸毗王本生，但比一期 275 窟中的同类题材壁画人物明显增多，构图也更加精致，旁边出现了更多天人、飞天来助威。其次在细节方面，二期也有了明显的进步。例如：画中的人物比例比一期更加协调。其中的人物依旧沿用西域式的凹凸式晕染法。就绘画表现形式而言，凹凸式晕染法虽是来自西塔，可一旦在当地扎根，就会变成为当地的文化传统。所以，一直到唐朝时期，这种凹凸式晕染法仍被使用在莫高窟的壁画人物身上。

图 15　甘肃敦煌莫高窟第 254 窟内景

第 263 窟也是中心柱窟，窟顶前部也有“人”字披，表面塑出檐椽。塔柱四周窟顶表面绘出平棋天花，仿照汉民族房屋顶部的天花板做法。塔柱方形，四面开龛，龛内造像。正面龛内是一尊倚坐佛像，龛外各有一尊胁侍菩萨立像。两侧壁主要是千佛壁画。从北朝一期开始，莫高窟的北朝洞窟流行千佛题材，都是接受中原影响的结果，因为在云冈、龙门石窟中的北魏洞窟中就流行千佛题材。到了唐代以后，千佛题材仍在使用。

综上可知，第二期仍然继承着第一期的传统，但无论是造像还是绘画题材与形式，都比第一期更加协调丰富。此外，北魏时形成的中心柱窟成为莫高窟的一种范式窟型，直到唐朝仍在开凿制作。但在唐朝的内地，中心柱窟就基本绝迹了，只有极少的地方仍有建造。可见当时敦煌有些艺术风格相对保守，能够持续很长时期。

四、北朝三期：汉民族风格盛行

如果说敦煌艺术崛起于北魏时代的话，那么，当历史进入西魏后，敦煌艺术就大步跨入了一个兼容并蓄、融会中西的新时代。太和年间的孝文帝汉化改革，有力地推动了北魏鲜卑族的汉化运动。再加上当时南北方之间交流的进一步加深，使得西陲也深受中原、南朝文化艺术的影响。在这样的历史背景下，西魏时期的莫高窟艺术无论从内容题材还是艺术风格方面，都呈现出一种丰富多彩、清新雅致的风貌。

西魏的标型洞窟就是第 285 窟。该窟开凿于西魏大统年间，在主室北壁发愿文中存有西魏大统四年（538）、五年（539）的纪年，也使第 285 窟成为莫高窟中有确切开凿年代的最早洞窟。它的主室为覆斗顶，平面为方形。覆斗式顶源自中国传统建筑，窟顶中心画华盖式藻井，也是受中原地区的影响，目前可以在天龙山的东魏石窟中看到。窟室地面中央现存一个元代所建的方形坛，南壁和北壁对称地各开凿 4 个小禅室，部分禅室内或门口还残留有元代所修小塔。可知在元代，小塔堵住了禅室之门，使这些小禅室相应作废。

第 285 窟西壁中央凿一圆拱形大龛，两侧各有一小龛。主龛内有倚坐佛像，两侧小龛内各有一尊戴风帽的禅僧坐像。龛外壁面上部画诸天形象，有日天、月天、诸星辰、摩醯首罗天、毗瑟纽天、鸠摩罗天、毗那夜迦天及供养菩萨等，下部画四天王、婆薮仙等。在南壁上部还绘有《五百强盗成佛因缘》壁画。

在第 285 窟窟顶四坡绘中国传统神话诸神与佛教护法神形象，场面十分热烈，有摩尼宝珠、力士、飞天、雷公、乌获、畏兽、伏羲、女娲等。可以看出，很多题材来自汉民族的传统信仰，并非来自印度。四坡下部一周绘有 36 尊禅僧于山间、草庐中坐禅，山林间绘有各种野兽及捕猎场景。

可以看出，第 285 窟与一、二期洞窟相比有了很大变化。在第 285 洞窟中，汉民族风格与因素明显增多。其一，佛与菩萨的服饰完全改变了，成为源自南朝的汉民族褒衣博带佛装和汉式的菩萨装束，使这些佛教人物更显飘逸。褒衣博带式佛装虽然起源于南朝，但直接影响到了北魏佛像的制作。特别是孝文帝迁都洛阳后，在龙门石窟兴起的皇家窟像直接采用了这种佛装，并且推广到了北方各石窟，在巩县石窟、天水麦积山石窟、永靖炳灵寺石窟、庆阳北石窟寺等处均有表现。但因敦煌离都城太远，直到西魏时期才受此类风格影响。其二，壁画题材开始融入了汉地元素，像伏羲、女娲等中国神话故事人物形象以飞天的形式出现在佛殿。还有神兽形象，也是源于中国传统神话题材。其三，壁画上还出现了南北朝流行的山水画法，呈并排的三角形，且山形明显小于各人物的体量，是当时“人大于山”山水画理念的反映。在这些山水画中，山水只是陪衬，而以人物为主体，凸显着人物故事。东晋著名画家顾恺之的《洛神赋图》就是这样表现人物与山水的。其四，相比前朝的“V”字形飞天，此时的飞天两腿呈跪姿，体型清秀、身段优美、服饰飘逸，如同一个个翩翩少女在空中起舞，表现着飘逸之美。这种飞天源自南朝的飞仙，见于南朝墓葬中出土的飞仙画像砖。由此可知，第 285 窟的题材与画风普遍受到了汉地“魏晋风度”审美时尚的影响，标志着中国佛教艺术史上第一次全面汉化终于在敦煌出现。这也从侧面反映出，佛教艺术只有与汉民族文化相结合，才更有利于在汉地传播。

第 285 窟故事画的构图方式也与一、二期有所不同。一、二期采用的是单幅单情节和单幅多情节的构图法，即在一个画面里表现故事是最典型的一个情节，或是多个情节。但到第三期的第 285 窟中，我们看到了横卷连环画式的构图法，从一侧向另一侧连续地展现故事情节的发展，并且以连续的山水和建筑为背景。也就是说，故事中的人物在这种连续的山水画中表现着情节，而情节也随着山水的展开不断向前发展着。

北朝第三期的莫高窟中仍然有保守的艺术形式。第 248 窟是一所中心柱窟，在中心柱窟正面塑出的坐佛并两立菩萨像虽然也有着秀骨清像的造型，但他们的服饰依旧是一、二期那样的来自印度与西域的保守样式。窟内壁画中的佛、菩萨、飞天也表现着同样的风格，即体型清瘦但服饰保守。这似乎表明，面对新传入的南朝风格，敦煌的有些信徒与艺术家持有相当保守态度，仅仅接受了部分新风尚，而非全盘南朝化。

五、北朝四期："以胖为美"的转型

在北朝第四期的北周时期（557—581），因建平公于义在敦煌弘扬佛法，莫高窟在原有基础上进行了新一轮的发展。无论是题材还是造像风格，或是绘画形式，都凸显了北周的特色。

以第428窟为例，这是一所中心柱窟，基本结构仍然继承着北魏传统，但整体规模比之前扩大了许多。窟室前部窟顶的"人"字披间的椽子已不再是浮塑的形式，而是直接绘成的，在形式上有简化形势。中心柱的比例变得粗矮。北魏时期的中心柱侧面往往开凿上下两龛，而北周时期的中心柱侧面和正面一样只开一个大龛，在每面的龛内外塑作一铺造像，以佛为主中心，以两弟子两菩萨像为胁侍。在侧壁的"人"字披下是佛说法图，并且还有别的说法图，连续排列在侧壁的中部。说法图的上部是千佛壁画，下部是三排众多的供养人画像，表明资助这座洞窟开凿的人极多。

在第428窟的南侧壁上，有一幅立姿的卢舍那佛说法图（图16）。这是一个新题材。在他的大衣表面绘满了故事情节和人物，这种像被称为"卢舍那法界人中像"。卢舍那的意思是"光明遍照"，法界人中像是卢舍那佛的一种形式。该佛大衣表面的众多图像来自《华严经》，表现着华严世界的形象，也表示整个法界皆由卢舍那佛的愿力所化现。"人中像"的"人中"两字意指"人体之中"，旨在表达《华严经》所说的"无等平等妙法界，悉皆充满如来身""佛身充满诸法界，普现一切众生前"的观念。也就是在卢舍那佛的身上描绘法界诸相，以阐明在卢舍那佛的法身中，法界诸像无一不现的道理。这种题材还出现在北周和隋代雕刻的单体石像上。

另外，第428窟在绘画形式上也出现了相应的变化。在前壁绘有《舍身饲虎》本生壁画，故事内容表现的是印度宝典国国王大车的三个太子，一日同到山中打猎，见一只母虎带着数只小虎饥饿难忍，母虎因此欲将小虎吃掉。三太子萨埵那见状，将两位兄长支走，来到山间，卧在母虎前，以身喂虎。但饿虎已无力啖食。于是，萨埵那又爬上山岗，用利木刺伤身体，然后跳下山崖，让母虎先啖其血。母虎啖血恢复气力后，就与小虎们一起食尽萨埵那身上的肉。两位哥哥不见弟弟，沿路寻找，终于找到萨埵那尸骨，赶紧回宫禀告父王。国王和王后赶到山中，抱着萨埵那尸骨痛哭，然后收拾遗骨修塔供养。萨埵那太子为了挽救老虎生命而甘愿牺牲自己肉身，这种施舍的精神成为世人的楷模。这里的萨埵那太子就是佛祖释迦牟尼的前世之一，刻意表现释迦牟尼前生舍己救众生的善行事迹。舍身饲虎故事壁画在北朝第二期石窟中也有，却是单幅多情节的构图形式。而这幅壁画使用的是三层长幅连环画的形式，比第三期出现的横卷式连环画的情节更加丰富多彩。可以说，汉民族的连环构图形式被更加发扬光大了。

图 16　甘肃敦煌莫高窟第 428 窟南侧壁卢舍那佛说法图

在彩塑像上，北周较之前的西魏也有着很明显的变化。北周国的造像形体已不再是北魏晚期和西魏的那种瘦长飘逸，而变为粗壮敦实。各种塑像的面部刻画更加细腻，表现了肌肤的白嫩光滑，还突出了衣服及身体的细微刻画。这种造型变化也是来自南朝。在梁朝，社会审美风气逐渐由原来的清秀转变为以胖为美，这是一项划时代的变革，将对后世影响深远。不仅在敦煌，在北周首都长安（今陕西西安）地区出土的北周石雕佛像也是尽显偏敦实模样。正是在北周国首都长安兴起的这种造像新风，才影响到了敦煌北周造像艺术风格。

第290窟也是一所中心柱窟，也有新时代的发展烙印。该窟的变化主要在顶部，“人”字披已经不再有绘出的椽子，而是直接画了两幅长卷式故事画，每幅情节分三层发展，共同表现佛传故事。画中以汉式建筑相隔故事情节，情节更加丰富多彩，叙事性更强。此外，画中人物的服装也完全汉化了。

第299窟窟顶的藻井旁边画着睒子本生故事。睒子和盲父母在山中修行时，迦夷国王到山上打猎，误射披着鹿皮衣在溪边汲水的睒子，以为他是头鹿。睒子中箭，临终念父母无人供养，国王表示愿意代替他孝养其父母，并引盲父母到睒子身边。天神为睒子孝心所感，施药救睒子，一家重新团圆。在画面上，国王驰马拉弓，睒子在溪边汲水，鹿群饮水、惊望、奔逃，都画得有声有色。还有风吹树木摇晃、小狐狸出洞探视等有趣的细节，更增添了画面的紧张气氛。将自然景物与人物活动相结合，是表现图像内容的重要手法。此图色彩丰富、构图完整，是一幅精心创作的北周本生故事壁画。

第299窟的睒子本生壁画是第三期新出现的题材。在前三期中，壁画故事题材主要表现施舍。而在北周时期的洞窟里，逐渐出现了孝养题材。学者们推测，这个变化可能和北周统治者崇尚“周礼”和儒学的价值观有关。于是，儒家的孝养观念便被佛教信徒以本生故事的形式来宣扬了，并传入敦煌，出现在莫高窟中。由此可见，这一期的绘画也深受内地影响，在审美与题材偏好上都有大幅度的改变。

六、结语

北朝的莫高窟分为四期，第一期为北魏中期，主要接受首都平城的影响，引进了一些汉文化元素。第二期为北魏晚期，虽已在北魏迁都洛阳之后，却没有广泛接受来自洛阳的影响。这是因为敦煌远离洛阳，在接受中原文化影响上有延迟现象。到了北魏末年，早在洛阳流行的“秀骨清像、褒衣博带”风格才传至敦煌，并在以后的西魏时期得以发扬光大。这就是北朝第三期的主要风格。在西魏时期的莫高窟，还出现了许多汉民族传统的神话题材，这是佛教文化与中国传统信仰相结合的产物，进一步说明了中原艺术对敦煌的影响。另外，在绘画构图上也出现了由单幅单情节、单幅多情节式向横卷连环画式的发展，还有以人物为主，以山水为辅，完全借鉴了南朝与中原地区流行的横卷绘画形式。第四期为北周时期，由于整个社会审美形态发生了变化，此时已不再流行“秀骨清像”造型，而是逐渐转型为“以胖为美”的敦实风格。这种审美形式还对以后的唐代产生了影响。另外，在绘画形式上，故事情节比以往更丰富，出现了情节更多的分层描绘的长卷式连环故事画，说明中原文化对敦煌的影响在加深。

敦煌莫高窟隋代洞窟

581 年，隋文帝杨坚（581—604 年在位）以贵戚地位取北周而代之，建立隋朝（581—618）。继而南下灭陈，结束了近三百年南北分裂的局面，定都长安（今陕西西安）。隋朝是中国历史上承南北朝、下启唐朝的大统一朝代，享国 38 年。在隋朝，敦煌虽离都城长安很远，但在短短的 38 年时间里，佛教艺术却得到了空前的发展，开凿洞窟总数在一百多座，目前完好的有 80 座，残缺的 21 座，为我们留下了大量的历史与艺术资料。

隋朝敦煌佛教艺术发展如此迅速，跟开国皇帝杨坚重视佛教直接相关。在尼寺里长大的隋文帝，自小深受佛教思想的熏陶，加之迷信符谶，他认为自己能得天下“乃佛教之力”。因此，他虽然是一位躬行节俭的皇帝，但在提倡佛教方面却不惜钱财，大写佛经，广造寺塔。于是上行下效，奉佛之风胜于前朝。

此外，隋王朝对于经营河西、开辟西域交通、发展对外贸易也不遗余力。据隋代王邵的《舍利感应记》说，开皇十三年（593）令各州建舍利塔时，“瓜州于崇教寺起塔”。而崇教寺就在莫高窟，说明隋王朝对佛教的倡导远及敦煌。因此，从开皇到大业短短三十余年间，敦煌洞窟大量增加，比现存早期一百年间所开洞窟的总数还多一倍，这显然和统治者的悉力倡导有密切关系。同时，敦煌莫高窟出现了以大乘佛经为依据的经变画，在莫高窟是一项创新。

接下来，我们就按洞窟和造像形制、壁画题材与构图、壁画风格来讲讲这一百多座隋代莫高窟的特点。

一、洞窟和造像形制

隋代敦煌莫高窟以佛殿窟为主，具有北朝遗风的中心柱窟逐渐减少。在此过程中，也出现了中心柱窟的变形和发展。此外，造像开始出现与时代相应的“女性美”特色。

隋代以前，北方战乱未平，民不聊生，北方民众信奉“入塔观像”，以此种身体力行的苦修形式来消除自身的业障。因此，北方寺院以佛塔为中心，模仿佛塔的中心柱窟便在敦煌应运而生。南方则较为安定，僧众以研究习学佛经为主，寺院则以佛殿为主。隋代统一全国后，南北战乱平定，五谷丰登，民众安居乐业，北方身体力行的“入塔观像”修行方式逐渐弱化，与南方研习佛经的特色融合。因此，中心柱洞窟在敦煌也相应减少，取而代之的是佛殿窟增多。在此过程中，也出现了中心柱窟的演化形式。

敦煌莫高窟第 427 窟，就是演化后的中心柱窟，由前后室组成。主室前部为“人”字披顶，后部中心柱窟上方四周为平顶，是北朝中心柱窟的基础结构。但它的中心柱正面不开龛，而是塑出高大的立佛与两菩萨像，在侧壁的“人”字披顶下也各塑基本等高的立佛与两菩萨像，构成了三佛题材。三组造像间的空间就是主室的前庭，成为窟内举行讲经说法等仪式的主要空间。前室的侧壁则造四大天王和两力士等护法像，以守护洞窟。因此，这座洞窟既可以像北朝中心柱窟那样环绕塔柱做右旋礼拜，也可以在柱前讲经说法。在隋代开凿的佛殿窟中，有的在正、左、右三壁间各开一龛，形成了三壁三龛式的三佛题材，和第 427 窟塔柱前部空间有异曲同工之妙。第 427 窟的中心柱侧面与背面还开龛造坐佛与胁侍像，便于信徒们观像。因此，它继承了北方身体力行“入塔观像”的修行功能，也有了适合南方那样研习佛经、佛理的空间，充分表现了当时南北佛教融合的特点。

第 427 窟主室前部的三佛塑像是本窟主题。这三佛塑像均为一佛两菩萨，佛像的后壁和窟顶“人”字披表面依旧继承着北朝的千佛壁画题材。三立佛两侧均站两胁侍菩萨，比佛像略低，他们面型端庄，身段窈窕，含眉俯视众生。值得注意的是，隋代造像明显与北周造像风格大相径庭。北周以拙朴敦厚为美。到了隋代，受长安风格的影响，造像均表现细腰宽胯的窈窕身姿，佛与菩萨面部均为女相。我们似乎可以推测，隋代在造像艺术上开始倾向女性般的窈窕之美。当然，这种风格也是受到了印度笈多朝造像风格的影响，因为笈多佛像与菩萨像就很注重人体的身段美。

图 17　甘肃敦煌莫高窟第 303 窟内景

第 303 窟建于隋代初期，由前室、甬道和主室三部分构成，是对北朝中心柱窟变形的产物（图 17）。主室平面呈方形，窟顶前部有“人”字披，后部为平顶。主室正中立一中心塔柱，直通窟顶。但这个中心柱只做出了传统中心柱的下半部，它的上半部是一个倒着的叠涩圆锥体，叠涩的每层表面原来都贴塑着佛像，构成了千佛题材。在这个圆锥体与下部方柱体的相接部位缠绕着富有汉民族文化元素的龙。这个圆锥体象征着须弥山。须弥山为佛教世界的中心，是各种佛与护法神的居住地。将传统的中心塔柱与须弥山相结合，更加增强了塔柱的宗教功能与魅力。须弥山上方的窟顶部位绘有一朵大莲花，莲花周围绘着佛像、飞天等，窟内侧壁则绘着千佛，这些都为观像提供了方便。从洞窟的结构来看，这个中心柱的体量比前朝的要小，所开之龛内的造像也较小，也许是为了突出表现须弥山的图像。在中心柱四面的下部和侧壁下部都依旧画着供养人像，以表现资助开窟的信徒们对佛的尊敬。

隋代莫高窟最为普遍的还是佛殿窟。以第420窟为例，它的主室为覆斗形顶，在南、西、北壁间各开一龛，形成了三壁三龛式。主龛的平面呈凸字形，龛内塑一佛两弟子四菩萨像，与南、北两壁龛内的一佛两菩萨像共同组成了三佛题材。三佛表现的是过去、现在、未来三世佛，体现着佛法源远流长。正壁大龛内的主佛像也具有窈窕身段，龛外两侧上方分别绘维摩诘和文殊菩萨对坐说法图，下方皆画着聆听龛内主佛说法的众菩萨像，与龛内彩塑像一起表现着一个大型的说法图。这种表现方式为“塑绘一体”，也就是将彩塑与壁画相结合，共同表现一个主题。主室窟顶为斗四莲花藻井，井心绘有花饰与三兔纹样。

莫高窟的代表性佛殿窟还有第423、304窟。与第420窟不同的是，这两座洞窟都只在西壁（正壁）开一龛造像。龛内的主像是倚坐佛像，正在说法，身旁有两弟子两菩萨胁侍。侧壁壁画仍是以千佛为主，窟顶仍是覆斗形的，表面绘有飞天、伎乐等。因此，和第420窟一样，这两座洞窟的宗教功能不是为“入塔观像”服务的，而是提供给僧人们讲经说法、研习佛经用的。

总的来看，隋朝的彩塑佛与菩萨像开始展示窈窕身段，是来自长安风格的影响。与北魏时期“秀骨清像”风格有所不同的是，隋朝造像凸显细腰、宽胯的窈窕优美的身段，很具有女性的特点，而北魏晚期流行的“秀骨清像”展示的是造像清瘦秀气的风格。因此，相对于北朝传统而言，隋代的新风格给莫高窟带来了强大的冲击波。首都长安是产生这种隋代新风的基地。例如，西安地区出土了一件隋开皇四年（584）董钦造的鎏金铜造坐佛并两菩萨两力士两狮子像，坛上的佛与菩萨像就是此类风格。另外，西安还出土了更多的具有这种新风格的石雕菩萨像。这种风格从长安向西传播，就使敦煌受到了影响。然而，在陕西、河南、山东等地发现的其他隋代石窟造像依旧保留着北周、北齐风格，说明在隋朝短短的三十多年时间里，长安创造的新风格并没有波及全国各地，形成统一的审美时尚。但可喜的是，在遥远的敦煌居然能见到长安传来的新风格造像，说明这两地之间的密切往来关系，以及隋王朝对经营敦煌的重视。

二、壁画题材与构图

隋代莫高窟的壁画题材以说法图和本生故事为主，也出现了经变画。第 390 窟是一座佛殿窟，四壁绘三层说法图，多为释迦牟尼佛坐于须弥座上说法，画面简洁统一。在南、北侧壁中央是较大的倚坐菩萨说法壁画，与西壁平面“凸”字形龛内的倚坐菩萨塑像构成了三尊菩萨组合。侧壁壁画从北朝时期的佛本生故事题材演变为说法图，说明此时的洞窟主要为“讲经说法”服务。相比于北朝时期，该窟壁画题材更加丰富，内容也更加密集。

另一座佛殿窟第 305 窟窟顶也是方形覆斗顶窟，中央绘有华丽的套斗式藻井，其外沿有双层莲花瓣和垂帐纹，象征着窟顶中央是一个大华盖，以表示佛教的高贵。在藻井外侧的南、北两坡面，分别画出东王公和西王母及其侍从，他们分别驾着龙车和凤车在天空中遨游（图 18）。东王公和西王母是中国传统神话里的神仙。但另一种说法是，这两种题材是借中国传统的东王公和西王母来表达佛教里的护法神帝释天和帝释天妃。不论何种说法正确，这两幅壁画中传统的汉民族因素是明显的，说明敦煌的壁画题材逐渐汉化的过程。

第 298 窟也是一座佛殿窟，但在窟内没有开龛，而是在正壁以壁画的形式表现佛在说法。它的西壁绘着一幅巨大的说法图，中间是结跏趺坐佛，周边以十大弟子和两菩萨围绕；佛的头顶有华盖，两侧各有一飞天对舞。说法图的下部是供养人行列。对比而言，北朝的说法图往往是一佛两弟子、一佛两菩萨，或一佛两弟子两菩萨。到了隋代，则是一佛多弟子、多菩萨，这是画像组合的一个显著变化。

图 18　甘肃敦煌莫高窟第 305 窟窟顶壁画局部

隋代莫高窟在佛本生故事壁画上也发生了一些变化。第 423 窟的“人”字披顶东坡绘有须达拏太子本生故事，是一幅规模极为宏大的单幅多情节画面。画面以圆圈式排列的山峦为背景，间隔着故事发展的情节，绘着建筑与人物，讲述着须达拏太子施舍的义举和他的遭遇。其色彩以青、蓝、红、白为主，总体赋色淡雅，整个画面清新朗目，人物身材造型也多窈窕多姿。这是对传自印度与西域的北魏单幅多情节故事画的发展，并没有沿着西魏、北周的那种横卷式连环画的汉民族构图形式来演化。因此，隋朝的莫高窟将单幅多情结的故事画达到了空前状态，并被唐代的艺术家继承。

第 419 窟的“人”字披顶东坡绘着须达拏太子和萨埵那太子的本生故事，构图方式类似于北周分层横卷式连环画。但不同的是，这里的分层不是用线条来隔开，而是以树和山峦来间隔，再在各层中绘满了汉民族传统样式的建筑物和人物。因此，这两幅画是传自印度与西域的单幅多情节与汉民族的横卷式连环画构图的结合，是典型的中西合璧式画法。

隋代莫高窟还出现了新的壁画题材——经变。经变又称“变相”，就是将佛经的文字形式变为图像形式，也就是用图像来表达佛经内容。但此时的经变画还显得比较简单，并没有表现多少佛经中的内容。例如：第 417 窟后部平顶的《药师经变》壁画，其构图的复杂性介于说法图和唐代繁杂的经变画之间。据《药师经》记载，药师佛有八大菩萨辅助，他们以智慧上求菩提，以慈悲下救众生，并且用诸佛道成就众生。他们能够引导众生前往药师佛的净土世界。药师佛还有十二神将为其护法。于是，第 417 窟就仅仅画了药师佛居中而坐，身旁有八大菩萨胁侍，身下有续命幡灯，幡灯的两侧各有六尊跪姿的神将，手里都捧着一盏续命灯。此画虽然没有题记，但根据佛身边的胁侍，我们就可以知晓这幅壁画的题材，因为能符合这样的胁侍像组合的只有《药师经》。

在第 303 窟的“人”字披顶东坡绘着《法华经变》，但它的构图方式延续着北周分层横卷式故事画的形式，将故事情节分为两层，依次发展。这种绘制方法不是为了展示《法华经》中佛国世界的美景，而是为了重点表现经中故事。但这种构图法并没有被唐代经变画所继承，唐代经变画的主流构图方法是类似上述《药师经变》那样的中心对称式构图法。

还有用北魏流行的单幅多情节故事画构图形式来表现经变的。第 420 窟窟顶东坡南侧绘着《观音救难》故事画，用的就是单幅多情节故事画的构图形式，且在各情节之间没有明显的分隔物。这里的观音救难故事来自《妙法莲华经·观世音菩萨普门品》，应该属于经变，只是重在表现经中的故事情节。第 420 窟窟顶北坡中部则画着《涅槃经变》，也用的是单幅多情节构图法，同样也是没有明显的情节分隔物。

维摩诘居士和文殊菩萨对坐说法图，源自《维摩诘所说经》，在莫高窟的隋代洞窟中开始流行。在第 420 窟西壁的南北两侧上部，分别画着一座相互对称的歇山式房屋，屋内分别坐着文殊菩萨和维摩诘，还有他们的众胁侍，表现着文殊菩萨去探望假称生病的维摩诘，两人正在辩论佛法（图 19）。维摩诘与文殊题材的现存最早之例出现在甘肃永靖炳灵寺石窟第 169 窟西秦壁画之中。这种题材在北魏时开始流行，大量地出现在北方石窟之中。在龙门石窟中就是以对称的形式被刻在造像龛的两侧。隋代莫高窟使用左右对称的方式来绘制该题材经变，是在继承前朝艺术情况下的特殊安排。类似的左右对称构图法还用来表现佛传。例如：第278窟的西壁南北两侧上部分别画着逾城出家和乘象入胎，表现着释迦太子分别骑着马和象向着西壁的正龛。在龛的北侧，大象足踏莲花，菩萨结迦跏趺坐在象背上，前后有伎乐天演奏箜篌、琵琶等伴送，姿态优美，表现能仁太子为白乘象入摩耶夫人之胎的情节，是佛传故事的第一个情节。在龛的南侧，则画白马驰跃，四力士乘云托举马蹄，后有童子飞天跟随，以表现悉达多太子（即释迦牟尼）夜半乘马逾城出家的情景。马在飞腾，象在缓慢行走，一动一静，相得益彰。

图19　甘肃敦煌莫高窟第420窟西壁维摩诘壁画

综上所述，隋代莫高窟的经变画构图方式多种多样，但中心对称式构图法才是表现经变画的主流。第433窟“人”字披顶西坡及后部平顶处有一幅壁画，表现一尊坐佛被多达十六尊弟子与菩萨围绕，他们的下方是三座汉式歇山顶房屋，屋内各有坐立人物。画面两侧有数尊飞天。它很可能也是一幅经变画。很多学者认为，说法图中佛的胁侍逐渐增多，就演变成了描绘佛经内容或佛传故事的图画。

到了唐代，经变图就成了主流题材。问题在于，在甘肃天水麦积山石窟的西魏壁画、河北邯郸南响堂石窟的北齐雕刻中就已经出现了经变图，看来经变题材与构图的形成似乎另有渊源。总之，莫高窟的隋代洞窟出现了经变图，在壁画题材上是一个飞跃。

三、壁画风格

在壁画的绘画风格上，隋代莫高窟出现了密体和疏体两种技法。在隋代初年的莫高窟中，窟顶绘出了斗四套迭方井藻井图案，尤以象征华盖的藻井为代表。藻井虽然还保持北朝套斗结构的遗风，但方井纹样中出现了异兽神像、三兔莲花、忍冬三角垂帐纹，都是前所未有的新纹样，内容和形式都突破了北周的旧样式，有着划时代的意义。且隋代窟顶绘制层次分明，有着复杂的图案和细密的故事画，称之为“密体画法”。例如：第 311 洞窟顶部覆斗式藻井中间绘一朵莲花，花的周围环绕着小莲花、火焰宝珠、花草以及坐在莲花座上的人物，都有繁复的细节，似乎都是飘浮在空中，也似在一个莲花池中。藻井外围有方格、联珠纹、双层莲瓣等，表面还画着细密的装饰纹样。四周还有垂角和幔帷，铺于四坡，它们的表面也绘有细密的装饰纹样。这就是典型的“密体画法”，即在小的空间里绘有许多细节内容。

第 412 窟西壁龛顶画着密集的飞天（图 20）。众飞天动作各异，自由翱翔，波折起伏翻转，错落有致，帔帛随风飘动，大有“吴带当风”的感觉。由于过于密集的排列，没有给各飞天以更多的空间，再加上赭红色背景，突出了该窟主龛内气氛的热烈。

前面提到的许多故事与经变画也是用的密体画法。如第 420 窟窟顶北坡中部的《涅槃经变》，不仅在单幅的画面中聚集着多个情节，在每个情节中都绘着众多的人物，给人一种拥挤之感。第 419 窟“人”字披东坡的须达拏太子和萨埵那太子本生故事画都绘着密集的山、树、建筑，画中人物只有狭小的活动空间，显得十分拥挤。

图 20　甘肃敦煌莫高窟第 412 窟西壁龛顶壁画

然而，第 280 窟壁画的技法却截然不同。这里的壁画，不论是众弟子、千佛，还是说法图，都在强调笔法的简练和概括。在奔放的笔调中，有时呈现“缺落”的现象，与密体画的“紧劲联绵，循环超忽”不同。这种用大块颜料表现整体，不追求细节特别是细密的线条勾勒，正是风格追求多变的疏体画法。例如西壁南侧上部的《授经说法图》，表现一位高僧正在向一众僧人讲解手中经卷之意，并将该经授给其右侧一僧人。这些人物的服饰都是用大块色料描绘，飞天身上的帔帛、身下的流云更是一笔带过，使其形象更显潇洒飘逸。相比之下，疏体画法有些像国画的写意技法，而密体画法则有点工笔技法的意思。

再来看看第 295 窟的一幅《涅槃经变》壁画。像其他同类题材的画作一样，这幅画表现释迦牟尼在娑罗双树下涅槃的场景。画中的娑罗双树树干与树叶直接用笔触与色块描绘，没有表现细节。人物的服装更是用大色块来涂描，少有细部的衣纹。经变画旁边的千佛也是用大块色料来渲染，不注重线条的表现。

第 276 窟西壁北侧的维摩诘像，表现的是一位富有智慧的白发白须的老者形象。他右手持麈尾，披着仅用赭红色块涂成的披风，内部的白色长袍表面仅以赭石色线条勾勒衣纹，头部仅用一些浅色线条表示头发。整体用色极为淡雅清新，与密体画法的较强色调形成鲜明对比。

第 303 窟中心柱座东向面的供养人像也是用的疏体画法。画师以等级制的手法来表现主人身份，即故意缩小主人身后仆从的体量。供养人的前面有僧人引导。众男供养者的身体表面用赭红色块覆盖了大部分，极少画出服装与四肢的细节，仅有很少的轮廓线。人物面部的五官表达也十分简单。虽然他们的服装都是真实反映，但均不注重神情与细节的刻画。

四、结语

隋代开凿的莫高窟洞窟分为三种形式，为了“入塔观像”修行的中心柱窟、中心柱窟的变形、佛殿窟，其中以佛殿窟为主。众多的佛殿窟说明了隋朝南北大一统之后，佛教的修行方式由北方的苦修趋于南方对经典、佛理的研修。造像风格则是传自首都长安的表现女性般窈窕身材之美。壁画题材以说法图、本生故事、千佛为主，还新出现了经变画。故事画的构图方式有前朝的汉式横卷式连环画，以及大面积的西域式单幅多情节形式。这两种构图法还用在了经变画之上，显示着莫高窟经变画的初期表现法。在壁画风格上则分为密体和疏体两种画法，以密体为主，疏体为辅。总之，隋代的莫高窟在造像与壁画方面都存有北朝遗风，而传自长安的风格是这里新出现的因素，还将被以后的唐代继承。仍然是东西方文化艺术在敦煌的汇聚交融，才造就了隋代莫高窟的魅力。

敦煌莫高窟初盛唐洞窟

唐代是莫高窟辉煌发展阶段，莫高窟总共开凿了两百多座洞窟，仅在初、盛唐这段时期就开凿了127窟，是莫高窟的高峰期。初唐时期（618—704）在位的皇帝有四位：高祖（618—626年在位）、太宗（627—649年在位）、高宗（650—683年在位）、武则天（684—704年在位）。盛唐时期主要在位的皇帝是玄宗（712—756年在位）。武则天与玄宗之间还有两位在位时间比较短的皇帝，即中宗（705—710年在位）和睿宗（710—712年在位）。初、盛唐时期的洞窟一般比较容易判断年代，因为很多洞窟中都写有题记，不像北朝时期的洞窟，在判断年代方面的工作难度比较大。中、晚唐时期的很多洞窟也有题记，后面我们会讲到。下面，我们将从洞窟形制与内容布局、彩塑风格、经变画、佛教史迹故事画四个方面来介绍初、盛唐时期的莫高窟艺术，兼谈首都长安对敦煌的影响。

一、洞窟形制与内容布局

初唐时期的洞窟形制整体上延续了隋朝的风格。以第57窟为例，窟内为方形的平面，在正壁（西壁）开有一个平面呈“凸”字形的大龛（图21）。龛内塑有主尊佛像和胁侍弟

图 21　甘肃敦煌莫高窟第 57 窟西壁

子、菩萨像，龛的侧壁还画有菩萨像，也是佛的胁侍，使彩塑与壁画得以有机结合。窟顶为覆斗形，有四个坡面，使整个窟的形制像一个倒过来的“斗”，因此名为“覆斗”，在四面坡上画有千尊佛像。窟顶的最上方有方形藻井，绘出华盖等图案，象征着窟的上方有一顶华盖，以示佛的高贵。总体而言，这些特征和隋代洞窟相差不大。

第 322 窟的形制与第 57 窟相似。它的正壁也开凿出一个平面呈“凸”字形的大龛，龛内塑有主佛并两弟子、两菩萨、两天王像，龛的侧壁还绘有弟子、菩萨等，也是佛的胁侍。与隋代洞窟相比，初唐莫高窟正壁龛内的胁侍彩塑像加入了天王，使一尊主像的阵容更强大了。在覆斗顶的四个坡面和侧壁都画有千佛图，两侧壁的中间还画了一幅大的说法图。说法图有隋代的遗风。千佛图则在莫高窟一直流行，从北朝到初唐都是如此。

到了初唐稍晚的时候，洞窟形制与内部布局变化不大，但正壁主龛的平面由之前的“凸”字变成了敞口形龛。这种龛的平面像一个梯形，但内壁较小，龛口较大，观感上具有放射性。如果从龛的正面去观察，它的形状也像是一个梯形，且左、右两上角不是直角，而是圆角。这种龛可以使其内造像呈“八”字形展开。站在龛前去观赏龛内的一铺彩塑，所有造像可以尽收眼中。敞口形龛从初唐晚期一直延续到盛唐时期。到了中、晚唐时期，正壁龛的形制才有所变化，我们将在下文中讲述。

二、彩塑风格

与隋代洞窟相比，初唐时期的彩塑像发生了很大变化。佛、弟子、菩萨、天王等人物都显得更加健美，同时也强调审美上的写实性，在人物的身体比例和服饰等方面的处理都很写实，特别是弟子和天王，真实地反映了当时僧人和武将的穿着打扮。总之，这个时期的敦煌彩塑像达到了历史最高水平。

敦煌地处西北，塑像很容易因风沙侵蚀而褪色、残破。因此，莫高窟中很多塑像都有后期修补痕迹。特别是清代，匠人们做过很多修补工作。清代匠人喜欢在塑像上使用蓝色。如果我们看到莫高窟中一些古老的塑像上有鲜艳的蓝色，就是清朝时画上去的。莫高窟前有一墓塔，它的主人是清朝末期的道士王圆箓（1849—1931）。他在敦煌居住、修行多年，对佛教非常虔诚。他看到一些褪色、残破的古代泥塑像，认为应该善待它们，于是就进行了一些修补。在善男信女的眼里，古老的佛像不需要保存它们的原状，或是像对待文物那样整旧如旧，而是应该整旧如新。但是，王道士的文化水平有限，经他修补的塑像，与唐朝塑像的本来风貌差距极大，基本没有什么艺术价值。

进入盛唐以后，莫高窟的彩塑艺术继续蓬勃发展。因为敦煌离唐朝的首都长安城距离较远，长安城的艺术风格传播到敦煌往往需要花比较长的时间。所以，在唐代年间，同种艺术风格在敦煌出现的时间会比中原地区晚上几十年。也就是说，敦煌艺术表现出来的风格往往不是同时期的中原风格，而是之前几十年在唐代长安城流行的艺术风格。

第 328 窟约开凿于初唐晚期或盛唐初年。它的正壁开有一个敞口龛，龛内塑有主尊坐佛和两弟子、两坐菩萨、两蹲跪菩萨。龛外两下角各有一个小台子，台上各有一座蹲跪式菩萨。这四尊菩萨的姿势都是一条腿跪着、一条腿蹲着，又称胡跪式，应是供养菩萨。但位于龛内南侧的一尊蹲跪式菩萨在 20 世纪初被美国人华尔纳拿走了。华尔纳是当时哈佛大学福格艺术博物馆的策展人，他于 1924 年来到敦煌，用胶水粘走了很多幅唐代壁画，还搬走了这尊精美的菩萨像。可笑的是，当他和王道士商谈想出钱买这尊菩萨像时，王道士以为华尔纳要买他修补后的新塑像，就拒绝了华尔纳的要求。当华尔纳说他不是要新塑像，而是想要旧塑像时，王道士就同意了。于是，华尔纳就搬走了这尊塑像，现在展出于哈佛艺术博物馆。现在的中国人仍然把华尔纳骂作美帝国主义的文物盗窃分子。但我个人认为按照当时敦煌的实际状况，除了王道士之外，敦煌艺术完全处在无人保护甚至无人知晓的情境下，华尔纳的行为也并非抢夺或诈骗，他确实是在付了王道士认为足够多的钱的情况下换走文物的。虽然他出的钱与文物现在的价值完全不能对等，但我们恐怕不能简单地认定他是盗窃分子，我们应该把这件事放在当时的历史背景下来看待。应该说，这是一个历史悲剧，由于王道士的愚昧无知、清末政治的腐朽凋敝以及对文物不加保护，才使敦煌文化遗产流失。

图 22 甘肃敦煌莫高窟第 328 窟西壁龛内左侧坐菩萨彩塑像

第 328 窟的这组造像非常精美，人物的体型丰满窈窕、恰到好处，与真正盛唐时期人物形象的丰腴有一定差别，比较贴近于中原地区武周时期（690—705）的艺术风格（图 22）。诸像各司其职，性格分明，艺术家对人体比例的把握非常精准，衣纹等细节也都很写实，是敦煌彩塑像中的精品之作。华尔纳搬走的蹲跪菩萨像在西方早已闻名。哈佛艺术博物馆采用恒温恒湿保护措施，即便已经过去了将近一百年，仍然保持着良好的状态，表面清理得很干净，但又遵循了“整旧如旧”的原则。这尊菩萨像的艺术水准很高，体型苗条优美，而且显得很健康，体现了唐代塑像的典型风格。

第 45 窟是盛唐莫高窟的代表作。它的平面呈方形，正壁上开有敞口龛，龛的平面呈梯形，内有两个圆形折角。龛内的塑像为结跏趺坐佛并两弟子、两菩萨、两天王像。站在龛的正面，可以完整地看到这辅造像的布置。这辅造像是盛唐时期彩塑像的代表作，历经千年仍然保有鲜艳的颜色。佛两侧的两弟子一老一少，性格分明。弟子、菩萨、天王形象各异，在佛国世界掌管着不同的职责。两位弟子如同两位不同年龄的僧人，两位菩萨仿佛体态优美的少妇，两位天王则是脚踩夜叉兵的威武将军，似乎是现实社会中各色人等的真实写照。

其中的菩萨像非常精美，具有女性般的窈窕身材，且将身躯扭作优美的 S 形。这是典型的中原地区武周时期的菩萨像风格，流行于初唐龙门石窟。在太宗、高宗时期，中原地区的菩萨像通常是身体直立的，武周时期才开始流行这种菩萨像：将胯部扭向一侧，头部微偏，身段既窈窕又丰满，表情喜悦，头顶束着高发髻，静静聆听着佛的说法。第 45 窟的菩萨像正是反映着中原地区武周年间的菩萨像风格，并且将彩塑菩萨像的艺术表现力做到了登峰造极的地步。菩萨的衣纹有着细节刻画，表面的花纹也描绘得非常细致。

佛经中记载，佛教世界有四大天王，守护着东、西、南、北四个方位。在中国的石窟寺里一般用两位天王来代表四大天王，也许是为了对称设计。但在同时期的韩国新罗王朝开凿的庆州石窟庵里，则出现了四天王浮雕像。第 45 窟的这组造像的艺术手法比较写实，可以看到天王的脸部虽然作夸张的愤怒状，但仍然具有现实人物的特点。

第 45 窟龛内各塑像身后的龛壁间还画着几尊立菩萨像，是以“塑绘一体”的方式展示着佛的众胁侍像。之所以会用这种技法，是因为佛在说法的时候，有很多诸如罗汉、菩萨、天王、护法一干人等前来闻法，但正壁龛的空间有限，很难表现佛经中描述的盛大法会场面。比较常见的情况是佛龛里造五尊、七尊、九尊塑像，以象征法会上的佛和他的胁侍。这种一辅造像的组合在唐代达到了九尊，而前朝只有五尊或更少。为了表现佛法会上的闻法者众多，工匠们就采用了这种“塑绘一体”的方式，在一组彩塑像的背后壁画上几尊菩萨像，这种透视的感觉似乎在向人们暗示着彩塑像的身后还有很多聆听佛法的人。

初、盛唐时期的莫高窟还产生了两尊大像。第 96 窟的北大像，为禅师灵隐与居士阴祖等建于唐证圣元年（695），高 33 米。第 130 窟的南大像，为名僧处谚与乡人马思忠造于唐开元年间（713—741），高 26 米。法国汉学家伯希和从敦煌藏经洞拿走的 P.3721 号卷子《瓜沙两郡大事记》记载南大像建于开元九年（721）。

由于武则天曾经利用弥勒为自己的登基做皇帝制造神学预言，说她是弥勒佛下生人间的化身，洛阳地区便盛行造倚坐弥勒佛像。武则天还命令向各州颁布《大云经》，并在各州建立大云寺。在敦煌藏经洞所出的唐代遗书中，英国考古学家斯坦因拿走的 S.6502、S.2658 为《大云经疏》残卷，可知敦煌弥勒像的流行，与洛阳方面的弘扬有关。另外，两大佛的双腿都是平行下舒，与洛阳龙门石窟中的初唐时期倚坐弥勒佛像的腿姿一致。正是因为这种大佛艺术在中原地区的流行，导致敦煌地区也有了这两尊大型倚坐佛像。

莫高窟的盛唐彩塑还可以看到来自长安的影响。彬县位于长安城（今西安）以西，是丝路北道上出京师的第一站，也是唐代京师之门户，在军事上具有极重要的地位。彬县大佛寺是陕西省现存最大的石窟群，创建于唐太宗年间，续造于高宗、武则天年间。这里的唐代佛雕像，凡结跏趺坐佛有的用大衣包裹双足，但能看出足的外形轮廓。这种特点也见于莫高窟第 45 窟正龛主佛彩塑像。另外，在第 45 窟正壁佛龛中，阿难的两只手并放在腹前，胯部向佛的一侧扭动，这种造型的阿难像可见于彬县大佛寺武周时期建造的佛龛之中。第 45 窟正龛两胁侍菩萨彩塑像向主佛一侧扭动着胯部，身躯丰满而窈窕，则普遍见于彬县大佛寺武周时期雕造的菩萨像。我们由此可见长安与敦煌之间的影响与被影响关系。前文已述，长安的艺术风格传到敦煌，一般需要二十年左右时间。在武周时期长安流行的样式，到了唐玄宗的开元、天宝年间才传到敦煌，那时已是盛唐时期了。而长安地区的盛唐风格要影响敦煌，就到了中、晚唐时期了。

可以看到，中原地区对敦煌艺术具有很大的影响力。过去有学者曾说，敦煌艺术反映的是各个时期在中原曾经有过的佛教艺术风貌。虽然敦煌艺术也反映了西域的一些文化特征，但西域艺术往往是路过敦煌、直接先传到中原地区。当西域文化艺术在中原地区形成相对固定的风格并且发扬之后，再掉过头向西影响到敦煌。这就是当时艺术风格的一种演变趋势和传播路线，因为在大一统的中国，首都具有文化艺术中心的地位，而敦煌只是一个偏远的边疆重镇，很少具备对其他地区的影响力。

三、经变画

在介绍经变壁画之前，先介绍一下“经变”的概念。经变，指的是变佛经的文字形式为图像形式。佛经的原始版本由梵文书就，翻译成中文时用文言文写成。在中国古代，文言文仅用作书面语言，没有经过文化教育的人是看不懂文言文的，人们在日常交流中使用的是白话文。所以，用文言文写成的佛经很难被普通大众轻易读懂。于是，传播佛法的人需要把佛经先变成白话文，用通俗的文字与诗句来表达佛经的意思，这个演变叫“变文”。比如，佛经里的一些故事可以用通俗的文字讲出来，也可以给一些佛教故事编写诗歌、歌曲，以易于传播。用变文向大众来讲解佛经的方式，叫作“俗讲”，即用通俗的语言讲解佛经之意。有了变文之后，再根据变文画的画，就叫作“经变画”。在敦煌藏经洞中发现的唐代文书里，就发现了变文和画结合的卷子，如在一个卷子上写有变文，在每一段变文的后面都画了一幅与变文内容相对应的画，证实了变文和经变画的关系。

从经变画的产生过程可以看出，经变画的作用是用于俗讲，也就是在用通俗的语言讲解佛经时所用的图解。用经变画来传播佛法，主要的受众不是寺院里的僧人，而是世俗的、对佛经不太了解的人们，尤其是那些没有文化又不信佛的人。如果他们到寺院里来接受佛教的教育，通过看经变画以及听僧人用通俗的语言来讲解，会更加容易接受佛经中的道理。这种俗讲的方式，创始于唐代，延续到宋代。但在宋代渐渐被政府禁止，因为有的僧人在进行俗讲时常常借古讽今。

据文献记载，经变是初、盛唐时期中原地区寺院中最主要的壁画题材。唐人记载当时寺院壁画的书主要有三种，它们分别是段成式（803—863）的《寺塔记》，张彦远（815—907）的《历代名画记》之卷三《西京寺观等画壁》，韦述（？—757）的《西京新记》。这三本书中共计记载了大概 25 种题材的经变壁画。唐代的宗教与艺术中心是西京长安和东都洛阳，那里建有大量的寺院，寺内有精美的壁画和塑像，且多为著名艺术家参与的作品。在这些佛寺中，大殿的中间佛坛上一般安置有泥塑像，而壁画一般画在左右侧壁山墙上，最主要的题材便是经变画。唐朝长安和洛阳的佛寺多为木结构，现在都已经不存在了。有时配合城市基建能够发现少许遗址，西明寺的两座大殿遗址就是其中的典型之例。

西明寺是唐长安城的一个皇家寺院，先后发现了两个大殿遗址，规模都非常大。两个大殿均为长方形，长约 50 米、宽约 30 米，近乎北京故宫太和殿的规模。如此巨大的佛寺，可见唐朝的国力非凡，确实是当时的世界第一超级大国。日本现在仍然保存着一些比较古老的寺院，如法隆寺、唐招提寺等，都受到了唐代建筑的影响，但规模都无法与唐长安城中的大型皇家寺院相比。在西明寺的大殿中，中央原建有佛坛，坛上安置一组彩塑像；两侧的山墙上原来绘有大幅的壁画，且极有可能就是经变画，长约 25 米、高约 15 米的巨幅壁画，在如今的中国境内还没有发现过。如此宏伟的壁画巨制，在长安与洛阳则是司空见惯。

遗憾的是，西京长安和东都洛阳（两京）地区的经变画都没有保存下来，但我们仍然能在两京地区发现受寺院经变画影响的一些其他作品。例如：唐太宗年间建造的慈恩寺，寺内有我们熟知的大雁塔，在西门门楣上刻有一幅《阿弥陀经变》线刻画。这个作品表现的场面不是很宏大，因为空间所限，它不是一幅正式的经变画，但可以很明显地看出它的创作受到了大幅经变画的影响。在大雁塔东门门楣上还刻有《弥勒经变》线刻画，倚坐的弥勒佛坐在中间，一些弟子和菩萨环侍两边，除此之外没有体现更多的情节，画面较为简洁。当两京地区经变画的艺术形式传播至敦煌，自然会对敦煌的佛教艺术有着极深的影响。

因为经变画在洛阳和长安寺院中十分流行，就自然而然传播到了敦煌，出现在了莫高窟的洞窟之中。在唐朝之前，莫高窟的两侧壁流行绘制千佛、说法图、本生、佛教故事等。大概自高宗、武周时起，莫高窟的艺术家们开始在洞窟侧壁画大型的经变画，通常是在两侧壁各画一幅，都是通壁大小，十分壮观。到了中、晚唐时期，改为在侧壁上画三幅经变画，画面中的内容虽多，但气魄明显不如初、盛唐时期了。有的还在前壁窟门两侧绘巨幅的《维摩诘经变》。敦煌现存有 1 055

幅经变壁画，涉及题材 24 种，时间跨度覆盖了初唐、盛唐、中唐、晚唐、五代、宋和西夏。在莫高窟经变画中，有 10 种见于唐人著述，它们是西方（阿弥陀）、弥勒、观无量寿、药师、法华、华严、金光明、金刚经、维摩诘、涅槃变，这些都是复原与想象唐长安城寺院同样题材壁画的最佳材料。至于其余唐人书中有记载但在敦煌没有发现的壁画类型，有可能是长安、洛阳两京地区的部分艺术没有传播、影响到敦煌，也有可能是唐人著述并没有完整地记载两京地区全部的佛教艺术作品。总而言之，虽然敦煌的壁画极为宏伟壮丽，但仍然只是被两京地区艺术风格所影响的一个末梢而已。下面我们选取几种典型的初、盛唐时期经变画予以介绍。

（一）维摩诘经变

第 220 窟前壁门两侧画有《维摩诘经变》，表现的是维摩诘居士和文殊菩萨对坐说法。现存最早的维摩诘和文殊菩萨形象出现在甘肃永靖炳灵寺第 169 窟的西秦壁画之中。这类题材在北魏时期开始流行，常见的表现形式是在佛龛内或外两侧上部对称地刻维摩诘和文殊，两人各踞一角，对坐说法。在隋代莫高窟也出现了这种题材。但和前朝相比，初唐时期的《维摩诘经变》画上维摩诘和文殊周围的人物数量更多，画面更加宏大。

这幅画中，画在门北侧的是文殊菩萨，头上有一华盖，周围围绕着很多弟子和其他菩萨。其中还有唐代皇帝的形象，他两臂张开，后面有仆人搀扶；皇帝的身后站着众大臣，服装和唐代官服相似。据此我们推测，这个窟应该具有给皇帝做功德的功能。皇帝不一定直接参与了洞窟的开凿与建设，更多的时候是百姓、富商或者官员负责开凿洞窟或者建立寺庙，为自己、家人、过去的祖先，同时为普天下所有众生来祈祷，也向皇帝祝福。做功德是一种常见的开凿洞窟的目的，人们希望将来能够到西方极乐世界去，能够成佛，能够涅槃。在有些壁画中会将供养人的形象也呈现出来，他们都是资助佛教艺术作品的历史上的真实人物，有俗人，有僧人，有时还要表现俗人的社会身份，就会画上他们的仆从等。在皇帝身后画上大臣们，就是在显示皇帝的身份。供养人形象反映的是当时实际社会中的人物，对研究古代的社会生活非常有帮助。这幅壁画中体现的皇帝主仆关系，早在东晋年间顾恺之画的《洛神赋图》中就可以看到，唐代画家阎立本的《历代帝王图》（现藏于美国波士顿艺术博物馆）中也有类似的场景，可以说这种主仆关系以及出行时站位排列方式，在初唐年间已经形成并确立。

画在门南侧的是维摩诘和他周围的弟子们。维摩诘的特长是善辩，他坐在一个床帐中，是一个汉族贵族老者形象，手里拿着麈尾，正在侃侃而谈的样子。佛经里的维摩诘是个印度人，但在中国的佛教艺术中，维摩诘通常以一个中国式的老者形象出现，穿着世俗的便装，是一位居士。到了中、晚唐时期，敦煌壁画中的维摩诘更加像一个中国人，包括他所在的床帐，也是中国人当时的常用物品。

（二）阿弥陀经变

唐代莫高窟佛殿窟侧壁长四五米、高约 2 米，在这样一个巨大的长方形壁面上创作出来的一幅幅壁画，规模之大，堪称空前绝后。所以，初、盛唐时期的敦煌经变画，具有震撼人心的力量和美感。这种场面宏大、气魄雄浑的经变壁画，也代表着唐代强盛时期的气魄。初唐第 220 窟南壁的《阿弥陀经变》壁画便是如此。

《阿弥陀经》是十六国时期的高僧鸠摩罗什（343—413）翻译的一部佛教经典。《阿弥陀经变》表现的是阿弥陀佛所在的西方极乐世界的胜景，典型特征是场面恢宏壮丽、景物繁多鲜艳，这种图画给当时的佛教徒们带来了很大的震撼。当人们看到这样比现实世界美丽百倍的图景，自然产生向往，而通向这个极乐世界的方式就是信佛、修行，死后便得以往生到阿弥陀佛的净土。

在第 220 窟这幅《阿弥陀经变》壁画中，阿弥陀佛坐在中间，两侧是两个大菩萨：观世音和大势至。区分观世音和大势至，要看他们头顶的宝冠。《阿弥陀经》上说，阿弥陀佛有两个大菩萨作为助手，也就是观世音和大势至。他们的形象各不相同：观世音头顶的宝冠上有一个小佛像，大势至头顶的宝冠上有一个小宝瓶，这便是他们的形象区别。在阿弥陀佛的周围还有很多的菩萨、弟子和护法。

在画面的下部有两个乐队，有很多天人在奏乐，之间有舞蹈者。画面上部有飞天，下着花雨，还有很多乐器在天上飘着，不鼓自鸣。这种仿若仙境的图画，载歌载舞热闹非凡，快乐无比，正是佛教信徒们向往的境界。

按照佛教的说法，往生到西方极乐世界的人，会出生在阿弥陀佛净土的莲花池里面。当每一朵莲花开放的时候，就有一个小孩从花中诞生。小孩降生的地方叫作“七宝莲花池”。这幅《阿弥陀经变》画中部就绘有七宝莲花池，池中有很多小孩从莲花里诞生，然后欢乐地在水里嬉戏玩耍，十分幸福。这个莲花池，寄托着无数信徒们对未来的希望。

画面中的空中楼阁，其建筑式样都和唐代建筑一致，是我们复原唐代建筑最好的参考依据。至今保存完好的唐代建筑有两处，一个是南禅寺大殿，一个是佛光寺东大殿，都在山西五台山。虽然大部分的唐代建筑已经湮灭在历史的尘埃中，但是敦煌壁画给我们留下了很多宝贵的图像资料，从楼台亭阁到砖瓦栏杆，唐代建筑的风采直至今日依然在我们眼前栩栩如生。

（三）观无量寿经变

关于西方极乐世界的崇拜，有三部佛教经典作了比较详细的描述，它们是《阿弥陀经》《观无量寿经》和《无量寿经》，合称“净土三部经”。《观无量寿经变》的构图和《阿弥陀经变》相似。那么，如何区分这两种经变，以及如何判别其他经变画的题材呢？这需要从壁画的细节入手，去观察壁画表现的故事内容或者场面能够与哪一部佛经里面的记载对应上。比如说，第 220 窟的《阿弥陀经变》壁画，如果能判定主佛旁边的两个菩萨是观世音和大势至，那中间的主佛就应该是阿弥陀佛，而且画面中有莲花池，有不鼓自鸣的乐器，有天宫楼阁，这和《阿弥陀经》中的描述完全吻合，就应该是《阿弥陀经变》。《观无量寿经》的篇幅较长，其中讲述的一些佛教故事是《阿弥陀经》中没有的，如果壁画中的内容与《观无量寿经》可以对应，自然也能判断其经变来源。想要确认壁画中的故事内容，需要在壁画的一些不起眼的地方，比如两侧或者角落，去寻找一些细节，仔细观察壁画中的人物、故事、场面到底展现了哪些内容。经过几十年的考证，敦煌的专家们把莫高窟经变画中的故事基本都考证出来了，在《敦煌研究》杂志上有很多相关文章。

莫高窟盛唐第172窟北壁绘有《观无量寿经变》。无量寿佛（即阿弥陀佛）坐在中间，两边各有一个大菩萨，即大势至和观世音，旁边还有很多小菩萨，他们共同坐在一个台子上。周围是廊院式建筑，正中大殿的两侧通过回廊连接着侧殿，这是典型的唐代建筑样式，与后世寺院的建筑形制有明显不同。从图画中可以看到，大殿与两个侧殿构成“品”字形平面布局，这与大明宫遗址中的正殿含元殿很是相似。含元殿的规模非常大，可惜仅有遗址留存下来。但还有一处和含元殿非常类似的、几乎是等比例缩小的建筑，就是日本京都平等院的凤凰堂，建于日本的平安时代（794—1185），大概相当于中国晚唐、五代、宋这一时期，这是目前我们能够看到的唯一一个可以和敦煌经变壁画对应起来的实体建筑。之所以推测敦煌壁画中的建筑和含元殿相似，是因为当时的人们希望能在壁画中表现出极乐世界的辉煌壮丽，而他们能够想象到的最辉煌的建筑就是皇宫的正殿，所以将极乐世界的建筑画成大明宫含元殿的样子。佛和众胁侍的前面是一个较小的台子，台上有很多人坐着奏乐，中间有人在跳舞，两侧是莲花水池，有很多往生的童子在游泳。在主画面的两侧，分别画的是“未生怨”和“十六观”，都是《观无量寿经》中的故事情节。这两个故事情节是判断《观无量寿经变》的主要依据，因为它的主画面与《阿弥陀经变》几乎相同。

第45窟窟顶为四面坡式的覆斗顶，表面绘有千佛，仍是隋代与初唐的旧制。但与隋代明显不同的是，两侧壁各画有一幅大型的经变画，这是典型的初、盛唐壁画的布局方式。在第45窟北壁的经变画也是《观无量寿经变》，只是这幅画中的天宫楼阁没有第172窟那幅壁画表现得辉煌。画面依然是这样的结构：主佛坐在中间，观世音、大势至坐在两侧，下面是莲花水池和一些奏乐的人。在壁画的局部可以看到，伎乐们手中是各种各样的乐器，有箜篌、琵琶、腰鼓、排箫、笛子等，可以作为我们复原唐朝乐舞的参考资料。之所以说敦煌是取之不尽的艺术宝库，正是因为敦煌艺术为我们后世的研究提供了无穷无尽的材料。

第45窟北壁的《观无量寿经变》主画面两侧也分别画着“未生怨”和“十六观”。《观无量寿经》的内容由阿阇世王的故事引出。故事情节是这样的：

佛在世的时候，古印度摩揭陀国的国王频毘娑罗王没有儿子，他的韦提希王后整日为没有继承人而发愁，日日祷告，希望能有一个儿子。他们请了一位相面先生，得知他们命中确实应该有一个儿子，但他的前世尚在人世，是山里的一位修行人，三年后才会死去，然后投胎转世成为他们的儿子。求子心切的国王等不及了，于是命人到山里去断掉给这个修行者的一切供应，把他饿死了。但是，修行者死后并没有转世投胎直接成为国王的儿子，而是变成了一只兔子。国王得知后，又命人钉死了这只兔子。王后终于怀孕了，生下的儿子便是兔子转世投胎的阿阇世王。阿阇世王小时候还算乖巧，长大后，受到提婆达多的教唆，突然非常恨他的父母，尤其是恨他的父亲。他把老国王关起来，要把他饿死。王后偷偷去探监，把蜂蜜混合炒面涂在身体上，把葡萄浆灌入璎珞中，去探视时送进监狱，努力维持着老国王的生命。过了一段时间，事情被阿阇世王发现，他非常生气，执利剑想杀自己的母亲，但被人劝阻了。为了断绝父王的外援，他将母后幽禁在深宫之中，严加看管，不许出门。老国王还是被饿死了。王后百思不得其解，为何自己的儿子会这样对待父母？于是她向佛祷告，世尊如来听闻，率众菩萨驾祥云而至，为韦提希夫人说法。佛把前后因果说与韦提希夫人。王后询问解脱的办法，佛说：只要你能够争取到无量寿佛所在的西方极乐净土去，就可以解脱了，任何痛苦都会消失，只有幸福。王后问：怎样才能到极乐净土去呢？佛便让她做十六观，即观想阿弥陀佛净土里面的十六种东西，包括佛像、菩萨像、宝座、树等。

当然，像故事中阿阇世王父母的悲惨经历在人间是少有的，但人间也会有各种各样的苦难，想要摆脱人世间的痛苦，佛教认为，到西方极乐世界去就可以解脱，“十六观”便是一种途径。

（四）弥勒下生经变

按照佛经的理论，弥勒佛现在仍然居住在兜率天上，现在的人间没有佛，弥勒要在很久远的将来才会来到人间成佛。但是在唐代的时候，很多人开始信仰下生人间的弥勒佛了。出于稳固统治的考虑，武则天说她就是弥勒佛的化身，更加推动了“弥勒下生”的信仰。莫高窟盛唐第445窟的《弥勒下生经变》描绘的就是弥勒下生后的景象。

关于“弥勒下生”信仰的来源，鸠摩罗什曾经翻译过一部叫《弥勒下生经》的经典，讲的是弥勒佛国来临时的美景。弥勒以前是释迦牟尼的弟子，先于释迦牟尼涅槃，上升到了兜率天，将在未来世界下生成佛。弥勒下生的地方叫翅头城，城中有一个华林园，园中有一棵龙华树，他会在这棵龙华树下成佛。据佛经记载，在弥勒的感召下，那里的国王和他的王后都会信奉佛教，并剃度出家，国王带着众随从当了比丘，皇后带着众宫女当了比丘尼。因此，《弥勒下生经变》画里会有国王和王后剃度出家的场面。另外，根据经典中的描述，经变画还有弥勒国内五谷丰登、风调雨顺的场面。唐代是农业社会，当时的人们能想象到的最美好的生活就是五谷丰登、风调雨顺，于是他们认为一切都非常美好的弥勒佛国，无非就是粮食丰收。但这个丰收比现实生活中的“一种一获”要好很多，而是“一种七获”。另外，还有“树上生衣”，人们根本不用去做衣服，如果缺少衣服穿，到树上拿一件就行了。

在唐代，由于弥勒下生信仰的流行，人们也就大造弥勒佛下生的形象，也就是倚坐弥勒像。《弥勒下生经变》中的弥勒佛，也是倚坐的姿态。前面提到的巨大的南、北两大像，表现的就是弥勒下生，也都是倚坐佛样式。另外，从考古发现来看，凡是有题记的唐代北方倚坐佛像表现的都是弥勒佛。因此，当我们看到一幅没有题记或题记无法辨认的经变画或是雕塑像时，如果其中的佛是倚坐姿势的，就可以判断它是弥勒佛。

（五）观音经变

第45窟的南壁画有通壁的《观音经变》（图23）。在画面中，观音菩萨站在中间，两侧都是和观音有关的题材。《观音经变》来自《妙法莲华经》中的《观世音菩萨普门品》，讲述的是观音菩萨如何救人、度人的。“救”“度”两字常常连

图 23　甘肃敦煌莫高窟第 45 窟南壁《观音经变》壁画

用，但用意不同。在这幅壁画中，上半部分表现的是观音菩萨如何度人。穿着青绿色衣服的男子，就是要被度的人。旁边站着的女子、天王、官人、僧人、大自在天、天大将军等，都是观音菩萨的变化身。佛经上说，各人的机缘各不相同，观世音可以根据人和缘法的不同来变化自己的形象，去度化不同的人。观音菩萨通过度人让人觉悟，从而使人们成就佛道。

图的下半部分表现的是观音菩萨如何救人的。如果你在生活中遇到了灾害、苦难，希望观音菩萨来救你，就念观音菩萨的名号，他听到后便会来救。画面中出现了商队，在山中行走时遇到了强盗，同是现实生活中商队遇盗的真实写照。这里暗示着商队成员在念观音菩萨名号，他们便会得到观音菩萨的解救。这个场面也是一幅世俗画，其中商旅似乎来自西域。画面中还有一些碰到其他苦难的人，如遇到恶兽围绕，遇到死亡的威胁，或在海中遇到龙鱼诸鬼等，只要念观音名号，就可以得救。这样的画面，对于信佛的人来说，应该具有很大的震撼力，使他们更加虔诚地对待自己的信仰。

（六）涅槃经变

《涅槃经变》表现的是佛涅槃的场面。这种经变比较好辨认，大多都是画面中有一尊卧佛，同时也有一些和涅槃有关的故事画。《涅槃经》里面讲述了一些佛在涅槃前后所发生的故事，比如佛涅槃后有八国国王前来分舍利，差点打了起来。于是，莫高窟第 332 窟南壁后部《涅槃经变》中就绘有“八王分舍利”壁画，似乎再现了唐朝作战的场景。

四、佛教史迹故事画

初唐时期，莫高窟壁画中还出现了一种新的题材，就是佛教史迹故事画。这类壁画画的是佛教史里面的故事，有来自印度的（如阿育王的故事），更多是来自中国的，即佛教传入中国以后发生的一些神奇故事。故事中的很多人物是历史上真实存在的，只是佛典记载的与他们相关的故事未必真实发生过，很多应该是神话般的传说，但佛教徒们相信它们是真实发生过的。无论这些故事源于何处，中国的艺术家们根据这些故事情节，把它们画在了敦煌莫高窟中，形成了佛教史迹故事画。

第 323 窟北壁绘有大幅的单幅多情节佛教史迹故事画，以相连的山水画将不同的故事隔开（图 24）。有一处描绘的是康僧会传教的故事。康僧会（？—280）是三国时代首位至孙吴传播弘法的佛教僧人、译经师，是历史上真实存在过的人物。他的先祖为康居（今哈萨克斯坦东部及锡尔河中下游）人，故姓“康”。三国时代的孙吴国国主孙权（182—252）原本不信佛，而康僧会劝他相信。孙权就问康僧会：“佛到底有什么威力呢？如果你能显示佛的威力，我就相信。”康僧会说，佛有舍利子，坚不可摧。孙权让康僧会拿来舍利子给他看看。康僧会就隔空调来几颗舍利子，在房间里放着光芒。孙权仍然不相信舍利子的神奇，他让一个大力士用锤子去砸舍利子，结果锤子都砸坏了，舍利子仍然没坏。从此，孙权就信奉

图 24　甘肃敦煌莫高窟第 323 窟北壁佛教史迹故事画局部

了佛法，还为康僧会修建了建初寺。

画面中有关佛图澄的故事也很有趣。佛图澄（232—348）也是真实存在过的人，他本姓帛，是西域人，少年时在古印度乌苌国（今巴基斯坦西北边境省斯瓦特县）出家，后至罽宾（今阿富汗东北、克什米尔一带）从学。他通晓经藏，深明佛理，同时又擅长方技咒语。后来，他来到了后赵国，以神通得到后赵的开国君主石勒（274—333）的信任。后赵国的第三代国主石虎（295—349）等人也都尊重佛图澄，并谘以国事。但佛教史书中记载的他的传奇故事，就太神乎其神了。故事中说，佛图澄道行很深，他可以听塔上的铃声而辨吉凶。有一次，石虎在朝堂里正在议事，士兵传来消息说幽州（今北京）起火了，佛图澄说不要紧，他能灭火。他拿了一杯酒，隔空洒向幽州的方向。过了几天，又有人来报，说幽州的确起火了，但突然之间飘来一朵云，下起了倾盆大雨，把幽州的火浇灭了。火灭了之后大家站在雨里，觉得雨水中能闻到酒的味道。还有一个故事，说佛图澄胸口有一个洞，有时候他觉得需要清理清理肠子，就来到河边，从自己胸口的洞里把肠子掏出来，在河里洗干净后再塞回去。这些故事都画在了第323窟的壁画中。这些在中国发生的故事，都记载在中国僧人编写的佛教书中。这些经典里还提到了很多僧人都具有各式各样的“神通”。当然，他们到底有没有“神通”，我们无从考证，但这类故事画对于吸引普通民众信佛确实很有号召力。

1924年，美国亚洲美术史学家华尔纳从第323窟粘走了一幅壁画，表现七位僧俗乘船运送一尊佛像到岸边，岸边还有僧人举幡迎接。这幅画描绘的是东晋时扬都高悝得金像的部分故事情节，原画位于第323窟南壁。唐代高僧道宣（596—667）于麟德元年（664）撰写的《集神州三宝感通录》一书中对此故事有记载。在东晋咸和年间（326—334），丹阳的地方官高悝在张侯桥下得到了一尊金佛像，没有背光和佛座，佛像的背上梵文铭文说，这尊像是印度阿育王的第四个女儿造的。当高悝载着金佛像到达长干巷口时，拉车的牛拒绝前行。不得已，他们就在那里造了一座长干寺，来安置金像。据说，这就是现在位于南京的长干寺。一年后，一个渔民发现了一个金莲花座。不久，有一个采珠人又在海底发现了金背光。这两件东西都和长干寺供奉的金像十分吻合。这些情节都在壁画中表现了出来。在画面上部的左、中、右处，分别画着光芒四射的佛像、莲座、背光。在画面中部即佛像和莲座的下方，分别画着一小船，扬帆在海上，船上有比丘和船工数人，还有迎接来的佛像。在画面下部原来还绘着一只更大的船靠在岸边，船上有僧俗七人和船大两人，刚刚迎来一尊立佛像，佛像站立在宝帐之下，宝帐前后扬着四幡。岸边还站着六位僧人持幡迎接。这块壁画在1924年被华尔纳用胶布粘走，现藏在哈佛艺术博物馆内。现在的第323窟南壁上还留有壁画被粘走的痕迹，和原壁画下边缘两名纤夫和迎佛的僧俗人众。

五、结语

初、盛唐时代是敦煌莫高窟发展的高峰期，共开凿了两百多座洞窟。这些洞窟的主要类型是佛殿窟，说明了讲经说法在唐代佛教修行中的重要性。这些佛殿窟的形制仍是继承着隋代的方形单龛佛殿窟，在正壁开一所大龛，窟顶为覆斗形。

正壁龛内的一组彩塑像体现着大唐的风范，是集健与美于一身的雕塑艺术形式，并且趋于人物的写实性刻画，以及不同个性的表现。初、盛唐时代莫高窟的主要成就是壁画艺术，以经变画为主，以通壁的规模展示着各种佛经所描述的佛国世界的宏大场面。唐代还出现了佛教史迹故事画，以真实的历史人物与虚构的故事情节向人们宣扬佛教的神奇。敦煌莫高窟的壁画中还有一些尊像画，表现的是单身的佛或者菩萨像。其中，还有密教尊崇的十一面观音等。6 世纪，密教在印度形成，这个教派信仰的多面多臂神像来自印度教的影响。7 世纪，密教传入中国，首先在长安和洛阳传播，之后再由长安和洛阳传到了敦煌。其实，莫高窟初、盛唐时代的彩塑与壁画艺术都体现了长安的影响因素，比同类风格作品在长安开始流行的时间晚了二十年左右。

敦煌莫高窟中晚唐洞窟

在盛唐晚期，长安流行的“以胖为美”的审美风格传到了敦煌。盛唐晚期开凿的莫高窟第 194 窟西壁龛内的彩塑菩萨像，完美地体现了这种新风格。这尊菩萨像身体丰腴，富有肉感，与初唐时期的菩萨像风格大不相同。从这种时间差来看，长安同样的艺术风格出现在敦煌，总是比在中原流行的时间晚大概二三十年。盛唐时期以胖为美的审美情趣对后世影响很深。不仅在中、晚唐时期，在唐代以后的五代、宋、元时期，直至今日，这种丰满、圆润的造像风格一直都是中国佛教造像的主流表达形式，北魏时期“秀骨清像”的特点早已一去不复返了。下面，来依次介绍中、晚唐时期莫高窟的洞窟形制、彩塑风格、壁画艺术的基本情况。

一、中唐洞窟形制与内容布局

中唐时期，敦煌基本处于吐蕃政权的控制之下。755 年，“安史之乱”爆发，与唐朝本来就战争不断的吐蕃趁机进攻河西走廊地区。经过十年左右的战争，766 年吐蕃占领了整个河西地区，敦煌从此进入了吐蕃统治时期，一直到 848 年为止。在这段时期内，当地的居民和佛教徒仍然以汉族人为主，他们继续开凿洞窟、制作佛像，在艺术创作上仍然继承着盛唐时期的风格与传统。

敦煌莫高窟有十几座开凿于盛唐时期的洞窟，因“安史之乱”而停止了工程。在吐蕃政权占领敦煌后，建造工作又继续进行，最终完工。另外，吐蕃时期新开凿了48座洞窟。因此，吐蕃时期在莫高窟真正完成的洞窟总共是66座。这些洞窟中有一部分是敦煌地区早期盛行的、传统的中心柱窟，大部分洞窟是佛殿窟，居于主导地位。另外，这段时期还出现了涅槃窟，表现佛涅槃的内容。在壁画方面，尊像图、经变画继续流行，但是布局有所改变。另外，“瑞像图”作为一种新的壁画题材出现在了莫高窟。

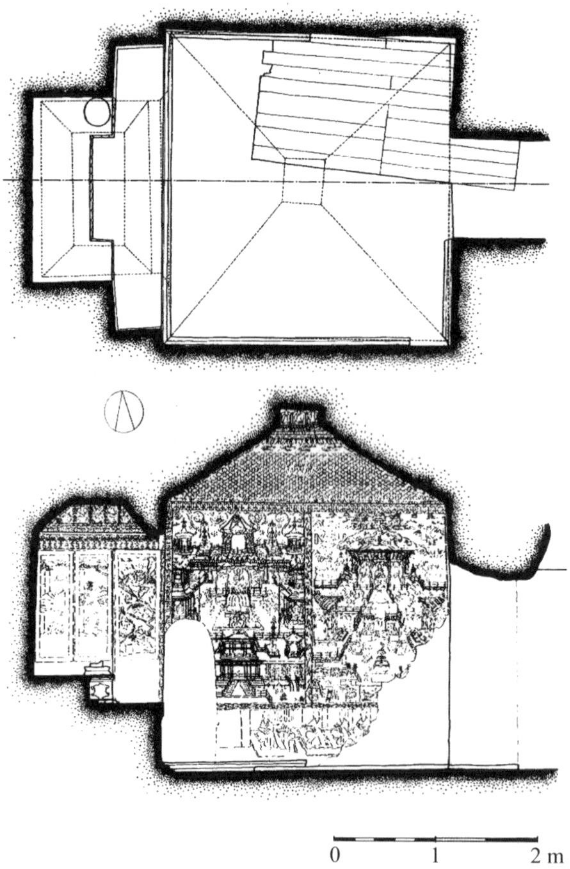

图25　甘肃敦煌莫高窟第361窟平、剖面图（中唐，8世纪末—9世纪初。采自敦煌研究院《中国石窟·敦煌莫高窟》第4卷）

第361窟是一座佛殿窟，方形平面，有四面坡式的覆斗顶，继承着初、盛唐时期的基本结构。但与初、盛唐时期的佛殿窟相比，这座佛殿窟有一些变化（图25）。正壁的佛龛由敞口形变为平面凸字形，且在龛内下部设一个倒凹字形的佛坛，坛上安置有一铺彩塑像。龛内的顶部是盝顶，有四面坡；在龛的三个壁面上均画有屏风画。另外，在主室的南北侧壁上各画两幅并列的经变画，这和初、盛唐时期在整个侧壁只画一幅大型经变图显然不同。在覆斗顶的四面坡上仍以画千佛为主。

再来看第159窟，这也是一座佛殿窟。正壁的佛龛龛口近似方形，平面也近似方形，在龛内下部设倒“凹”字形基坛，在坛上安置一辅彩塑像，龛顶也是盝形。从正面观赏彩塑像，这种龛形不如初、盛唐时期的敞口龛方便直观。在龛的正壁原有一尊佛像，现已不存，六尊胁侍像还完整地保留着，它们是两弟子、两菩萨、两天王。右弟子是年轻的阿难，将两手叠放于腹前，胯部稍稍向主尊一方扭动。这是武周时代中原地区阿难像的典型风格，已出现在了盛唐莫高窟中，中唐时期仍在继承着。菩萨像继承了盛唐丰腴、窈窕的艺术风格，衣纹等细节刻画比较精美。在龛内各彩塑像的背后也绘有屏风画。从中唐开始，莫高窟流行屏风画，内容各式各样，有菩萨、护法等尊像画，有故事画，还有表现寺庙的山水画等。

第158窟是莫高窟很有特色的涅槃窟，主要表现《涅槃变》，即释迦涅槃时的情况。它的平面呈横长方形，盝顶。这个洞窟的珍贵之处在于，它表现经变图不同于纯平面的壁画，而是采用了“塑绘一体”的立体表现手法。窟内正壁塑有一个大卧佛像，具有典型的唐代特征，佛的脸庞丰满呈椭圆形，右胁而卧，这是非常正规的卧佛卧姿。两侧壁还各塑有一坐佛，构成了三世佛题材，表现诸佛之间的继承性。正壁、侧壁及盝顶的四坡面都绘有壁画。在盝顶的四面坡上画了很多说法图和千佛。正壁卧佛彩塑像的身后壁上画着佛陀十大弟子，他们痛哭流涕，为佛的涅槃而悲伤。弟子的后面是一排菩萨，都没有哭，姿态、面相都非常安详（图26）。因为菩萨的觉悟要比弟子高，他们明白佛不是人世间简单的离世或死亡，而是进入了不生不灭的涅槃境界，也就是进入了极乐世界，这对佛来说是好事，是达成了修行佛教追求的最终结果。但修行尚浅的弟子们并不知道这些，他们都在为师尊的逝去而悲痛。这里的壁画通过对不同人物的不同面貌、个性的描绘，表现出了非常丰富的内涵。

佛的双脚后部壁画中有一组来为佛举哀的世俗人物。从衣着和面容来看，他们和汉族人长相不一样，更像是各少数民族，身份也各不相同，有西域国家的王子等，除此之外，还有汉族的皇帝等。在这里，艺术家想要表现的是各国、各民族为佛表现悲哀的不同方式：有人拿刀子扎向胸口划伤自己，有的人准备把自己的耳朵割掉，其余人都是痛哭流涕，我们仿佛能听到他们的哀号。实际上，当释迦牟尼

图 26　甘肃敦煌莫高窟第 158 窟南壁《涅槃变》壁画中的菩萨与举哀弟子

涅槃的时候，这些世俗人物是不可能出现在现场的。但是用这种画法来表现后世不同身份的俗人对佛的爱戴，就会拉近佛教跟世俗人的距离，让佛教更加容易被普通人认知，这也是佛教世俗化、民族化的一种方式。所以，这幅画是非常珍贵的。

这个时期的敦煌壁画，在具有中国画特点的同时，还融合、继承了西域“凹凸晕染”技法。“凹凸晕染”也叫“天竺遗法”。在第 158 窟壁画中，有的人物用中国式线描法画成，而有的人物，特别是有些西域人物或是饱经沧桑的弟子，则用“天竺遗法”，突出表现出不同种族和身份的人物之间的和谐关系，以及东方、西方族群的融洽交流，在佛教里共为一家。

在《涅槃变》壁画中还画有飞天。飞天很早就已在莫高窟中出现，北魏中期的飞天身姿呈“V”字形，北魏晚期的飞天多为蹲跪姿势，动作变化不多。但是唐朝以后，壁画中飞天的姿势各式各样，有的俯冲，有的往上飞，有的似在空中翩翩起舞，颇有韵律。这些飞天都是动作舒展大方，虽然没有翅膀，但仍然可以自由自在地飞翔。画家们用飞天衣带的飘动、流云来表现飞天飞翔的能力，使他们个个形象栩栩如生，仿佛随时可以从壁面向人间走来。有的飞天在给佛的涅槃献上璎珞，因为璎珞在古代印度是非常珍贵的东西。给佛进献璎珞以表虔诚，在十六国和北魏时期的艺术作品中就已经出现了。

唐代中期的莫高窟开始流行屏风画。屏风画的内容一般是山水和人物，常常画在窟内主室的两侧壁下部和正壁龛内壁面。屏风画这种艺术形式应该来自唐代人的日常生活。唐人惯于席地而坐，在房间里多用屏风把空间隔开来。于是，生活中的屏风就反映在了石窟寺中，变成了屏风画。唐朝以后，人们不再席地而坐，而是坐在椅子上，屏风不再流行，屏风画也就基本没有了。第 107 窟西壁龛内壁面的屏风画内容有众弟子像，是和龛内的塑像结合在一起表现佛说法的题材。龛内的一铺彩塑和彩塑身后的屏风画中的菩萨、弟子共同表现法会场面，在视觉上可以使有限的人物达到无限，给人以人物众多、场面巨大的感觉。

二、中唐经变画

与盛唐时在侧壁上画整幅大面积的经变画不同，中唐时期的洞窟侧壁往往被分成两或三部分，每部分各画一幅经变画。所以，每幅经变画的场面没有初、盛唐那么宏大，但可以分别表现不同的经变故事，有利于佛教徒在一个洞窟中通过不同的经变画学习更多的佛经内容。

在第 159 窟中，正壁佛龛两侧对称地画着《文殊变》和《普贤变》。这两幅壁画表现的人物众多，场面盛大，上方有天空和山水，仿佛两大菩萨与侍从正行走于天地山水之间，向着正壁佛龛徐徐而行。南侧是《普贤变》，普贤菩萨骑象于中央，牵象的是一个褐色皮肤的昆仑奴。昆仑奴指的是昆仑山以外的特别是南亚、东南亚一带来华的黑皮肤人，他们在唐朝时来到长安，很多在贵族豪门家做仆人，尤其是负责牵马坠镫的工作。昆仑奴的形象在一些出土的陶俑也曾经发现过，反映了唐朝人社会生活的一个侧面。所以，第 159 窟用昆仑奴来驾驭文殊和普贤的坐骑，符合当时的社会背景。画中的另一个昆仑奴，用头顶着一个供具来服侍普贤菩萨。正壁佛龛的北侧画着《文殊变》，文殊菩萨坐在狮子背上，旁边也有个昆仑奴驾驭着狮子，另一个昆仑奴双手托着供盘。

上述两幅变经画中人物众多，他们共同胁侍的主佛应该是正壁龛中的已佚的坐佛塑像。在河南洛阳龙门石窟武周时期的雕刻中，就已经出现了释迦牟尼由骑狮的文殊和骑象的普贤胁侍，共同构成一佛两菩萨的组合。只是由于雕刻技法的局限，武周时代的龙门石窟没有表现如此宏大的场面。但第 159 窟的这两幅画并不是严格意义上的“经变”，只是描绘了文殊和普贤菩萨坐着自己的坐骑出行的场面。我们知道，经变的特点是将佛经的文字形式转为图像，图画中的内容必然来自佛经。但这两幅普贤和文殊菩萨画像中的元素在佛经中却找不到具体依据。所以我们推测，这两幅画是从文殊、普贤的单独画像演变而来的，只是增加了许多胁侍而已。

晚唐以及五代、宋、元以后，文殊骑狮、普贤乘象这种图像仍然存在，在安西榆林窟的西夏洞窟、北宋汴梁发现的版画、杭州的摩崖造像以及四川地区的石窟中都有发现。通常是释迦牟尼坐在中间，这两位菩萨乘着坐骑胁侍两侧，还各有昆仑奴服侍。在后世的作品中还增加了一个人，他就是善财童子。

莫高窟第 112 窟侧壁有《观无量寿经变》壁画，表现的是西方三圣，即阿弥陀佛、观世音、大势至菩萨居中而坐，还有众胁侍环绕在周围。他们的上方有天宫楼阁，下方有乐舞人物，显出一派祥和气氛。然而，这幅画不属于严格意义上的《观无量寿经变》，因为《观无量寿经变》壁画中一般要有“未生怨”和“十六观”作为必要元素，而这幅画中并没有这两种内容，只是表现了简化版的西方极乐世界图。但是这幅壁画很有名，因为里面有一个极为出色的反弹琵琶舞者形象。她边弹奏边跳舞，身姿优美，令人见之忘俗。甘肃省歌舞团曾根据这个人物形象创作了闻名海内外的《反弹琵琶舞》。我们可以想象，中唐时期的敦煌地区已经出现了这样的舞蹈和艺术形式，想必西京长安在更早的时候也有，这幅壁画为我们提供了珍贵的音乐史资料。

在中唐时期，《维摩诘经变》继续流行。但是和之前的《维摩诘经变》画相比，维摩诘周围的人变多了。如第 159 窟中的《维摩诘经变》，不像过去的画面那么简朴，画中有山水和很多建筑，天空中还有佛和菩萨，整体场面变得比较繁杂。这幅画最珍贵之处，还在于将世俗供养人的形象画在了壁画中，而且还是吐蕃赞普及其随从。中唐时期，占领敦煌地区的正是吐蕃政权。画中的吐蕃赞普身后有穿着藏族服饰的仆从，一人给他打着伞盖，以显示他的高贵身份。但这些俗人的体量明显比维摩诘等主要人物要小，而且不在中心位置。吐蕃人也信奉佛教，他们的形象出现在敦煌，便在情理之中，而且还留下了珍贵的图像资料。

三、中唐瑞像图

瑞像图是中唐莫高窟新出现的一种艺术形式。瑞像图，顾名思义，就是能够表现出某种灵瑞和吉祥征兆的佛像图画。在大乘佛教的经典中，有很多鼓励人们造立佛像的内容，并且认为，所有已经造成的佛像，都完全具有了佛祖本人的德操与神通。人们只要诚心地敬奉这些佛像，向它们忏悔自己的过错，向它们祈祷自己的心愿，希望它们保佑自己的亲人们平安快乐，那么，这些佛像的身上就会显现佛祖的灵异，来满足你的所有要求。所以，如果普天下到处都有佛像，佛的威力就会无所不在了。这种人和圣像之间的心灵沟通，佛教还为之起了一个专门的术语叫“感应”或“感通”。在一些佛经中描写鼓励人们造佛像的内容时，有的也加入了一些佛像的感应故事。

当佛教传入中国后，一些来自印度和尼泊尔等国的佛像灵异故事也纷纷涌进了中国，被载入中国僧人撰写的佛教史书中。以后，随着佛教在中国本土的发展，有的人听说在某个地方某尊佛像曾经出现过显灵，有的信徒则自称亲眼见过。于是，在很多有关中国本土佛教历史的书籍中，也单开了一个“感通篇”，专门记载关于佛寺、佛塔、佛像所发生的灵异事件。唐代的道宣和尚撰写的《集神州三宝感通录》就是其中的代表作。敦煌莫高窟中的“瑞像图”，就是根据这些中外佛教神话故事而绘制的，所以，基本上都能查证到它们专门依据的佛教经典。当时的佛教徒们相信，把这些曾经显过灵的佛像再供奉在石窟里，是会继续给他们带来好运的。同时，这些灵异的佛像也在以自身向信徒们证明，只要造立、供奉佛像，佛祖在必要时就会向他显灵，给他带来幸福的前程。

唐代莫高窟的瑞像图共计 37 幅，其中大部分是根据天竺、尼泊尔、犍陀罗等国的佛教传说绘制的，也有一些是来自中国的于阗、张掖、酒泉等地，多集中画在正壁盝顶龛顶的四坡上，有的画在甬道顶部。瑞像图的面积往往不大，每幅图都有一个故事，讲述瑞像的由来与背景。下面我们举几个瑞像图的例子。

（一）于阗国瑞像

唐朝时的于阗国，位于新疆塔克拉玛干沙漠的南部，以今和田为中心。第 154 窟南壁西侧绘有一幅立姿的毗沙门天王像，应该和于阗国的信仰有关。毗沙门天王，即北方托塔天王，因为他的手里托着一座塔作为武器。各地区造的北方天王手里拿的武器不尽相同，但托塔是它们的共同特征。据《大唐西域记》记载：于阗国的人民自称是毗沙门天王的后裔。传说很久以前，于阗国王没有后嗣，就从毗沙门天神像的额头剖出了一个婴儿，吮吸像前的地乳长大，以后继承王位，代代相传。毗沙门天王还是于阗国的护国神。第 154 窟的立姿天王像，左手托塔，右手持戟，戟上有胜利之幡，腰间佩剑与吐蕃弯刀，身穿吐蕃武士的长身甲，足踏彩云，下面有一位天女托着他的双足。这种毗沙门天王的表现方式应该是来自西域地区。在吐蕃统治敦煌时期绘制的这幅毗沙门天王像，自然就有了吐蕃文化的印迹。

在这尊毗沙门天王旁边站立着一尊戴宝冠的佛像，它的身上有一些有趣的细节。它的面容看上去与佛相似，但头上却戴着一个宝冠，而通常佛像是不会佩戴这样的冠的。另外，他的头发是蓝色的，衣服也很像是世俗人的服装。实际上，这确实是一尊佛像，并且是一尊瑞像。是“勃伽夷城瑞像”。据《大唐西域记》记载，于阗国王从迦湿弥罗国（今克什米尔地区）迎请佛像到于阗，到了勃伽夷城，像就不愿再走了，人们不论怎么做都不能移动它。于阗国王只好在当地修建佛寺供养这尊佛像。同时，国王还施舍了自己的王冠，戴在佛像头上，脱下自己的袍服给佛像穿上。因此，这尊瑞像就戴着王冠，身穿王服，脚踩宝山，和毗沙门天王一起造福于阗与敦煌。

（二）犍陀罗双头瑞像

在第 237 窟西壁龛顶西坡画着一幅双头佛立像，有四臂，双手于胸前合十（图 27）。唐玄奘在《大唐西域记》里记载着它的故事。

在古代印度的犍陀罗国（现巴基斯坦北部），有一个穷苦人，经过许多年辛辛苦苦、省吃俭用才积攒下一枚小小的金钱，把它交给了一位画工，请他在寺院中为自己画一幅小佛彩像，以表达对佛的敬意。一枚金钱画一幅佛像是远远不够的，但画工被这位穷苦人的赤诚所感动，就不再谈论价钱了，答应他一定画成。这个穷人刚走不久，又来了一个穷人，也是拿着一枚小金钱要求画佛像。画工就用这两枚金钱，请了一位高手，共同画成了一幅佛像。几天以后，两个穷人不约而同地来到寺庙拜佛，画工指着那幅新绘成的佛像对他们说：“看，这就是你们要求我

图 27　甘肃敦煌莫高窟第 237 窟西壁龛顶西坡犍陀罗国双头瑞像壁画

画的佛像。”他们两人看了后很疑惑：“怎么能画一幅佛像代表两个人的心愿呢？”画工就向他们解释说：“我并没有贪占你们分文，你们的钱全用在这幅佛像上了，但也只能画一幅。如果我说的不是谎话，这幅佛像一定会出现吉祥的变化。”话音刚落，佛像就显出了灵异，渐渐变成了两个佛头共处一身的奇妙画像，并且放射出了耀眼的光芒。两个穷人心悦诚服，更加坚定了对佛教的信念。

这就是双头瑞像的由来。佛教徒们对这个故事深信不疑，希望这个瑞像也能给自己带来福气。在唐代以后也有人造这类瑞像。在内蒙古额济纳的黑水城遗址，曾经发现过西夏时期的泥塑双头瑞像，现藏俄罗斯艾尔米塔什博物馆。

（三）刘萨诃凉州瑞像

莫高窟第231窟西壁龛顶东坡画着一尊立佛像，旁边的榜题写的是“番禾县北圣容瑞像”。番禾县在今甘肃永昌县一带，属于过去的凉州，“圣容”指那里的圣容寺。这个瑞像和刘萨诃和尚有关。刘萨诃是东晋时代人，俗姓刘，出家以后法号慧达。在中国佛教史籍中，记载了他的一些神奇故事。刘萨诃曾经游历四方，到过当时五代十国之一的梁朝的都城建康，还去过印度。他很擅长预言，而且很准，于是大家都觉得他是非常有道行的一个高僧。刘萨诃最著名的预言就是凉州瑞像（也称圣容瑞像）。据传，刘萨诃来到凉州，他看到了一座山崖之后，预言这个地方会出现一尊佛像。如果是太平盛世，佛像的身体就是完整的；如果发生天灾人祸或者战争动乱，佛像的身体就会不完整。刘萨诃坐化去世之后，到了北魏晚期的522年，那座山崖上果然出现了一尊佛像，却没有头。人们想起了刘萨诃在八十多年前的预言，担心他的话要应验。当地的官民僧侣十分惊慌，急忙找来工匠雕了一个佛头，给佛像安上，但马上就掉落下来，无论如何也安置不上去。也就在这一年，北魏的统治集团发生内乱，在以后的几十年里，天下百姓备受离乱之苦。

557年，凉州城东的七里涧中忽然闪现灵光，出现了一颗石佛头，人们感到无比惊奇。他们又想到了石佛的预言，急忙用八抬大轿把佛头送到石像前，郑重地安装上去。像头与像身相合无缝，连成一体。人们欢呼着奔走相告。果然在北周国境内，出现了太平兴旺的景象。561 年，为了保护这尊祥瑞的佛像，人们特意修建了一座“瑞像寺”，后叫“圣容寺”。

到了北周武帝（561—578 年在位）年间，佛头又掉了。北周武帝很纳闷，派人把佛头装回去，但怎么都安装不上去。果然，不久之后，北周武帝就开始了灭佛运动。后来隋朝大一统，人民生活平安幸福，这个佛头又可以安上去了。隋炀帝（605—617 年在位）西巡的时候还曾经到过这个地方。

到了唐代，这个故事在河西走廊十分流行，人们就把瑞佛像画到了莫高窟里，到了五代仍有同类题材的壁画绘制。在第 72 窟的南壁，绘有“刘萨诃因缘变”壁画，全面描述了刘萨诃对那个瑞像的预言。画中有两尊佛像，实际上是同一尊佛像在不同时间呈现出的不同情况。左边的佛像呈现着它刚刚在山崖上出现的样子，只有身体，没有头，下面有一些人在顶礼膜拜。右边的佛像是北周时期佛头被发现之后，人们搭着梯子把佛头安上去的场景。画中的这个脚手架非常珍贵，我们可以看到古代中国人在造佛像时采取的是什么方法。这幅壁画中的山水还是北朝、唐朝画法，仍是以山水为背景，以人物和佛像为主体。这是一幅五代时期稍晚一些的壁画，展示的也是刘萨诃的故事。

第 72 窟圣容寺瑞像的特点是左臂弯曲横放在胸前，右臂垂直下伸。莫高窟第 203 窟西壁佛龛内的主尊立佛彩塑像，也是这样的姿态。由此可知，在初唐时期的莫高窟里就已经制作凉州瑞像了。但在过去的很长时间里，人们只知道凉州瑞像的故事，却不知道这个瑞像的具体位置。原敦煌研究院研究员孙修身先生长年研究莫高窟瑞像和佛教史迹故事画，在《敦煌研究》上发表了系列论文，包括对刘萨诃预言的瑞像。孙先生为了研究凉州瑞像，在 20 世纪 80 年代亲自到武威考察，在永昌县圣容寺附近山崖上发现了一尊没有头的佛像，认为很可能就是刘萨诃预言的瑞像。无独有偶，永昌县博物馆里藏有一个北周风格的圆雕佛头，人们认为这个佛头的来源应该就是圣容寺山崖上的无头佛像。关于圣容寺的摩崖立佛像还有很多未解之谜，比如它具体的雕刻时间是什么时候？会不会是后人冒名雕造的？如果这尊立佛像如文献记载那样是在北魏时雕成的，为什么它目前的状态却看不出任何时代风格？既然山崖上佛像出现在北魏晚期，那么佛头又为何是北周风格？如果佛头是北周人造的，北周人又为何要这样做？只是为了把佛头安置在那个立佛像身上吗？种种问题都有待继续考证，或许在未来的某一天可以知道答案，或许会成为永远的未解之谜。

四、晚唐洞窟形制与内容布局

848年，敦煌地区以张议潮（799—872）为代表的张氏家族，因不满吐蕃的统治而起兵反抗。张议潮首先收复了敦煌，接着收复了甘州（今甘肃张掖），统一了河西走廊，重新打通了丝绸之路，恢复了唐与西域的经济贸易往来。唐朝中央政府封张氏家族为世袭的归义军节度使，让他们来统治河西走廊地区。其时，唐朝皇室的力量很弱，没有办法去管控所有的地方政权，很多节度使实际上就是当地的军政首脑，形成了藩镇割据的局面。

张氏家族信奉佛教，他们极力弘扬佛法，在莫高窟赞助了一些佛教艺术工程，莫高窟有六十余所洞窟是在张氏家族统治时期开凿的。唐朝灭亡后不久，张氏家族被曹氏家族取代，莫高窟随之进入了一个新的历史时期，此是后话。

晚唐时期的敦煌，在张氏家族统治阶段，莫高窟仍然盛行佛殿窟。但有的窟形有所变化，这就是佛坛窟的出现。这种洞窟的平面略呈方形，仍然是覆斗顶，但在正壁与侧壁都不开龛，而是在洞窟中间造一个倒“凹”字形佛坛，在坛上安置主尊坐佛和一组胁侍彩塑像，在四壁及窟顶依旧绘制壁画。第196窟就是这样的佛坛窟，佛坛的背面有一个背屏直通窟顶。该窟佛坛上的坐菩萨像延续了盛唐的风格，非常丰满，很有肉感。人们在这样的洞窟里拜佛时，可以绕着佛坛转圈祈祷。这种佛坛窟模仿的是地面上建造的佛寺中的大殿，至今保存完好的佛殿中央一般都会设坛，在坛上安置一组造像，并且在坛的背面有通顶的大背屏，例如：唐代建中三年（782）建成的五台山南禅寺的大殿，和唐代大中十一年（857）建立的五台山佛光寺东大殿。正是众多木构佛寺大殿的做法，才影响到了莫高窟晚唐佛坛窟的开凿。与此同时，传统的佛殿窟形制仍然延续着。

晚唐开凿的第16窟也是一座佛坛窟。它的中间也有一个倒“凹”字形佛坛，佛坛背后的背屏直通窟顶，信徒可以绕着佛坛做右旋礼拜。这个窟非常有名，因为它的甬道北壁开了一个小窟，这就是著名的“藏经洞”，即第17窟。藏经洞同样也是开凿于晚唐时期，后来不知为何封闭了（史料无载），但在封闭之前，僧人们在里面藏了数量巨大的佛经、文书、画卷等珍贵资料，仅文书就多达五万多件。藏经洞于1900年被发现后，很快便扬名于海内外，因为看守莫高窟的道士王圆箓文化水平不高，不知道这些文物的珍贵价值，把大部分文物卖给了西方来的探险家和考古学家，收藏于英、法、俄、日等国的博物馆和图书馆。最后只剩下九千多件被挑剩下的文书，被清政府收集到了北京，现藏于国家图书馆。

在第17窟成为藏经洞之前，这个小洞窟的功能是洪䛒和尚的影堂，是一种将墓葬与纪念堂两种功能相结合的宗教建筑形式。窟内壁上镶嵌有洪䛒的石刻告身（类似于墓志铭），讲述了他的一生。正壁面原来安置着洪䛒和尚的彩塑坐像，泥塑像中放着他的骨灰，可见这是在他去世以后为他特意造的塑像。在塑像的背后壁上有壁画，画着两棵树，树上都挂着一包，表示着他正在两棵树下坐禅修行。这是禅僧常见的形象，最早可以追溯到北魏年间，因为僧人平时出外行走的时候背着自己的包，在树下坐禅休息或修行时，总是把包挂在树上。两树的外侧还各画着一位比丘和一位侍女，在服侍他坐禅修行，以表达他的特殊身份。洪䛒肖像塑作非常写实、细致，可以作为晚唐时期僧人肖像的代表作。在藏经洞封闭之前，洪䛒和尚的塑像已被搬到了另一座洞窟里。由于现在的藏经洞里已经没有文书了，敦煌研究院就将这座塑像移回了该窟，恢复了影堂的原状。

在吐蕃统治敦煌时期，洪䛒担任沙州释门都法律兼摄行教授。851年，由于在张议潮收复敦煌战争中有功，被唐王朝封为释门河西都僧统摄沙州僧政法律三学教主，负责管理整个河西地区的佛教，并赐紫（高僧的特殊荣誉），授京城内外临坛大德称号。藏经洞的开凿正是为了颂扬和纪念这位有影响的洪䛒和尚。

藏经洞封闭的原因，以及洞中为何放了那么多经卷和文书，至今仍是众说纷纭。基本观点认为：可能是在宋代的某个时期，敦煌发生了社会动乱，僧人们将洪䛒和尚的影堂作为仓库来储存佛经和文书，为了有效地保护并不被人发现，就封闭了这个洞窟。由于封闭洞窟的人离开了以后没有再回来，这个小洞的秘密就不为人所知，直到1900年意外被发现。

在中、晚唐时期，莫高窟中的壁画、塑像体现了很多密教的题材。密教起源于印度，传到中国的时间大约是在7世纪。在敦煌地区，密教艺术繁荣起来的时间是中晚唐时期，比中原地区密教艺术的繁荣时期（盛唐时期），晚了一段时间。这个时期，有很多密教图像出现在了莫高窟，有的洞窟甚至是以密教图像为主。

以第14窟为例。这座洞窟的侧壁分为三个大方格，分别画有观音的变化身。下方是屏风画，每一个屏风板面都画了一尊立菩萨，可能也跟观音有关系。覆斗顶的四个坡面都画有千佛，中部的藻井边缘有垂帐装饰，以象征窟顶上方有一宝盖。藻井的中心画有四个金刚杵，现已残破，无法看清。四个坡面的千佛中部各画有一尊佛像，即东、南、西、北坡各有一尊佛，佛的旁边有胁侍菩萨。有些学者研究认为，藻井中心的四个金刚杵代表中央佛，即毗卢遮那，也叫大日如来，是密教的最高尊神。在密教的世界里，大日如来位于中央，在其东、西、南、北各有一佛，即东方阿閦佛、南方宝生佛、西方阿弥陀佛、北方不空成就佛。那么，第14窟的整体基本布局，就形成了一个密教曼荼罗。

曼荼罗（梵文：Mandala）意译为坛场，指一切圣贤、一切功德的聚集之处。曼荼罗图像反映着密教的宇宙观，也是密教的宇宙图，一般是以圆形或正方形为主，以中心点对称排列分布。在曼荼罗这个密教宇宙的中心是五方佛，大日如来位于最中间，四边的是东、西、南、北四方佛，还有很多菩萨和护法，一圈一圈地围绕着，共同组成一个以大日如来为中心的层层密叠的方形坛城，四面各开一门。另外，密教僧人修行或举行仪式的时候，都要先做一个坛场，有的是实实在在建造出来的，有的为了方便也可以用象征的手法表现坛场，如做一个小坛城的沙盘或者模型。这样的坛场也象征着众密教之神聚集之所。在修行或仪式完成之后把沙盘销毁，意思就是坛场中的佛、菩萨、护法等神送走了。如果采用更简单的方式，可以用绘画来表现曼荼罗，也就有了很多曼荼罗图的挂轴画，在举行法会时将画展开，象征着邀请了众神参与。法会完毕时，将画卷起，意即送走了众神。也可以在寺院和石窟墙壁上画曼荼罗图，能随时使用。在莫高窟晚唐时期的洞窟中，可以看到很多曼荼罗图，可见当时密教在敦煌地区的流行程度。

五、晚唐壁画

晚唐莫高窟壁画仍然流行经变画、故事画、瑞像图、尊像画。

晚唐第 14 窟的侧壁画了三幅大的观音像，也可以称之为尊像画。都是中间画一尊观音，两边有很多胁侍和护法。其中一幅画的是如意轮观音，游戏坐姿，头向右偏，有六臂，以右侧一手上托一轮子。这是一个密教的观音形象。

密教的尊像画在中唐时期就有了。第 361 窟的东壁南侧画着一幅千钵文殊，呈坐姿，身体周围像孔雀开屏一般展示着无数只手，象征着文殊菩萨的一千只手，每只手都托了一个钵，所以叫千钵文殊。唐人的著述中有关于这类画的记载。尉迟乙僧是于阗国（今新疆和田）贵族，一说他是吐火罗（今阿富汗北部）人。他活跃于初唐时期的长安至景云年间，在大慈恩寺、光宅寺、兴唐寺、安国寺都有他的画迹。唐代长安二年（702）前后，他在慈恩寺塔下南门画《千钵文殊》等壁画。长安城里的千钵文殊壁画早已不存在了，我们只能根据在敦煌见到的千钵文殊来推想，也许当年尉迟乙僧在长安城画的千钵文殊大概就是这个模样。

晚唐时期经变画中的故事情节变得更加丰富。莫高窟晚唐第 85 窟南壁绘有《报恩经变》，是根据《大方便佛报恩经》绘成的。在画面中心，也是像初、盛唐一般经变画那样绘出佛说法的盛大场面，以及天宫楼阁，还有舞乐助兴。但在下部画面画着很多经中讲述的故事，凡表现出的情节都有榜题，题写情节的内容。特别是画中表现的经中“恶友品”的内容，很有传奇色彩。

古印度波罗奈国国王有两个儿子，哥哥叫善友，弟弟叫恶友。顾名思义，哥哥非常善良，弟弟则心地狡诈。哥哥喜欢布施穷人，但是国王不愿意让他用国库里的财物去赈济穷人，于是哥哥决定自己到海里去寻摩尼宝珠，用来变现各种各样的宝物，来帮助穷人。弟弟与哥哥一同去寻摩尼宝珠，可是寻到之后，弟弟却起了歹念，想要将宝物据为己有。于是，他用刺将哥哥的双眼刺瞎。此时，一个牛王经过此地，不忍见哥哥如此痛苦，就舔掉了他眼睛里的刺。可是哥哥依然看不见，无法回到自己的国家，就沦落到另一个国家做了一个看园人。他双眼已盲，有时在园子里弹琴解闷，偶然间被这个国家的公主听到。公主发现他虽然地位低下，却长得仪表堂堂，逐渐爱上了他。两人相爱以后，这个国家的国王知道了他原本是一国王子，于是把他送回国。善友原谅了弟弟的所作所为。

这幅画中，有善友与公主在园中相会的情节，是一幅极好的爱情图画。画中的公主形象遵循了盛唐的美人风尚，体态丰腴、饱满。所以，这幅经变画也可以当作唐朝风俗画来欣赏，用以想象那时人们的生活场面。

晚唐莫高窟还出现了大型的出行图，以表示供养人的高贵身份。第 156 窟是张议潮家族开凿的，侧壁上部的三分之二处绘制了三幅大经变画，下部三分之一处画着大型的出行图。可以看出，左右两侧壁出行图中的人物都朝着正壁方向侧身行进，似乎两组人群正在列队边游行边走向正壁佛龛，对佛礼敬。

左侧壁（北壁）画的是《宋国夫人出行图》。宋国夫人是张议潮的夫人，这幅画也可以作为风俗画来欣赏、研究，它生动地刻画了宋国夫人的仪仗以及百姓庆祝胜利、歌舞游行的场面。有一个细节非常精彩：画中有几个表演杂技的人物，一头上顶着一个长杆，有四个小孩子在杆子上表演杂技。这种超难度的杂技动作，就是现在的杂技演员也很难做到。

右侧壁（南壁）画的是《张议潮出行图》，表现张议潮和他的将士打了胜仗后凯旋的情景，还有很多百姓载歌载舞地欢迎他们（图 28）。可以想象，张议潮收复河西班师回敦煌时，当地民众就是这样欢迎他的队伍进城的。所以，这幅画可以作为珍贵的历史资料。

晚唐莫高窟还出现了白描壁画。唐人著述曾经记载，长安和洛阳的寺院里有很多著名的画家在创作壁画，有一种画风叫作“白画”。由于古书中没有对白画作过多的解释，我们推测“白画”可能就是白描画，在莫高窟晚唐第 9 窟中心柱西向面就绘有白描人物。

在唐代长安城的寺院里，绘制壁画是有分工的。有一种人的工作叫“书榜子”，他们专门负责在壁画的榜题上写字，描述画面中的人物身份和情节。敦煌莫高窟壁画中的榜题众多，特别是故事画和瑞像图。所以，如果看不懂壁画内容，阅读榜题也可以了解得十分清楚。

图 28　甘肃敦煌莫高窟第 156 窟南壁下部《张议潮出行图》局部

六、结语

中晚唐时代的莫高窟在延续盛唐风格的基础上有所创新与发展。在吐蕃占领敦煌的中唐时期，莫高窟新开凿了 48 座洞窟，还继续完成了盛唐时期开凿的十几座洞窟。这些洞窟仍是以佛殿窟为主，但正壁龛的形制有所改变，还出现了新型的涅槃窟，以立体的形式表现《涅槃变》内容。壁画题材继续流行尊像画、经变画，屏风画、瑞像图是新出现的题材。晚唐的敦煌在张议潮家族统治之下，他们也是佛教艺术的提倡者。这个时期共开凿的了六十余座洞窟，以传统形式的正壁开龛佛殿窟为主。新的佛殿窟形制是中心佛坛窟，壁画题材仍是尊像画、经变画、屏风画、瑞像图、故事画等，其中密教题材继续流行。

敦煌莫高窟五代宋元洞窟

唐朝灭亡后，随后而来的是五代时期（907—960）。“五代”指的是当时中原北方地区先后出现的五个朝代：后梁、后唐、后晋、后汉、后周。但是这五个朝代都没有实质上占领、统治过敦煌。自五代初期的914年至北宋中期，归义军节度使曹氏家族作为张氏家族的替代，是敦煌地区真正的掌权者。五代及其后的北宋都承认曹氏政权的合法性，并且接受曹氏的世袭制。曹氏政权在中晚期，军事力量比较薄弱，但是与周边的甘州（今张掖、武威）回鹘政权、新疆的于阗国关系都比较好，保持了数十年的和平局面。1074年，西夏人打到敦煌后，曹家无力抵抗而向西夏投降，敦煌自此被西夏接管。1227年，敦煌被蒙古人占领。不论是西夏人还是蒙古人，他们对佛教都不排斥，且加以接受，继续发展着莫高窟的佛教艺术。元朝灭亡以后，莫高窟不再有开凿新洞窟的行为，仅有对前朝艺术修复的工作。

五代至元朝，是莫高窟发展的晚期阶段。我们可以看到一些前朝艺术因素的延续，也有在新的历史时期的创新，时代感显著。下面，我们来依次浏览晚期的莫高窟艺术，领略各个时期的洞窟形制、彩塑风格、壁画内容。

一、五代莫高窟

曹氏政权时期，莫高窟新开凿了55个洞窟，其中10个洞窟有题记，可帮助考古学者确认其他曹氏时期的洞窟。曹氏家族信佛，很重视寺院的建造以及莫高窟壁画、彩塑的制作，甚至专门组织了一个曹氏画院（类似北宋、南宋的皇家画院体制），画院的艺术家有时直接参与洞窟的制作和绘制壁画。这段时期的洞窟里也体现了一些回鹘和于阗的元素，说明这两个地方的人曾经较为频繁地来到敦煌礼佛。这个时期的代表性洞窟形制仍然是出现于晚唐时期的中心佛坛窟，壁画题材以经变画为主，也有一些因缘画、佛教史迹故事画和瑞像图。

先来看五代时期的莫高窟。第61窟是典型、传统的中心佛坛窟，覆斗顶，规模较大。窟内中心有一个平面呈倒“凹”字形的佛坛，坛上原安置着一铺彩塑像。在主佛的位置身后有一个背屏，直通窟顶，是仿照地面上木构佛寺大殿中的中心佛坛的做法。保存至今的木构佛寺大殿中仍然有佛坛和背屏。

五代时期，四大天王作为一种新的题材出现在了莫高窟的壁画中。以第98窟为例，这是一个方形的佛坛窟，窟顶是四面坡顶的覆斗式，窟顶的四个角各有一块半圆形的凹陷，四大天王像就画在这里，这是五代时期的莫高窟独有的艺术形式。从画中可以看出，天王一条腿盘起，一条腿下舒，这种坐姿来自印度，不是中国人的惯常坐姿。旁边有一些天王带的夜叉兵。画中的天王很像中国古代的将军，面部作忿怒相，这种夸张、恐怖的面相容易给人一种神一般的震慑感和威严感。

（一）《五台山图》

五代第61窟最珍贵之处在于其后壁上的《五台山图》（图29）。这种壁画题材在前朝是没有的。唐朝时期已有对五台山的信仰。佛经里说，文殊菩萨居住的圣山有五顶，恰好五台山也有五个山峰，于是人们相信这个地方应该就是佛经里说的“五顶”所在，也就是文殊菩萨的居住地。实际上这是一种附会。佛教自东

图 29　甘肃敦煌莫高窟第 61 窟后壁《五台山图》局部

汉时期进入中原，至唐代时已经在中国传播和本土化了很长时间，许多人认为佛教就应该是中国的，于是在中国给佛和菩萨寻找住处。除了将五台山认定为文殊菩萨的“家”之外，在宋代以后，人们逐渐给其他几个菩萨也找到了“家”，比如观音住在普陀山，地藏住在九华山，普贤住在峨眉山，这是佛教世俗化和汉化的一个标志。

这幅五台山图继承了南北朝时期的画法，三角形、抽象式的山水像云一样布满画中，起着给各寺院分隔空间的作用。这种山水画法可见于汉代的博山炉，一般只作为画作的背景来表现，而并非主体部分。我们通常所说的山水画，指的是以山水为主体的画作，这一类山水画从五代十国至宋代开始才逐渐产生。在这幅五台山图创作的时期，流行的表现形式是人和建筑要比山大，山水只是画作的背景而已。这幅《五台山图》主要表现的是五台山的佛教胜迹。历史上五台山中曾经有几百座寺院，后来大多数寺院逐渐衰落，而今只剩下几十座。艺术家们在这幅《五台山图》中运用了许多抽象的表现手法，比如想要表现一座寺院，那么只需要画一堵围墙，在围墙里面画一座塔或一间殿，就象征了寺院的存在。画中还有很多题记用于说明寺院的名称和位置，比如“大佛光寺”，据说古建筑学家梁思成就是根据这幅壁画去五台山上寻找佛光寺，居然真的找到了这座唐代建筑。可以说这幅图为当代人研究唐代及五代时期佛教寺院的结构、建筑形式、布局，都提供了非常好的参考依据。

再例如，在大建安寺的下方，明确题写了“五台县”，指明地点。大建安寺外还有一座四层楼阁式塔，题名叫“无量寿塔”，具有五代时期的典型建筑特色，对我们研究当时的建筑很有帮助。从这幅《五台山图》可以看出，起码在五代时期，人们已经把五台山当作了一个佛教圣地。

还有一座建筑旁有题记曰“文殊真身殿”，应该与文殊菩萨崇拜有关，也点明了五台山的主要功能。其下一座寺院，题名曰“万菩萨楼”，可以看到在寺院的中心有一座四层楼阁式塔。我们在前面提到过，在唐代以前，中国寺院的建筑布局基本都是以塔为中心，这种布局来自印度，但是中国寺院中塔的规格、结构、建筑方式都是汉民族式的，也就是模仿汉民族传统的木构楼阁。自唐代起，很多寺院不再以塔为中心，而是改为以大殿为主，但仍然有一些寺院保留了在寺院中心造塔的传统。

（二）巨大的供养人像

第 61 窟壁画中的供养人形象变得更大了，这起码说明两个问题。第一，在这个时期，对供养人的重视程度加深了，人们认为供养人对洞窟开凿起着很重要的作用。第二，当时有很多身份尊贵的人来赞助洞窟的开凿，那么这些“赞助商”作为供养人出现在壁画中，自然个头就要大一点，有些供养人画像的尺寸比真人还要高大。供养人像旁边通常有榜题，记录着他们的身份。根据第 61 窟供养人壁画的榜题，我们可以得知，画上的人物是曹氏家族的女人们，前面有僧人为她们引路，共同形成了一个供养人行列。根据画上的人物形象，我们可以复原当时敦煌地区曹氏家族的贵族服装，据此研究五代时期妇女的服饰特点，以及在唐代女装基础上有什么变化。

五代第98窟东壁南侧画有于阗国国王，榜题上写着“大朝大宝于阗国大圣大明天子”。可以看出，当时的于阗国在服饰方面受汉族影响很深，于阗国王的服装和王冠与汉族皇帝的皇冠很相似。于阗王室和曹家的关系很好。当时的莫高窟已经是延续了数百年的佛教圣地，有很多历史遗迹，于阗国人经常到敦煌来礼佛，或者通过供养、出资来建造洞窟，同时把于阗国人作为供养人画到壁画中。这幅壁画很珍贵，因为它真实地反映了于阗国王的形象。结合其他史料得知，李圣天是在938年被后晋朝廷册封为“大宝于阗国王”的。因此，这幅壁画画的就是五代时期的于阗国王李圣天，他的身后是他的夫人、随从的供养像。

除了于阗国和曹家以外，此时西北地区的另一个政治势力就是以甘州地区（今张掖）为根据地的回鹘。在第98窟东壁北侧画有回鹘公主供养像。显而易见，回鹘人的服装和汉人的很不一样，这些公主头戴火焰形状的宝冠，身着圆领长袍或长裙。虽然服饰风格大不相同，但画中回鹘人的面容特点与汉人没有明显区别，且都很相似。我们推测在这方面应该没有进行个性化的创作。这点和汉族的供养人画像是一样的，即都不作个性化处理，只是以当时人们普遍认为美丽、英俊的长相为依据而创作出的虚拟、理想的形象，在画作完成之后以榜题来说明、区别不同人物的身份。

（三）《劳度叉斗圣变》

五代时期的莫高窟继续流行经变画，其中也有突出故事情节的。以五代第146窟西壁的《劳度叉斗圣变》为例，它是以《贤愚经》第十卷中的《须达起精舍品》为主要依据绘制而成的。画中有76条榜题，每条榜题都具体说明着一个故事情节。例如：当佛还在世的时候，有一位乐善好施的长者叫须达，人们出于尊敬给他起了一个号——“给孤独长者”，以此来赞扬他的德高望重。须达看中了祇陀太子的一座园子，想把它买下来建造成寺院，请佛来此居住并讲经说法。但祇陀太子也是一名佛教徒，他也想为佛做功德，不愿意把园子卖给须达。为了刁难须达，祇陀太子就说：“如果你能拿金砖把整个园子的地面铺满，我就把园子卖给你。”须达很有钱，他真的拿金砖把地面铺满了。祇陀太子只好把园子卖给他，但他建议园子归须达，园子里的树归他，这样就相当于他们共同给佛造一座寺院，彼此都有功德。须达同意了。这座由园子改造而成的寺院落成以后，就叫“祇树给孤独园”，意思是有祇陀太子布施的树的给孤独长者建的园子。这个故事在印度早有流传，早在阿育王时代的佛教雕刻中就有表现。

这个故事以后逐渐演绎成了降魔内容，并以“降魔变”的形式画在了莫高窟中。在须达造园的过程中，释迦牟尼派来一名叫舍利弗的弟子，让他和须达一起寻找适合建造寺院的地方。他们共同找到了祇陀太子的园子。在佛的弟子中，舍利弗是智慧第一。祇园附近有一个外道叫劳度叉，也有神通，他不愿意让佛在这里建寺院，以抢夺他的生意。于是，劳度叉向舍利弗提出以斗法定输赢，最后劳度叉输给了舍利弗。这幅经变画中，通过气氛激烈的画面与榜题的解释来描述劳度叉与舍利弗斗法的过程，以及整个故事的发展。画面中左半部分的中心表现的是舍利弗，后面站着他的随从。下部的车马表现的是给须达驾着车去找祇园的过程。画面的右半部中心画的是劳度叉，他坐在一个床台上，仿佛半魔半人，显现出一种凶狠的样子。中间是舍利弗与劳度叉斗法的过程，两人都依次变化成不同的形象相斗，最后还是舍利弗的神通更厉害。

在这幅壁画中，劳度叉的随从呈现的是外道形象，半人半妖，表情显得比较惊恐，穿的衣服也像妖。而另一边的舍利弗带来的僧人和护法则显得安然自若。这种表现法是为了丑化外道。外道指的是在印度不信仰佛教的其他宗教的信徒，如印度教和耆那教的信徒，佛把他们叫作“六师外道”。在劳度叉旁边还有几位外道女，她们的姿态虽然优美，但也显得非常惊恐，因为劳度叉和舍利弗斗法的时候，劳度叉每个回合都失败了。舍利弗赢得斗法之后，强迫这些外道剃发、皈依佛教。可以看出，这些外道的表情很是懊悔，画得非常生动、形象，甚至有一些滑稽，很具有戏剧性。

这幅画表现的核心意思就是佛的法力无边。很多中国人都相信神通的存在，希望他们信仰的神可以拯救自己或是解决自己的一些问题。笔者以为，这是有求于神的想法，谈不上是真正的信仰。真正的信仰是不应该寄希望于神来帮助自己解决困境的，而是应该以助人施舍为努力方向，更不能以神通来招摇撞骗。但是，也许是因为中国古代的普通民众在生活中要面对太多苦难，所以他们对神通的存在深信不疑。基于这样的大众心理，《劳度叉斗圣变》就是佛教徒编造出来以吸引民众信仰佛教的一个故事。

二、北宋莫高窟

曹氏政权对敦煌的统治始于五代，终于北宋。进入北宋时期后，曹氏政权继续在敦煌开凿洞窟，洞窟形制仍然是以方形平面的中心佛坛窟为代表，窟内中央有倒“凹”字形的佛坛，在坛上安置一铺彩塑像，并且在中间靠后的主佛塑像背后立着通顶背屏。以第 55 窟为例，在中央佛坛上安置有三世佛塑像，三佛都是倚坐姿势（图 30）。一般来说，中间的佛像应该是释迦牟尼，两侧的分别是过去佛和未来佛。主佛像的左侧有一弟子像，右侧是一尊天王像；两侧佛像的身边各有两尊胁侍菩萨像。主佛像后面的背屏象征着两棵娑罗树，可能表现的是释迦牟尼在生命的最后于娑罗双树下说法的情景。背屏的后面画有一尊立佛，两侧面各画着一尊立菩萨像，菩萨手里拿着香炉。在覆斗顶四角各有一个半圆形的凹陷，内各画一尊天王像。窟的两侧壁与晚唐、五代类似，将壁面分成几格，上画数幅经变画，下部是屏风画。第 55 窟的内容布局和结构与第 61 窟相似，但第 55 窟佛坛上的彩塑像保存较为完好，两窟显示着佛坛窟在五代和北宋时期的流行。

第 55 窟佛坛上的天王塑像很珍贵，因为少有。它的写实性不强，手法比较抽象，人物比例不是十分协调。但这尊天王的身材很威武，面部忿怒威严，具有一种神性的威力。

北宋第 76 窟中的“八塔变相”壁画，是前朝没有的新题材。这里的八塔，表现的是在佛一生行化的八个主要地点所建立的佛塔。据北宋法贤译的《八大灵塔名号经》记载，这八塔分别位于迦毗罗城龙弥尔园是佛生处，摩伽陀国泥连河边菩提树下佛证道果处，迦尸国波罗柰城转大法轮处，舍卫国祇陀园现大神通处，曲女城佛从忉利天下降处，王舍城声闻分别佛为化度处，广严城灵塔思念寿量处，拘尸那城娑罗林内大双树间入涅槃处。除了莫高窟第 76 窟，榆林

图 30　甘肃敦煌莫高窟第 55 窟内景

窟西夏第 3 窟、东千佛洞西夏第 5 窟、五个庙石窟西夏第 1 窟也有“八塔变相”壁画。

我们来看第 76 窟壁画中的一塔。这座塔的形状像一个亭子，有很多层檐，应该是印度塔的形制。塔身中部画了三尊坐佛像，旁边各有一骑羊的童子立在象背上。塔的两侧分别画着三尊跪姿菩萨，根据榜题可知，表现的是文殊菩萨和普贤菩萨等前来赴佛的法会。在菩萨的下方各有五人，但形象迥异。右侧是五位仅穿短裤的带发苦行者，左侧是五位穿僧衣的光头僧人。塔身三佛的下方画着一个法轮，塔的下方中部是题记，提到了“第三塔”。题记两侧各有一只鹿，相对而卧。这里表现的是上述经中提及的“迦尸国波罗柰城转大法轮处”，也就是释迦牟尼第一次说法的地方。画中的五位苦修者和五位僧人，就是他说法的对象，也是他收的第一批弟子。

相传这五人尊净饭王的旨令，去追悉达多太子一起在山中修行。悉达多也经过了长时期的苦修，折磨自己的身体，很少进食，也不讲究穿衣，最后饿得骨瘦如柴。悉达多最后发现，即便这样折磨自己的身体也无法悟道，于是就放弃了苦修，改为中道。中道的意思就是不要过度地折磨自己的身体，但也不要让自己过于享受生活，而是中庸之道。悉达多放弃苦修后，来到尼连禅河中沐浴，出浴后在菩提迦耶的菩提树下成道，也就成佛了。之后，他首先想到的是那五位随从，听说他们在鹿野苑修行，于是就赶到了那里为他们说法。这五人随后皈依佛，成为佛的第一批弟子。

鹿野苑里有鹿，在画中以两只鹿来表现地点。画中的法轮，来自“轮宝”，相传是古代印度一种威力无比的武器，只有能统一天下的大王才能转动它，并用它来统一天下。这样伟大的国王被称为“转轮圣王”，类似于救世主。佛悟道后，就借用了“轮宝”的说法，声称佛法能统一天下，所以佛教信仰中把能够统一天下的佛法以轮子作为象征，称为“法轮”。如果在一幅佛说法图中看到了一个轮子，这个轮子就是在代表佛法，而不是真实的轮子。佛经中常提到的“转法轮”，指的就是佛在说法。如果要表现佛第一次在鹿野苑说法，就用两只鹿表示。这就是“八塔变相”中的一个故事。

三、西夏莫高窟

西夏是跟宋朝几乎同时期存在的一个国家，位于中国版图的西北部，以首都兴庆府（今宁夏银川）为中心。其疆域包括今宁夏、甘肃、内蒙古一部分等。西夏长期与北宋对峙，后蒙古政权兴起，先灭西夏，后灭南宋。在西夏国，敦煌是其通往西方的门户，具有重要的地理位置。

西夏政权控制敦煌的时间将近一百年。这一时期的洞窟大概有七十余座，大部分并不是新开凿的，而是在前朝洞窟的基础上重修的。西夏人多将前朝洞窟中的塑像重塑，或是在一些前朝壁画上面抹一层泥重绘新内容。以第 97 窟为例，它的平面是方形，在正壁开了一个长方形的龛，顶部是四面坡式的盝顶，环下部三壁造了一个倒“凹”字形基坛，基坛上安置了一尊彩塑像。这是典型的中晚唐洞窟形制。可想而知，西夏人将这个中晚唐洞窟重新抹泥、画壁画、塑像，改造成了具有西夏民族特色的样子。另外，西夏国在晚期和吐蕃关系较好，一些去西夏传教的喇嘛被奉为上师。因此，藏传佛教的题材也进入了西夏洞窟。

20 世纪 40 年代，著名画家张大千在敦煌临摹壁画，他发现一些有西夏壁画的洞窟，其建筑特征跟北魏洞窟的一样。他据此推测，在一些洞窟的西夏壁画之下，可能还有一层北魏的壁画。所以，他就把一座洞窟的西夏的壁画剥掉，下面露出了北魏时期精美的壁画。西夏壁画虽然时间晚于北魏壁画，艺术价值并不一定更高。张大千的行为虽然是对文物的破坏，但也为学术研究提供了珍贵资料。

西夏第 263 窟中心柱东面龛内的弟子和菩萨像完全模仿着唐朝样式，特别是菩萨头顶的高发髻、半裸的上身和斜向的胸巾，但技法和水准均不如唐朝。身体表面的着色也不细致，且喜欢用很多石绿色。迄今在别的地区发现的西夏雕塑水平也不高。考古学者曾经在宁夏和内蒙古额济纳旗黑水城遗址的古塔内发现了一些泥塑佛像，也可以看出有很多对唐朝造像的模仿和学习的痕迹，但是技法上相差很远。不过，“塑绘一体”的艺术表现形式，从唐朝到西夏仍然是一脉相承的。

在西夏壁画中，尊像画数量较多，表现菩萨等佛教人物。西夏时期的一些经变画和故事图，在唐代同类壁画的基础上进行了简化，技法和构图都与唐代水平相差甚远。以西夏第400窟北壁的《药师经变》为例，虽然总体布局仍与唐代经变画相似，甚至还模仿了唐代廊院式的天宫楼阁。但各种元素描绘得比较简单，画面中的建筑也较为简陋，在斗栱、铺地砖、雕梁画栋等处都没有细节的处理，显得比较粗糙。在有些石窟里为了省事、简便而没有特定的题材，只画着大面积的图案，以莲花图案为代表。

西夏第97窟南壁绘有十六罗汉像。十六罗汉是五代、北宋以后流行的题材，西夏受中原文化的影响，就接受了罗汉像这种艺术形式。西夏和北宋打打和和，也自知本民族的文化比较落后，就在文化艺术方面多向北宋学习。十六罗汉题材来自唐僧玄奘翻译的《法住记》，其中谈到释迦牟尼在涅槃之前，嘱咐他的十六个弟子住世护法，等待弥勒佛的降临。于是，释迦牟尼涅槃之后，这十六个弟子就分散在各个地方，在弥勒佛还未降临的漫长时间里保护佛法，履行自己的职责。到了南北朝晚期以及隋、唐之时，人们相信末法时代已经来了，标志之一就是佛法遭到毁坏，如唐武宗（841—846年在位）的灭佛政策，和尚们无法在寺院里继续，纷纷被赶回家去还俗。这个时候，世人就希望依赖十六罗汉来保护佛经和佛法。这幅壁画的绘画水平比较一般，罗汉的头部比较大，线条也比较疏简，不仅与唐朝的精美壁画相去甚远，也没有表现出西夏壁画的最高水平。

西夏壁画中的尊像画基本是仿唐朝尊像画的样式。第328窟排列整齐的坐或立姿菩萨像就是这样的，但没有唐朝尊像画那样生动，而是显得比较呆板。西夏壁画中的飞天也如唐朝。第327窟窟顶东坡的伎乐天画得就有点粗糙，技艺很一般。相比之下，榆林窟的西夏壁画要好一些，这也是榆林窟的一个独特优势。第97窟有一童子飞天像，技艺也是一般，但这种少见的题材比较珍贵。可见这个时期，莫高窟壁画的水平有明显的下降。

西夏壁画中的供养人很有自己的特色。在第409窟东壁南侧有一幅西夏国王供养像，他的手里拿着一个香炉，头戴桃形高冠，身穿很像唐代的黑色圆领窄袖长袍，上有系列的团龙图案，表示他的王者身份，真实地反映了西夏国王的装束打扮（图31）。国王的身后是一列随从，分别打着伞盖、持着仪仗扇、抱着狩猎用的弓箭等物。第 409 窟东壁北侧画着两位西夏王妃供养像，她们的服装和汉族服饰完全不同，头上也有桃形高冠，身穿红色大翻领窄袖长袍，和回鹘服饰也不一样，有独特的历史考古价值。这两幅供养人像是莫高窟西夏壁画的代表作。

图 31　甘肃敦煌莫高窟第 409 窟西夏国王供养像

西夏人所画的壁画图案很喜欢用石绿色，给人千篇一律的感觉。西夏第 130 窟也是在前朝洞窟的基础上改造的。窟顶中间是覆斗形藻井，中绘龙纹与莲花，四面坡上画满外方内圆的莲花图案，很像地面上的铺地砖图案。被张大千扒掉的西夏壁画上就是这样的图案。西夏第 408 窟的窟顶也有类似图案，变化较少。当然，这些西夏的文物也有其珍贵之处，只是在艺术观赏性上和前朝相比有些黯然失色。

四、蒙古人统治下的莫高窟

1227 年，蒙古人占领了敦煌和安西，那时元朝还没有正式建立。敦煌虽然是个小城市，但蒙古政权对之十分重视，在 1324 年任命皇室成员做敦煌的地方长官。当时的敦煌地区仍然住着很多原西夏国人，他们跟蒙古人的关系比较友好，有一些西夏人还受到了蒙古皇室的重用，在元朝初年对民族融合和地方安定起到了很大作用。

在蒙古人统治敦煌的一百多年间，新建的洞窟并不多，只有十余个。相对前朝，这个数量很少，显示着莫高窟已经从繁荣走向了衰落。尽管如此，蒙古人仍然给莫高窟带来了一些新鲜元素，比如藏式绘画是前朝没有的，壁画的线描技法比以前也有所进步。如果与西夏比较，元代莫高窟的壁画水平是比较高的。

首先映入眼帘的蒙古元素，是蒙古族供养人像。当时有一些蒙古人来到敦煌，出资建造或者维修洞窟。他们做了功德，就请工匠在洞窟的甬道墙壁上画上自己的供养像，再现了当时蒙古人的样貌。从第 332 窟甬道南北两壁的壁画可以看到，这些蒙古供养人中有军官及其随从，还有他们的女眷和侍婢，并以体量的大小表示身份的高低，反映着他们的贵族生活习俗。

在蒙古人治下的敦煌，莫高窟的壁画有两种题材，即藏传和汉传佛教题材。蒙古人和西藏的关系极好，蒙古皇室很崇信藏传佛教，西藏的上层喇嘛常担任帝师和国师，蒙古大汗经常任命从藏区来的喇嘛为帝师、国师。当元朝占领江南以后，还曾以行政手段在原南宋境内推行藏传佛教以及艺术。因此，蒙古人统治下的河西走廊、内蒙古、大都（今北京市）、杭州（原南宋首都）等地区，藏传佛教都非常盛行。在这段时期内，涌现了一大批精美的藏传佛教艺术作品。莫高窟和榆林窟也不例外。

藏传佛教和汉传佛教有什么不同？唐、宋的密教和西藏密宗的源头是一样的，都是印度的梵文密教经典。这些经典从印度传到了藏区，被翻译成藏文。唐代、宋代的密教经典也是来自印度，由梵翻汉。藏传佛教里的很多神灵形象，在唐代和宋代的密教经典里都提到过，但是汉族地区的密教对于密教经典的一些内容没有作为重点来修行，在艺术上也不予表现。而藏传佛教对于密教经典里的内容表现得较为全面、完整。所以，一些密教经典里的内容，例如男女相抱的双身像、度母、佛母等形象，在唐、宋艺术作品中没有出现，但在藏族作品中很流行。在莫高窟，我们就能看到藏传佛教特有的这些形象。

在藏传佛教中，曼荼罗也体现出藏族密宗的宇宙观。元代开凿的第465窟表现的就是一个立体曼荼罗。在窟内中央筑有一个圆形佛坛，分为四层，原本在每一层都布置有一些塑像，可惜这些塑像没有留存下来。洞窟顶部仍然是汉族风格的四面坡式覆斗顶，但表现的壁画和汉族风格洞窟不同。在中部藻井处画了一尊坐佛像，四个坡面中部也各画了一尊体量大的坐佛像，还围绕着很多菩萨像。可以看出，覆斗顶的主要题材是密教五佛，即中央的大日如来（毗卢遮那佛）和四个坡面上的四方佛。在曼荼罗中，五佛位于中心。所以，整个第465窟就构成了一个立体曼荼罗。

另外，覆斗顶有的坡面中间大坐佛的左右各有一尊体量较小的坐佛，组成了三佛题材。位于窟顶西坡上的主佛是西方无量寿佛，他双手施禅定印，手中捧着一个宝瓶，这是藏传佛教无量寿佛的图像，不同于汉传佛教。无量寿佛的这种造型在密教经典里有记载，但汉人在造像时没有按照密教经典来做，仍然遵循着汉人的艺术传统。除此之外，第465窟壁画中的佛和菩萨的形象也都是西藏式的，有些接近印度风格，比如佛着袒露右肩式大衣，不同于宋元时期汉族地区流行的褒衣博带式大衣。藏式佛像的身体都是宽肩细腰，显得矫健有力，和宋元时代汉族佛像的多肉感和富态不同。

藏族地区的佛教艺术深受尼泊尔的影响，因为印度佛教在12世纪灭亡后，藏族人无法再到印度去取经了，也无法学习印度的佛教艺术，只能转而学习尼泊尔的佛教艺术。第465窟壁画中的供养菩萨、菩萨像很具有尼泊尔地区的特色，身姿窈窕优美动人，很女性化。其实，藏传佛教艺术中的女性神灵，如度母、佛母等，都很有女性的美感，她们服饰精致、身材优美，面部神态也刻画得很精细。

藏传佛教艺术有很多双身像，是一男一女拥抱的形象，也见于第465窟。在双身像中，男子形象是明王，作忿怒相，多面多臂；女子形象有的是双臂，有的是多臂，是明王的配偶明妃。这些明王都是佛、菩萨的变化身，是为教化愚蛮之徒而特意变化的。汉族佛教讲究清心寡欲，僧人不能结婚，也不能有性行为。但印度教并不禁止神娶老婆，湿婆神甚至有不止一个老婆，男女拥抱的双身像在印度教里很常见。密教本身是受印度教影响而形成的，所以也就有了印度教特色的双身像了。

在蒙古人统治时期的莫高窟，汉传佛教作品也非常优秀。第3窟是元代汉式洞窟的代表作，它的形制与前朝佛殿窟没有太大变化，是方形平面，覆斗顶，佛龛开在正壁，龛的顶部是盝顶。正壁龛内的塑像现已不存，推测原来应该是一尊观音像。正壁佛龛内的壁面上也画了一些菩萨像，是作为主尊彩塑观音像的胁侍出现的，是传统塑绘一体的表现。在窟内两侧壁各画了一幅大的千手千眼观音像。综合来看，这个窟可以称为“观音变像”窟。

第 3 窟两侧壁的千手千眼观音画得极好（图 32）。中国画中的线描技法素有“十八描”的说法，如铁线描、琴弦描、行云流水描、钉头鼠尾描、游丝描等，线条的描画和组合看似简单，实际上各式各样、丰富多变。这幅千手千眼观音像可以说是各种线描技法的集中展示，通过不同的描法来表现不同的部分，比如裙褶之立体、飘带之飘逸、肌肉之流畅，虽然没有使用晕染，只用线描，但仍有“吴带当风”的动感和立体感，可以说把中国历代的线描技法发挥到了登峰造极的地

图 32　甘肃敦煌莫高窟第 3 窟北壁千手千眼观音壁画

步。这两幅千手千眼观音有一圈大手和数圈小手，如孔雀开屏一般呈圆形展开。每只手上都画有一只眼睛，加起来总共是一千只手、一千只眼。头顶还有十面，共为十一面。这两幅画是敦煌壁画中的精品之作。

第 3 窟的西壁和龛内还画了几尊菩萨像。其中一尊是白衣观音。唐代密教经典中有关于白衣观音的记载，但迄今没有发现唐代的白衣观音像，现存最早的白衣观音像制作于五代时期。这种观音穿着白色衣服，有长长的头巾垂下来。值得注意的是，我们现在看到的白衣观音是纯粹的汉式形象，印度佛教艺术中没有。这些菩萨像的面部也是运用了铁线描的技法，衣服的线描起伏有致，描绘得非常精细。可以说，中国画的线描技法在宋元时达到了巅峰。南宋画院的代表人物马远、夏圭等就使用类似的线描法，并被明朝的浙派画家戴进、吴伟等人所继承。当代的一些国画家也继承了这种绘法，从中国古代的美术技法中吸取经验来创作新的作品。

元代第 95 窟的十六罗汉壁画也非常精美，技法远超很多西夏洞窟，在人物比例、线描技法等都达到了很高水平。

五、结语

唐代以后，中国石窟的发展进入了衰落期，但敦煌莫高窟仍旧持续繁荣。曹氏政权跨越着五代与北宋初中期，共开凿了 55 窟，还重修了大量的前朝洞窟。曹氏家族很热衷于佛教艺术事业，还特意组织了画院，参与莫高窟壁画的绘制。这个时期的新型洞窟是中心佛坛窟，模仿地面的佛殿结构。经变、因缘、佛教史迹故事画、瑞像图仍是流行的壁画题材。西夏国统治敦煌时期，莫高窟修建了七十余窟，主要是对前朝旧窟的改造，彩塑承袭着唐宋制度，尊像画、十六罗汉、经变是壁画的主要题材，图案是此时的特色之一，遍布很多洞窟。蒙古人统治时期（包括元朝）的莫高窟建了十余窟，总体特色是汉式和藏式风格并用，较前朝大为改观。汉式风格壁画更是集传统线描之大成，达到了登峰造极的境界。元朝以后，莫高窟再无新窟开凿，只是对前朝洞窟作些修补，且艺术造诣大大降低，真正迎来了衰落期。

安西榆林窟

安西榆林窟是敦煌地区的第二大石窟群。古代敦煌地区主要包括瓜、沙两州，沙州是敦煌，瓜州就是安西，榆林窟位于瓜州地区。这一地区还有一些小石窟群，如昌马石窟、东千佛洞、西千佛洞、五个庙石窟等。

榆林窟总共保存了 42 座洞窟，按壁画保存情况主要分为五期。

唐代，开凿有 19 窟，但壁画保存完好的仅 4 窟。从初唐开始，在吐蕃统治敦煌的中唐时期最盛。

五代，有 8 窟，属曹氏政权时期。

北宋，有 13 窟，属曹氏政权时期。

西夏，有 4 窟，表现着汉藏合璧风格。

元代，有 3 窟，也是汉藏合璧形式。

除了上述的 32 窟，还有回鹘时期的 1 窟和清代 9 窟（本书不详述。）

这些洞窟开凿于榆林河畔两侧的山崖间，主要洞窟在河的西岸（图 33）。从内容特色来说，唐代、曹氏政权时期的榆林洞窟与莫高窟相比并不占优势，但是这里的 4 个西夏石窟和 3 个元代石窟是最具特色的，是榆林窟的精华所在，也代表了这两个时期佛教艺术的最高水平。下面我们依早晚顺序，来看看榆林窟的主要特征。

图 33　甘肃安西榆林窟外景

一、唐代榆林窟

第 28 窟开凿于唐代，是一个中心柱窟。此窟在窟内中间凿有中心塔柱，在柱上开龛造像，在四壁画壁画。有的学者认为此洞窟是北朝时候开凿的，在唐代重新修的。但是多数学者认为中心柱窟一直都在敦煌流行，北朝、隋代、唐代、唐代以后都有中心柱窟，所以不能简单地仅以窟型来断定它的年代早晚，而是要用它所表现的最晚的特征来判断年代。类似的中心柱窟在莫高窟的唐代洞窟里也有发现。因此，判断一座洞窟的年代，主要还是要看它的壁画究竟有几层。如果没有下层的壁画，最早的壁画为唐代风格，那就证明该洞窟是在唐代开凿的。该窟里的塑像经过了后期的改造，壁画也有一些后期的补画，据推测是在西夏的时候重新补画的。

第 25 窟是一个保存较好的唐代中心佛坛窟，开凿于盛唐至吐蕃时期。佛坛窟即在洞窟中间凿一个佛坛，佛坛上的造像已经残损，窟顶呈覆斗形。窟内壁画保存较好，整体布局十分规则，在正、左、右三壁各绘一幅巨大的经变画，在前壁门两侧分别画《文殊变》和《普贤变》。这样的经变画布局和莫高窟很多初、盛唐洞窟相似，只是后者在正壁多开龛造像，但表现的仍有时代共性。左壁有一幅大的《观无量寿经变》壁画，两侧是“十六观”和“未生怨”，再两侧各画一尊菩萨，这样的布局继承了初、盛唐时期风格，在吐蕃时期沿用。右壁画的是《弥勒下生经变》，比敦煌莫高窟的同类经变画更壮观，很多情节都附有榜题。倚坐的弥勒佛位于画面中央，还有两尊体量较小的倚坐弥勒佛位于两侧，他们共同表现弥勒下生后在不同时间的三次说法。每尊弥勒的两侧都有菩萨胁侍相辅，身后还有天王、力士保卫。经中有的一些故事情节以“凹”字形展现在画面的下部及两侧。画中左上角有打谷场丰收的情景，表现弥勒下生以后，未来的弥勒佛国非常富裕，如大同世界一般，粮食一种七获，树上自然生衣。

中部下方有表现出家剃度的场面。经中说，弥勒在华林园的龙华树下成佛后，先后说法三次，每一次说法后都有大量的人愿意跟随他剃度出家，包括国王、王后等。在画面中，我们可以看到国王、王后剃度出家的场景。王后带着她的仆人、侍女们剃度出家当了尼姑，国王带着他的随从和官员们出家当了和尚。“剃度图”是《弥勒下生经变》中最具代表性的内容。

经中还说，弥勒下生以后，在未来的弥勒佛国里将会有七宝再现。一个国家如能拥有这七宝，就可以安邦治国，它们是金轮宝、象宝、马宝、珠宝、玉女宝、典兵臣宝、守藏臣宝。这七宝，可以使五谷丰登、风调雨顺、国泰民安。又如摩尼宝珠，是自海底龙宫而出的如意宝珠，可以变幻出各种宝贝，从天而降救助众生。在很多佛本生故事里都提到过这个宝珠，佛的前世想要救助众生，会想办法到海中去寻获摩尼宝珠。在第 25 窟的《弥勒下生经变》中，摩尼宝珠被一头六牙神象驮着，象侧有玉女同行，分别代表了七宝中的三宝：珠宝、象宝、玉女宝。与之对称的场景，绘有驮着摩尼宝珠的骏马，身侧有武将同行，代表着珠宝、马宝、典兵臣宝。

在这幅经变壁画中还有老人在坟墓的场景。在未来的弥勒佛国，老人的晚年过得幸福安康，即使临近死亡也是善终，没有疾病困扰，也不需要有人伺候，他自己就可以到提前建好的坟墓中去，淡定地坐在那儿与子女告别。这种对于死亡的解释，是身处磨难的人们对未来佛国的一种美好向往。世界上很多宗教都会给众生勾画出一个美妙的未来蓝图，希望信众们有信心、有耐心等待理想国度的来临，以便在那里获得永生。

第 25 窟大约开凿在吐蕃时期，是因为窟内出现了毗卢遮那佛题材。毗卢遮那佛被两个佛教宗派奉为最高的佛，一个是华严宗，一个是密宗。在华严宗里他是报身佛，在密宗里他是大日如来，即法身佛。虽然这两个宗派信奉的主佛一样，但形象各不相同。在密宗里，毗卢遮那佛居于世界中央，身边围绕着众多的佛、菩萨、护法神。敦煌莫高窟（元代）第 465 窟的窟顶中央表现的是大日如来，覆斗顶的四坡面表现四方佛，共同表现着密宗的世界中心。榆林窟第 25 窟正壁（东壁）有《八大菩萨曼荼罗经变》，表现的是位于四方佛周围的八大菩萨。其中的毗卢遮那佛结跏趺坐，着菩萨装，头上戴冠，双手于腹前施禅定印。这是唐代密宗毗卢遮那佛的特征之一，开始于盛唐时期。

在唐代开凿的第 15 窟，有一个绘制于吐蕃时期、非常珍贵的尊像画（图 34）。在未深入研究前，人们曾一度将

图 34　甘肃安西榆林窟第 15 窟前室北壁宝藏神壁画

它误认定为天王。这尊像右手持金刚杵，以菩萨常用的半跏趺坐于宝座之上，很像菩萨或度母的坐姿，在藏传佛教中常有。他上身袒裸，面相忿怒，有结实的肌肉，很像力士，但装扮跟菩萨一样，也戴冠。在佛教艺术造型中，一般面相忿怒的都是天王、力士、明王等护法神。对这个造像的判定出自他左手里拿的鼬鼠。鼬鼠跟黄鼠狼同科，这个鼬鼠从嘴里吐出一串珠子，可以给人类贡献宝贝，意喻财富。在唐朝的密教经典里对该神有过记载，称他为“宝藏神”。在藏传佛教中，人们称他为“黄财神”，梵文名字叫 Jambhala，在西藏地区非常流行，但是在唐朝汉地佛教艺术中并不曾出现。因此，我们推测这个壁画的创作者有可能是来自西藏的工匠。

二、五代榆林窟

五代时期榆林窟继续开凿，工匠们基本遵循了中晚唐时期的特点。第 32 窟是中心佛坛窟，窟内中央方形佛坛，坛上安置一组造像，现坛上仅存一尊结跏趺坐佛像，身体表面经历了后代多次修补和彩绘，已不再有初塑时的优美。与第 25 窟一样，窟顶呈四面坡形，窟顶与四壁交接处的壁画保存状态不佳，好多地方都已脱落。窟内四壁绘制有经变画，非常精美。窟门两侧分别画《文殊变》和《普贤变》，下部为中唐时期开始流行的屏风画。门上画以地藏菩萨为中心的《地狱变》。在唐、五代、北宋时期，榆林窟的佛教艺术风格基本与敦煌莫高窟保持同步，在敦煌流行什么，这里也流行什么。

东壁南侧的文殊骑狮图，整体内容十分丰富，形成了一个单独的说法图。画面表现与一般的文殊出行场景不同。敦煌莫高窟的文殊、普贤变图像，通常像一个行进的队伍，文殊、普贤各带着一众人等在山中前行，向着窟门方向对称排列。第 32 窟的这幅《文殊变》图呈现的是一个静态的场景，整体结构与《弥勒下生经变》相似，文殊坐于中间，顶上放出光芒，两侧各有一排胁侍菩萨像，后面还有一些前来闻法的弟子、天人，共同排列呈一个“凹”字形结构。在四周还绘有与文殊有关系的一些情节故事，可惜年代久远，画面风化严重，榜题也模糊不清。

东壁北侧所绘的是普贤骑象图，布局与《文殊变》基本一致。普贤坐在中间，两侧都是他的胁侍弟子、天人等，周围描绘的是流传于西域的一些佛教史迹故事。该图下方是连续的屏风画。

窟门上方是在莫高窟没有出现过的题材《地狱变》。五代时期出现的地狱变内容，所根据的是当时中国人自己编写的伪经——《十王经》，叙述地狱十王审判。印度传来的佛教中，并没有像中国人所构想的那种复杂的地狱结构，如人死后七七四十九天之中，有小鬼拉到十殿阎王那儿去报到并接受审判，还有小鬼会变着花样惩罚你。然后先过奈何桥，再喝孟婆汤，让你忘却一切记忆去投胎转世。这样的传法都是中国人自己编造出来的。在印度佛教中，只提及人死后有一个七七四十九天的中阴期。而佛教经典中记录了一个与解救地狱众生有关的人物，就是地藏菩萨。在唐代，地藏菩萨开始出现于佛教艺术中，有三种形象：头顶有肉髻的佛形象、普通菩萨样、僧人样。《地藏菩萨本愿经》上说，地藏经常变化作沙门形，也就是僧人的形象。所以，在唐代及其以后，流行僧人样的地藏菩萨像。地藏菩萨通常左手托一个宝珠，寓意救度众生；右手拿一个锡杖，可叩开地狱之门。在古代，锡杖是僧人的一种法器。和尚们通常持一个锡杖，托一个钵去化缘。走到普通人家门外时，摇响锡杖，人们就知道外面有和尚来化缘了，就会拿饭菜出来供养，或用物质施舍，以换取和尚的法施舍，帮助解脱，这就是善有善报。

地藏菩萨法力强大，可以救度六道轮回里的众生，特别是坠入地狱里的人们。在唐朝时，就流行造观音与地藏组合的造像，龙门石窟、南响堂石窟就有此类造像。这是中国人的权宜做法，因为如果你做了好事，观音会救度你到西方极乐世界去；如果你做坏事坠入地狱，地藏会专门来救你。在唐代，地藏菩萨往往和六道轮回题材在一起表现。唐朝以后流行中国人所编写的伪经《十王经》，在敦煌藏经洞里曾发现有 5 种。在敦煌莫高窟藏经洞中还发现有《十王经变》图，地藏菩萨作为十王之首居中而坐，两侧各有五王，由他们依次审判堕入地狱的灵魂。第 32 窟的这幅壁画，就以地藏坐于中间，周围有很多地狱小鬼在对犯错的人们进行惩罚，如下油锅等，信佛的人看到这个场面，一定会觉得恐怖，就会希望地藏菩萨来救自己。所以，当时的人们以壁画的形式来告诫信众，不要做坏事，不然你会下地狱的。一旦下地狱了，你就只能祈求地藏菩萨来救度。这种地狱题材画作是比较新的内容，在五代以后广为流行，在敦煌、四川等地均有发现。

五代时期，榆林窟的供养人像与敦煌莫高窟一样体量都变大了，而且表现的对象多是当时的达官贵人。第 16 窟甬道两侧壁保存着曹议金和回鹘夫人供养像，像侧有榜题，赘列了很多头衔。画面上的曹议金戴着五代至宋时期流行的方形展角幞头帽，着红色圆领宽袖官服，系着腰带。曹议金是曹氏敦煌政权的创始人，914 年，他接替张家取得敦煌瓜、沙两州的军政大权，其后代延续统治该地区一百二十年，直至西夏入主河西走廊地区为止。

据记载，曹氏敦煌政权军力十分薄弱，但他们善于审时度势。先是取消了张氏敦煌国称号，归附于中原的五代王朝；同时与东部的回鹘、西部的于阗国联姻，消除周边地区的威胁。因此，在曹氏政权时期，瓜、沙两州歌舞升平、平安稳定。在第 16 窟甬道北壁，画着回鹘夫人像，我们推测就是曹议金迎娶的回鹘可汗的圣天公主。

三、北宋榆林窟

北宋时期（960—1127），瓜、沙两州仍然是在曹家统治之下，榆林窟其间陆续开凿了一些新窟，有不少洞窟延续了中心柱窟形式。第 17 窟就是北宋时期开凿的中心柱窟，但它的壁画有些可能绘制于西夏时代，比如窟内侧壁的尊像画，菩萨们呆板地排列成一排。在壁面和窟顶上还画着成排的坐佛、坐菩萨，与在敦煌莫高窟发现的一些西夏洞窟壁画十分相似。壁面的最下部绘着壶门，装饰成古代人睡床侧面的装饰，好像这些尊像都是位于一个大床上。所以，我们推测这个洞窟可能是北宋开凿的，在西夏将它重新抹泥绘制了现存的壁画。

第20窟中所保存的水月观音壁画，在敦煌莫高窟里没有见到过，而后者的水月观音像最早是西夏时代（1038—1227）的。水月观音的现存最早之例是在晚唐时期的四川绵阳圣水寺石窟，五代时期逐渐增多，北宋后在中原地区开始流行。水月观音造像是什么时候创造出来的呢？据说是盛唐时候的著名画家周昉创作的。周昉是唐朝重要的人物画家，其流传至今的作品也多为人物画，如《簪花仕女图》《挥扇仕女图》等。据说他妙创水月观音之体。这种图像，将观音放在山景之中，前面有荷花池，背后以山、竹作衬，整个布局如中国的山水画一样，非常宁静、优美。

第20窟中的水月观音，具备了我们所见过的水月观音的一般特征。他身后有圆光，像个大月亮一般，能映到面前的水里，观音目视水中，仿佛是在看水中月。为什么要造水月观音像呢？有种说法是表示佛家讲的“空”。水中月，镜中花，皆是空的东西，都是虚无缥缈的，象征着我们人世间所有繁华、幸福最后都是空的，所以不要太执着，更不要为了它们而做坏事。人生几十年，转瞬即逝，应珍惜当下，行善积德。

据史料记载，密教经典的翻译经历过两个时期。第一个是在盛唐开元时期三大士来华时期，第二个是11世纪的北宋时期，很多印度僧人翻译了大量同本异译的密教经典。因此，在宋代，密教图像十分流行，如第39窟的这个多臂观音像，就是典型的密教观音，他的每个手里都拿着一件法器。在唐代翻译的密教经典里，曾把千手千眼观音根据功能分解成不同的形象，即让他成为多种观音，每种手里都拿一件不同的法器，如持莲花的观音、持宝珠的观音、提篮子的观音、拿印的观音、拿净瓶的观音，等等。虽然唐朝密典里记载了这些观音，但到了宋代，才有人将多种观音造出来，在四川地区就有不少类似造型的观音像存世。

四、西夏榆林窟

西夏时代瓜、沙两州地区的人们，继续在榆林窟开凿洞窟、绘制壁画，大做佛教艺术活动。西夏人开凿的洞窟不多，主要是在前朝洞窟里进行修复，在壁上抹泥重新绘制壁画，但画的内容多为比较单一的图案画或尊像画。第10窟即是这样的西夏洞窟，在窟顶上绘了许多连续的图案，形象单调、呆板。这种表现形式在敦煌莫高窟西夏洞窟中也十分常见。

第2窟是西夏新开凿的洞窟，也是榆林窟的代表作之一。窟门南北两侧对称地画有一大幅的方形水月观音图，都是向着门的方向坐着，却与一般佛教寺庙壁画中的水月观音不一样。观音呈游戏坐姿，身体略向后靠，头往上看，望着画面上角处的明月。观音身后是中国传统的青绿山水，而山像太湖石一般，后面还有竹子，明显不属于印度的山景。门北侧的水月观音前面画有善财童子驾云前来参拜。传说善财童子原是印度的一名富家小孩子，因为他前世的时候供养了很多佛，所以转世后家里就很富有。在他七八岁的时候就曾经拜访过53个善知识，他们都是有知识、有教养，善良、慈悲的人，其中最著名的就是我们所熟知的菩萨，如观音、文殊、普贤等，还有一些是普通人。长大后他造了很多善业，成为一个善良又富有的人，所以大家就管他叫“善财”。这种善财童子随侍观音的做法，在后期的观音造像中被工匠们广为运用。

与之对称的另一幅水月观音壁画表意相似，但区别是多了两只鹦鹉。鹦鹉在佛教里面是很有灵性的鸟，据说它可以传播佛法、领会佛法，还善解人意。画面上所呈现的鹦鹉飞的方向是南方，而南方寓意观音常住的南海。从西夏开始，特别是明代以后，很多观音的画面都以一名善财童子、一名龙女、一只鹦鹉来胁侍。目前发现的壁画中，用鹦鹉陪伴观音最早的年代也就是西夏。在中国绘画史上，这两幅水月观音像对于研究西夏晚期的绘画风格，以及观音图像，都很有价值。

在门北侧水月观音画的右下角，出现了唐僧和猴行者拜观音的场景。北宋民间盛行杂剧表演，题材有神话和历史故事，其中就有唐僧取经故事。唐僧一个人取经，在舞台表演上呈现太过单一，民间的艺术家们就创作出了一个猴行者作他的徒弟。这幅西夏观音画是迄今我们所发现的最早的《西游记》题材图像，说明当时西夏的佛教文化和社会文化受北宋影响很深。

第2窟南壁东侧有一幅汉藏合璧风格的壁画，表现的是佛在说法，旁边有两尊坐姿大菩萨，他们的前后还有很多闻法者。这幅画面颜色对比非常强烈，各色相对鲜艳，是典型的藏传佛教绘画表现法。但画中的佛、菩萨样式却是宋代的。在西夏晚期，艺术家们开始接受藏传佛教影响，这样的汉藏合璧艺术也就应运而生了。

与第2窟紧挨的第3窟同样开凿于西夏时期，也是一所汉藏合璧风格的洞窟。其中的藏传佛教风格壁画色彩有强烈对比，而同窟的汉传佛教风格壁画色彩都偏淡雅、柔和。在窟门的两侧，继承了北宋至五代的特点，分别画巨幅的《普贤变》和《文殊变》，都是以场面宏大的中国山水画为背景。在《普贤变》中，月夜笼罩下的山水间有寺院，画面中央是普贤菩萨骑着象、驾着云，带着一帮随行走着，善财童子位于众人的右下角。细看此画，笔法细腻生动，使用了曲折的线描法，使衣带有飘动之感，很有“吴带当风”的韵味，可以想象唐朝吴道子的画风不仅延续到北宋，还影响到了西夏。另外，我们再来看人物的造型，匀称的身体比例，使用不同的线描画，背景山水还采用了皴法，以表现山的立体感。中国画中的皴法有多种，画家们用不同的皴法来表现不同事物的质地，如木头、山石、云彩、水等质地不同，用的皴法就有所不同。在这幅图中所使用的皴法就表现得非常挥洒自如，与此图对称的《文殊变》也以同样的画法表现得惟妙惟肖，使学者们感叹这两幅壁画达到了西夏绘画史的最高水平。

在《普贤变》图左侧一小岸上，站着唐僧和猴行者，好似是在他俩取经的路上，正好遇到了普贤一行经过，他们站在那里向着菩萨遥拜行礼。榆林窟第2、3窟的唐僧和猴行者形象，是研究早期《西游记》原型的代表作。

但是，第3窟壁画的整体布局受藏传佛教的影响更深。在窟顶中央的圆形面中画着藏式曼荼罗（坛城），而在地面中央则砌着一个八角形的坛，上面安置着一组塑像，以一尊结跏趺坐佛为中心，围绕他的是四菩萨，下方还有一周护法神，形成一个简单的立体曼荼罗，与窟顶上的曼荼罗相对应。在围绕中心坛的洞窟四壁，交替绘制了汉藏风格壁画。这种在窟顶绘制坛城的做法，在莫高窟元代洞窟中也有。作为一个汉藏合璧风格的洞窟，第3窟对研究早期西藏佛教艺术非常重要。在第3窟四壁的壁画中，藏式壁画通常表现坛城，而汉式壁画则表现经变。密教曼荼罗共有两界——金刚界和胎藏界。在第3窟南壁西侧就画着一幅胎藏界的曼荼罗，形如方城，每边有一个城门，城中间坐的是毗卢遮那佛，着菩萨装，戴宝冠、项链。他的四周围有四方佛，再外围本是八大菩萨，但为了对称，只画了四个菩萨。在该壁画下方有一组西夏彩塑罗汉像，但比起此窟的壁画水平就逊色多了。

第3窟西夏汉式经变画跟唐朝经变的不同点在于描绘着大量的建筑，好似一个深宫大院里发生的佛教场景。佛坐宫殿中说法，一层层汉式建筑围绕着他，这种布局与酒泉文殊山万佛洞的西夏壁画相似。榆林窟离酒泉不远，在同一时期都画出这样深宫大院似的经变画，应该是西夏汉式经变画的特色。

西夏壁画里还有一些藏传佛教的尊像画。第29窟有一幅护法神金刚手菩萨壁画，很像一个小男孩，面相忿怒，个头低矮，上身袒露，下身穿虎皮短裙，迈着弓字步，右手执金刚杵上扬，左手向下执一蛇，蛇的一头含在嘴里。在密教里，金刚杵是一种法器，两头各有三钴，象征着所向无敌、无坚不摧的智慧和真如佛性，它可以断除各种烦恼，摧毁形形色色障碍修道的恶魔。

在第29窟的壁画中还有很多西夏供养人像，对我们了解西夏人的服装、精神面貌都很有帮助。在南壁东侧画着一位国师，端坐于坛上，下面有两排随从，后面还有人给他撑着伞盖（图35）。他头戴五佛冠，穿的衣服有两层，外层是件袒露右肩式大衣，里层是一个交领式的半袖衣，这样的服装很像藏传佛教喇嘛们穿的。在西夏晚期，西夏皇帝曾雇了一些藏传佛教喇嘛作为国师，根据这位国师的服饰、样貌，我们推测他可能是个藏人。这幅画常被研究西夏佛教艺术的书籍呈现，十分珍贵。

第29窟对我们研究西夏人物特征很有帮助。如东壁南侧绘的西夏贵族男子形象，在左上角有关于他的西夏文榜题，后面跟了一些髡发的随从。西夏男子有髡发习俗，就是把头顶的头发剃掉一块，与汉族人蓄发传统不一样。另外，这些侍从的体量较小，是汉族流行的等级制画像法，唐代阎立本画的《历代帝王图》中就有这样的人物表现法，是为了显示人物的等级不同，即以体量大来突出皇帝的伟大，将其随从画得较小。由此可见，当时西夏的文化、宗教、艺术与汉族关系密切，也就是深受北宋影响。

图 35　甘肃安西榆林窟第 29 窟南壁东侧西夏国师壁画

五、元代榆林窟

在元代，榆林窟开凿洞窟不多。第 6 窟中有一幅蒙古供养人壁画，推测在元代时期这对夫妇修补了该洞窟的一些内容，就在壁面上画了自己的模拟肖像。夫妻两人并坐在床榻之上，都是蒙古贵族的打扮，妻子戴着蒙古女子特有的高冠。他们两人的身旁各有一位仆人，体量小于主人，也是采取汉族等级制的表现法。

元代开凿的第 4 窟保留了榆林窟传统佛坛窟的形制。在窟内正中设有“凸”字形佛坛，坛上安置了一组彩塑像，以坐佛为中心排列，呈一简单的曼荼罗。窟内四壁的壁画内容主要表现藏传佛教神祇，以分格的方式表现，布局很像晚唐、五代时期莫高窟壁面上的分格画经变，只是用来画藏族的尊像。每一幅尊像壁画的整体布局很像西藏唐卡，在中心画一位神祇，四周画一圈与他有关系的附属神灵。北壁西侧的一幅绿度母画像就是这样的布局，绿度母半跏居中而坐，一腿盘

图 36　甘肃安西榆林窟第 4 窟元代八臂观音曼荼罗壁画

起来，一腿下垂，身体呈“S”形扭动，身体肌肤呈绿色，周围是与他有关系的神祇。相传度母是由观音菩萨的眼泪化成的，所以有很多特征跟观音相似。度母有 21 种，各有不同的颜色。绿色在藏传佛教里代表降魔色，所以绿度母的法力很大，可以降服妖魔，给人间带来太平。白度母的坐姿与之不同，是结跏趺坐，身体呈白色。壁面上还有一幅八臂观音曼荼罗壁画，将八臂观音置于传统的坛城中央，周绕八尊护法与胁侍（图 36）。因此，这个洞窟很可能表现的也是一个立体曼荼罗，与前述开凿于西夏时期的第 3 窟相似。

六、结语

安西榆林窟可以分成五期，唐代、五代、北宋、西夏、元代，相应的年代和莫高窟的相似，且各期都是在相同的政权统治之下。唐朝的洞窟形制有中心佛坛窟，壁画以经变画为主。在唐代吐蕃统治时期，榆林窟仍受本地汉族传统艺术的影响，也创作了一些新的壁画题材，如第 15 窟中发现的宝藏神，是莫高窟没有的藏传佛教神祇。五代至北宋中期，壁画仍然以经变画为主，但壁画上的供养人像较前朝体型高大，突出了他们的高贵身份。西夏时期开凿的洞窟不多，但修补了很多原有洞窟，并以汉藏绘画风格结合的方式表现。榆林窟的西夏壁画，是迄今在中国境内发现的西夏佛教壁画保存最好、水平最高的壁画，以汉藏合壁的形式，表现着经变、曼荼罗、尊像画。在这里，我们既可以看到藏式壁画强烈色彩的丰富碰撞，又会欣赏到同一个窟里面的汉式文殊、普贤菩萨的淡雅端庄。元代的榆林窟继续以藏式曼荼罗、尊像画绘画为主要题材，还将有的洞窟表现为一个立体的曼荼罗坛城，象征着藏传密教的万神殿。

永靖炳灵寺石窟

永靖炳灵寺石窟，位于甘肃东部临夏回族自治州永靖县西南的积石山中。2014年，炳灵寺石窟作为中国、哈萨克斯坦、吉尔吉斯斯坦三国联合申遗的“丝绸之路：长安—天山廊道的路网”中的一处遗址点被列入《世界遗产名录》。

积石山依山傍水，风景秀丽，当地人称“不是桂林胜似桂林”。积石山下原本只有山涧溪流，在修建刘家峡水库后，形成了更为秀丽的山水，人们可以从刘家峡水库的玉女峰沟口乘船进入炳灵寺石窟的所在地。与大多数的石窟群一样，炳灵寺石窟的开凿同样经过精心的选址。石窟前的山沟叫大寺沟，石窟主要开凿在一侧的山崖之上，过去的炳灵寺文管所就设置于石窟对面，后搬迁至沟外。由于修建刘家峡水库，搬迁了石窟所在山崖下方的一所卧佛窟，现陈列于石窟山崖的对岸。

大寺沟以及周围的小积石山，在唐代就已经声名远播。唐高宗至玄宗年间的小说家张鷟（660—740）的代表作传奇小说《游仙窟》，背景就是此地。故事讲的是一位刚刚获得官位的年轻书生，在去赴任的路上误入了一个叫“神仙窟”的地方。他误打误撞进来时已是傍晚，意外地发现有一群长得美丽动人的仙女住在这儿，由一位岁数比较大的中年女子照料。因为这里从未有男性来过，所以她们觉得很新奇。仙女们邀请书生加入自己的欢宴，席间上了很多菜，在小说里都被一一详细记述，对于唐代菜品感兴趣的朋友，可以此小说来借鉴。在欢宴过程当中，众多女孩里有一个长得特别漂亮的仙女，与书生情投意合，在那位中年女子的撮合下，两个人做了一夜夫妻。到第二天早上，书生与仙女依依惜别，继续赴任，从此再没回来。在小说里，这个地方叫小积石山“神仙窟”，可知在当时的唐朝人眼中此地就像仙境一样，有仙人们在这里修行，到访此地会得以遇仙缘。实际上，这个地方在当时已经是香火非常旺盛的佛教石窟寺院，被称为龙兴寺。这就是有关炳灵寺石窟最早的传说之一。

炳灵寺石窟所在的积石山，由古人根据周围的环境地貌而命名，其最早的历史可追溯至十六国晚期。那时，后秦国的首都设于长安，其版图基于中原地区，西边到天水，跟西秦国接壤。西秦是十六国晚期的一个小国家，它的西边是北凉国，以凉州（今甘肃武威）为中心。炳灵寺石窟的开凿历史最早可追溯至西秦时期，后历经南北朝、隋、唐、五代、元、明、清各朝代营建、修葺，形成了我们今日所看到的规模，整个区域合计有 196 个窟龛（图 37）。

图 37　甘肃永靖炳灵寺石窟外景

一、西秦炳灵寺石窟

炳灵寺的历史可追溯至西秦，其最核心的支持是来自第169窟中第6龛的题记“建弘元年（420）岁在玄枵三月二十四日造”。这一题记也是迄今为止中国现存石窟中最早的造像题记。提及西秦时期的炳灵寺，其169窟最有代表性。炳灵寺第169窟依自然形成的溶洞修建，其他洞窟则多开凿在崖面下部。想要看第169窟，需要先登上一段栈道，而现存的栈道为现代修复，原有栈道据推测毁于清代同治年间。因为栈道长时间缺失，让第169窟在后续的战争年代得以保存，没有受到外界的侵扰。20世纪50年代初，国家文物工作者对炳灵寺作了一次调查，在《文物参考资料》上发表了一篇简报。1962年，在对炳灵寺进行第二次调查的时候，文物工作者用坠绳进入了第169窟，才发现了这所庞大的石窟和西秦题记。

第169窟西秦题记的发现，是中国美术史及中国佛教艺术史研究的重大发现。这个题记不仅是全国石窟迄今发现的最早题记，确立了炳灵寺石窟作为中国有确切年代的最早佛教洞窟的地位，里面保存的大批佛教艺术题材，如《维摩诘经变》、无量寿佛、观世音菩萨、药王佛、十方佛等，都为我们研究同类题材提供了珍贵的最早确切纪年材料。与许多石窟造像题材相关的内容，都可以追溯到这里。

第169窟是由流水冲刷而成的自然溶洞，在流水的长年浸蚀下，自然形成了一个窟口呈倒梯形的洞窟。目前发现的比较早的遗迹在洞窟的北壁和东壁，“建弘元年”的题记就发现于东壁靠北处的第6龛，包含有丰富的西秦彩塑和壁画内容（图38）。420年前后，很多地方开始崇拜无量寿佛，第6龛正中的主佛就是无量寿佛，也就是阿弥陀佛。他有两个胁侍菩萨，左边大势至，右边观世音，共同组成了“西方三圣”。从艺术风格来看，这组造像主要受印度笈多风格的影响，人物的面相圆润，大衣显得比较单薄，紧贴身体，就像出水一样，透过贴身衣物，衬托出人的优美体型。但是，笈多风格也吸收了一些犍陀罗的影响，比如，主佛像

图 38 甘肃永靖炳灵寺石窟第 169 窟第 6 龛

所着袒裸右肩式大衣，并有衣襟包裹右肩与右臂，与阿富汗地区发现的犍陀罗佛像服装相似。观世音菩萨上身袒裸，着斜披络腋，对后世北魏的菩萨像有影响，对研究北魏中期的佛教造像意义重大。在云冈石窟早期的佛和菩萨像的体型、坐姿、服装等方面，我们都能在这里找到相似的因素。

第 6 龛采用塑绘一体的方法。先用木骨泥墙做龛，在龛内塑像，然后在像的背面画天宫伎乐、十方佛等题材的壁画。第 6 龛的所有壁画题材几乎都有墨书题记，“建弘元年”题记就位于龛的左侧壁上方。题记所在的地方正好位于通风口，很容易被风化，使得题记的前半部分残损。但巧的是，纪年文字在题记的最末端，才得以保存完好。将纪年写在题记的最后，是很多题记的规律，一般在开始都写为了什么原因做了这个项目。“建弘元年”的后面还有“岁在玄枵”四字，因此有的学者认为其年代不是建弘元年，而是建弘五年。但是多数学者并不认可这样的看法，因为题记中“元年”两字非常清楚，绝没有笔误。

从第 6 龛的西方三圣塑像向东壁延伸，分别塑有三世佛立像，以及两个体型更为庞大的立佛像。此两立佛像虽然无题记佐证，但是我们推断其表现的可能是释迦牟尼、多宝佛，或者是双释迦牟尼像。这些彩塑佛像仍然表现着笈多风格，因为他们的面相不像欧洲人，所穿的大衣单薄，紧贴身体，表面有抽象而不写实的阴刻线衣纹，衬托出身体的外形。彩塑佛像后面有壁画，表现头光、身光。西秦的三世佛彩塑像，大衣有两种形式，一种是袒裸右肩式，另一种是通肩式，都是来自印度的佛像服装。

紧邻三世佛塑像的是一个面积庞大的壁画区，题材繁多，略有统一的规划。中心是一幅较大的一佛两菩萨说法图，上方环绕着很多小千佛以及两位飞天。在主佛的右侧有跪姿合掌的大梵天形象。大梵天在印度教里是最高的创造神，但在佛教里只是一个护法，他经常劝请佛来说法。因为这幅壁画没有题记，所以对这个大梵天形象的认定只是来自学者们的考证。这组壁画的画法与克孜尔石窟的一些人物画法类似，既有线描也有晕染，即在人物的面相、肌肤部位作浓淡变化的晕染，给人以凹凸不平的立体感，仿佛人物要从墙壁里出来一般，还在面部的眉、眼、鼻处描白，以提高光。这种画法叫“凹凸画法”，也叫“天竺遗法”，来自印度。

再来看东壁一幅体量较小的坐佛并两菩萨像壁画，画中还有飞天和供养人。这幅壁画风格纯粹是汉式的，佛的面部是白色的，其他人物的面部是肉色的，全部采用线描技法，没有晕染，并且附有榜题，标明身份。其中的女供养人所着为汉族服装，使我们可以看到强烈的汉族文化印记。

在第 169 窟东壁西秦壁画中，有一幅绘着一位菩萨在床上躺着的画，旁边有一名侍者，两人位于一个床帐之中，能感觉到菩萨在床上休息。榜题上写着“维摩诘之像”。维摩诘据传是佛在世时候的一名居士，他家财万贯、妻妾成群，但他把物质看得很淡，虔诚修行。当时龟兹高僧鸠摩罗什在后秦长安翻译佛经时，所译之经一本叫《维摩诘所说经》，记载的就是有关这位居士的事迹。此经译出后，立即影响到全国各地，风靡一时，而且影响到后世。于是，维摩诘的题材在南北朝的很多壁画、石窟中被大量运用，炳灵寺第 169 窟中的这幅壁画是迄今为止我们发现的最早的维摩诘图像。据说当时鸠摩罗什翻译出《维摩诘所说经》后不久就去世了，他死于413年，而这幅画绘制于420年，即在鸠摩罗什圆寂几年后，西秦的艺术家就根据这部经书创作了这幅画。虽说维摩诘只是居士，但是那时的创作者将他画成一个菩萨，可见当时大家认为他已经达到了菩萨的水平。

根据《维摩诘所说经》记载，维摩诘通晓佛理，常喜欢跟佛的弟子辩论。有一天，他故意装病，想引出佛弟子来探视他，趁机跟佛弟子辩论一番佛法。但所有佛弟子都知道他是在故意装病，也知道他很善于辩论，所以都不敢去。最后没办法，佛就让弟子里面智慧第一的文殊菩萨去看望他，并与他辩论。于是文殊菩萨和维摩诘就在一块对坐说法，场面轰动一时，好多人都来听他俩的辩经。他俩不相上下，最后一起回到了佛的跟前，请佛来解答他们的问题。在云冈、龙门石窟的北魏雕刻中，就有不少维摩诘题材的造像，通常都会表现他们两个在一起辩经的场景，而且维摩诘是居士打扮。而像炳灵寺第169窟这样在床上躺着的菩萨形象维摩诘，是迄今发现的唯一一个。随着后世佛教汉化程度的加深，维摩诘都会以一个汉族居士的形象出现在佛教艺术作品中。

在第169窟的西秦壁画中有很多汉族供养人题记，可以看出有很多汉族人参与了这里的艺术创作，如翟、张等汉族姓氏。有一个题记中的供养人姓乞伏，则是西秦王室的姓。还有一些高僧参与，有一位叫“昙摩毗”。“摩”和“无”在中国古代是可以通用的，特别是用于僧人名字的时候。因此，昙摩毗有可能就是昙无毗。昙无毗是在《高僧传》里出现过的名字，据说他是从西域来的僧人，在中国内地礼佛说法，先后到过后秦、北凉，也曾路过西秦。通过题记记载，学者们推断他应该是来过炳灵寺，这也使得他的供养壁画非常珍贵。

在第169窟的高僧题记中，还有一位僧人叫“比丘法显”，跟东晋的著名僧人法显名字一模一样，曾引起学者们的热烈讨论。有的人认为他与东晋法显应是同一人，有的学者则认为不是，理由是第169窟法显供养壁画的时代应该是420年前后。不过，第169窟有420年题记的第6龛壁后土层发现有火烧过的痕迹，推测可能在更早的时候该窟内就已经开始塑像绘壁画了。因此，第169窟开始艺术创作的时间可能在413年以后，即鸠摩罗什去世后不久。然而，420年只是重修的时间，而法显供养壁画的泥层是420年重修的，所以它的年代只能是420年或更晚的时间。如果法显确实来过炳灵寺，也只能是在 390 年前后从东方西去印度取经的时候，路经此地。所以，西秦壁画上的法显应指别人，不是东晋法显，而且自古以来僧人名字重复的很多。

曾有学者认为第 169 窟的西秦塑像艺术风格主要是受犍陀罗影响，附带一些笈多风格的影响，但从塑像和壁画的总体风格来看，我更倾向它们同时受到了东西方的双重影响，其中东方影响的比重更大。西秦只是偏安西北的小国，本身并无佛教基础，只是东西方僧侣往来的中转站，得以接受佛教。炳灵寺第 169 窟中有些佛教题材就来自东方，如《维摩诘经变》。在与西秦同时期的后秦国首都长安，鸠摩罗什带着弟子们翻译了一大批大乘经典，再加上来自东晋南京翻译的大乘经典，就形成了西秦佛教艺术创作的经典依据。而第 169 窟的一些艺术风格则明显来自西域。例如：东壁西秦壁画中坐佛头顶画一树冠，其源头是犍陀罗艺术，但是犍陀罗佛像头顶的树冠通常是写实的，而第 169 窟壁画中佛像头顶的树冠却是抽象的表现形式，呈连续的团花，则来自西域，这在克孜尔石窟壁画中可以见到。与此同时，壁画中的榜题则是传统的汉族艺术因素。榜题的做法最早见于汉代画像石，如山东武梁祠画像，每一个人物旁边都有榜题，标明其身份。这不是印度的传统。因此，第 169 窟是迄今发现最早的融合了西域与汉族元素的佛教洞窟，这与西秦所处的时代背景和地理环境密切相关。西秦王尊后秦皇帝为其宗主，当时作为中国北方佛教中心的后秦对西秦的佛教艺术风格、题材影响都十分深远，它又是西域与长安僧侣来往的必经之地。

从东晋、十六国晚期的局势图来看，当时的西秦和后秦土地接壤，西边是北凉。西秦是依附后秦建立的，西秦国主乞伏氏由后秦皇帝封官，而后带兵返回建国。西秦复国后，拜后秦为其宗主，与后秦保持着良好的关系。西秦国主曾在长安短暂停留，时间正好就是鸠摩罗什翻译佛经的时候。虽然尚无史料证明西秦国王与鸠摩罗什有什么密切联系，但是我们推断他们当时肯定领略过鸠摩罗什的宏伟佛教事业。在长安弘法的鸠摩罗什门下弟子数千，每次说法都有几千人参与，总共翻译佛经三百多卷，奠定了中国翻译佛经的基础。在中国历史上，最伟大的两位翻译佛经大师，一个是鸠摩罗什，称为前译；一个是玄奘，称为后译。拥有鸠摩罗什的后秦长安，是当时北方的佛教中心。后秦灭亡以后，鸠摩罗什的弟子一部分人南下到了东晋的刘宋朝，以慧远为代表，影响了南朝佛教发展。另一部分人去了北魏，充实了北边的佛教传播。随着北魏后来统一中国北方，鸠摩罗什一派佛法对中国南北朝佛教的影响达到了鼎盛，而炳灵寺西秦佛教艺术作品为我们研究鸠摩罗什一系佛法的源流提供了珍贵的实物资料。

二、北魏炳灵寺石窟

北魏统一北方以后，工匠们继续在第 169 窟进行创作，主要在窟内南壁和西壁发展。仍然是搭木骨泥墙，在前面塑像，并绘壁画。例如：位于南壁的两尊着通肩式大衣的坐佛像，面相浑圆，体型健硕，深受笈多式造像风格的影响，大衣紧贴着身体，衬托出身体优美的外形，衣纹仍然是不写实的阴刻线。这两尊佛像可能制作于北魏中期，即 5 世纪中期。

同为北魏中期的还有炳灵寺第 172 窟。该窟位于第 169 窟的北侧，即唐代大佛头的左上方，也是一所天然溶洞。在侧壁之上，有石胎泥塑的结跏趺坐佛与两胁侍立菩萨。个别学者认为这组塑像属于西秦，但是多数学者认为属于北魏中期。北魏中期的佛教造像特点是体型比较健硕，很有力度，面相较方圆，第 172 窟的这组泥塑像就是这样的，有着笈多风格的影响，但影响的直接来源应是那时的北魏首都平城（今山西大同）。

到了北魏晚期，即孝文帝迁都洛阳以后，炳灵寺的开凿造像事业就转移到了崖面下部。北魏晚期炳灵寺艺术有两种方式，一是开窟，二是开龛。开龛就是开一个龛，在龛内雕刻像。第 132 窟是那时开凿的一座较大的洞窟，环正、左、右三壁凿有倒“凹”字形坛，在坛上雕像。在北魏晚期的石窟中，最常见的做法是在正壁造一坐佛并两弟子或两菩萨像，两侧壁再各造一立佛，形成三世佛题材，但炳灵寺的做法有其特点。与龙门石窟的平面马蹄形三壁环坛窟不同，第 132 窟的平面呈直角方形。另外，第 132 窟三壁坛上的雕像全是以坐佛为主，位于正壁的主尊是释迦牟尼佛、多宝佛并坐（图 39）。根据鸠摩罗什翻译的《妙法莲华经》

图 39　甘肃永靖炳灵寺石窟第 132 窟正壁释迦牟尼佛、多宝佛并坐像

记载，多宝佛是过去佛，有一天他说："我喜欢听《妙法莲华经》，但是现在没有人说。在我涅槃以后有人说此经时，我希望能出来听听。"他涅槃后，人们把他葬在一座塔里。后来，释迦牟尼出世，于灵鹫山说《妙法莲华经》时，突然从地下涌出一个塔，多宝佛坐在塔里，把塔门打开，邀请释迦牟尼进去就座说法。于是，释迦牟尼就进入塔内，与多宝佛并坐，讲说此经。自《妙法莲华经》译成之后，流行于当时的南、北方。于是，释迦牟尼与多宝并坐像大量出现于北魏石窟之中。我们可以看出，不同区域在开窟造像的时候，虽然容易接受佛教中心的影响，但地方工匠们并不是全盘照搬，他们会发挥自己的想象力与主观能动性，形成各地的特色。第 132 窟正壁将释迦牟尼佛、多宝佛作为主尊，在全国其他地方的石窟里是没有的。但两佛之中谁是释迦牟尼，谁是多宝，因为没有题记证明，我们无从确认。

第 132 窟的雕像使我们看到了佛教艺术创作受汉化的影响。当时人的审美观是秀骨清像、以瘦为美，喜欢穿褒衣博带，即宽博的大衣，系着长长的衣带。这种审美时尚直接影响了当时的佛教艺术创作。佛像的褒衣博带装来自当时汉族士大夫阶层穿着的平常服装，是艺术家在中国式佛像创作中的一个飞跃。迄今发现的最早着褒衣博带装的汉式佛像，是在四川茂汶县发现的南朝齐永明元年（483）造像碑。可知这种新型佛像是在南朝创作出来的，后来随着孝文帝的汉化改革，才影响到了北方，首先出现在云冈石窟，后又传到洛阳龙门石窟，再以洛阳为中心向四面八方传播，才影响到了炳灵寺石窟。穿褒衣博带装的坐佛，一般会有重叠的大衣下摆，有的有三四层之多，垂覆于佛座表面，给人一种潇洒飘逸的感觉。与此同时，菩萨的服装也在发生改变。当时的汉族人不习惯于看到上身裸露太多的菩萨像，艺术家们就给菩萨穿上长长的帔帛，从双肩垂下，在腹前交叉，或是交叉后再穿一个环。帔帛交叉后是否穿环，都属于同一个时期的艺术造型，都是典型的汉族式菩萨像服饰。

第 132 窟的另一个特殊之处，就是把释迦牟尼涅槃像刻于前壁门上。这个涅槃佛右斜而卧，右手放在自己脸的下面，后面是一群弟子举哀，动作各异，很有戏剧性。

三、北周与隋代炳灵寺石窟

534 年，北魏分裂成东魏、西魏。东魏后被北齐取代，首都在邺城（今河北临漳县）。西魏后被北周取代，首都在长安（今陕西西安）。炳灵寺所在地属北周管辖，这一时期继续开龛造像，但是佛像造型一改过去北魏时的秀骨清像，变成以丰满为美的艺术造型，如第 172 窟的五身立佛彩塑像。这种以胖为美的风格，最早起源于梁朝晚期，后逐渐影响到北方。当时东魏、西魏互为敌对，且都与南方的梁朝保持友好关系，接受着南方佛教艺术作品的影响。

第 172 窟内搭建的木阁内的一组泥塑三世佛造像，体现的也是北周风格。坐佛面相丰满圆润，头顶有低平肉髻，身躯显胖，着通肩式大衣，衣纹呈同心圆向上的阴刻线，大衣下摆垂覆座前少许。有一尊右侧胁侍菩萨像，从风格上判断应该为后世重做的。左胁侍菩萨像基本保持北周风格，有丰满的面相，身段也比较丰满，帔帛自双肩处分垂于身体两侧。下方崖面的第 6 窟也是北周作品。窟内正壁上的石雕坐佛像也是低平肉髻，面相丰满圆润，身体比较丰壮，不显身段，衣纹是抽象的阶梯状，同样呈现出典型的北周风格。

第 8 窟约开凿于隋代。位于西壁的坐佛头部已残损，表面螺髻已掉落，但仍然可以看出是低平肉髻，保持着北周时期的旧风格。隋代的佛教艺术界创作出了一种新的造像风格，就是使佛、菩萨像身段如女性般苗条纤细。这种做法最早流行于首都长安地区，后逐渐往西影响到甘肃地区。第 8 窟的佛与菩萨像就具有这样的特点。窟内四壁的壁画绘制了很多听法的菩萨像，与同时期敦煌莫高窟的隋代壁画相似，人物的身段都很苗条纤细，用线描不多，而是大量地用色块来表现。我们在前面已讲过，敦煌莫高窟的隋代壁画有疏密二体画法，而炳灵寺第 8 窟的壁画就属于密体画法。壁画中的菩萨像头戴金色宝冠，身着复杂的装饰品，帔帛与多条飘带相配合，使人物呈现出飘逸的感觉。在目前所发现的隋代壁画中，大多是说法图，表现佛在说法，旁边辅以众多的听法弟子、菩萨等人物，第 8 窟也是如此。

四、唐代炳灵寺石窟

随着唐朝的来临，炳灵寺石窟也达到了高峰期。目前炳灵寺石窟保存的大部分佛龛造像都是唐代的，特别是下部崖面众多的小龛。继承着北周、隋代的传统，唐代佛像的身材开始变得健壮，同时也更为注重表现身段美，这是唐代统一的审美时尚。第 23 龛是炳灵寺较大的唐代造像龛，内有结跏趺坐佛并两弟子两菩萨像，人物的头部都比较大。虽然比例不太协调，但都是身段健美，有着丰满的肌肉，又呈现出窈窕的身姿。与同时期龙门石窟等地的唐代造像相比，我们可以看到炳灵寺的地域特色。在唐代，一佛两弟子两菩萨并不是最多的造像组合，有的地方还会加上两天王、两力士，形成一铺九身的组合。第 23 龛内壁面和顶部绘制着以石绿色为主的壁画，如头光、背光、花草、化佛像等，用来陪衬主要的雕刻人物。

第 4 窟是一座平面呈马蹄形的佛殿窟，环正、左、右三壁下部凿有倒“凹”字形佛坛。这种形制的佛殿窟曾在武周时期的龙门石窟十分流行，推测该窟开凿于武周时期或者唐玄宗的盛唐时代。在佛坛之上雕刻着倚坐佛并两弟子两菩萨两天王像，这样的造像组合明显受到龙门石窟的影响。它也有不同于龙门石窟的特点：龙门石窟此类佛殿窟的平面都是马蹄形的，而炳灵寺第 4 窟的四角都是抹角。正壁的主尊为倚坐佛，也在唐代龙门石窟流行，可见洛阳的中央风格对这里的影响。

比较而言，第 4 窟体量较大，不像第 23 龛仅是一个小龛，所以窟内造像的身体比例比较匀称。但炳灵寺更多的唐代小龛造像都是人物头部较大，显得身材矮小，但仍是饱满而窈窕。如第 31 龛的立佛并两弟子两菩萨就是这样的风格。龛中的阿难以两手并放在腹前，胯部扭向主佛一方，这样的身姿多见于龙门石窟和长安地区的武周时期阿难像，说明了受到来自长安和洛阳地区的影响。

位于第 170 窟的炳灵寺大佛是大家最熟悉的炳灵寺标志之一（图 40）。这尊高约三十米的倚坐大佛上半身为石胎泥塑，下半身为土坯泥塑。如若将大佛全身都在崖中雕出，定要向崖中深凿才行，那样将会使工程加大一倍不止。当年的工匠们首先依山势凿崖，雕刻出大佛的头和上半身，然后以土坯堆砌，塑出大佛的两腿。因为下半身使用土坯堆塑，这一部分每隔一定年份就需要进行修复。

倚坐弥勒佛的雕造兴起于唐高宗时期，到了武周时期更是如日中天。武则天还宣扬自己是弥勒佛的化身，已经来到人间成佛了，所以以洛阳为中心在全国各地大量兴造倚坐弥勒佛像。即使在武则天去世后，这种传统仍然对后代石窟造像影响很大，如敦煌的南北大像，一个是武则天时期造的，一个就是盛唐时期造的。根据史料记载，炳灵寺大佛开凿于盛唐开元十九年（731），由当时的凉州观察史薄承祚出资建造。在唐代，全国塑造了很多倚坐弥勒大佛像，其中四川乐山大佛体量第一。

唐代以后，炳灵寺石窟逐渐衰落。到了宋元明清时代，只对原有石窟造像进

图 40 甘肃永靖炳灵寺石窟第 170 窟大佛

行一些补做或是修复。在一些崖壁表面造有一些瘗龛，用以埋葬高僧骨灰或舍利，形式是沿崖壁造一个浮雕塔，在塔身中掏一个方形龛，将高僧骨灰葬入，最后在前面用一块石板把龛封堵上。如今，封堵龛的石板早已掉落，里面的骨灰也下落不明。很明显，这样的崖中浮雕塔，都是模仿地面上建造的高僧墓塔雕刻的。从塔的外观来看，呈汉藏结合式，上方的塔刹是藏式的，下方的塔身像一个汉式的大殿。推测这些塔的雕造时间大概在明朝，那时炳灵寺区域曾被喇嘛教的修行者占用，他们在这里修行，也陆续修补了一些佛像，新绘制了一些藏传佛教壁画。第 3 窟内的藏传喇嘛教壁画就是明代的产物，窟内西壁的明王与明妃的双身拥抱像壁画题材在莫高窟、榆林窟都曾出现过，壁画技法相较于炳灵寺石窟来说也更加精湛成熟。但是炳灵寺石窟的这些壁画作为明代的作品，对于一些研究藏传佛教密教艺术的学者来说也十分有价值。此外，明代的喇嘛们还占用过炳灵寺唐代和北魏的洞窟来绘制壁画，但是在第 169 窟没有看到藏传佛教壁画痕迹，那是因为当时栈道已断，无法登上第 169 窟。

五、结语

炳灵寺石窟大概可以分成五个时期。第一期为西秦时期，主要集中于第 169 窟。该窟拥有明确的纪年 420 年，是中国石窟现存纪年最早之例，意义重大。窟内的彩塑和壁画创作深受西域和后秦影响，特别是来自后秦的大乘佛教题材的影响。第二期是北魏，可以分为两个阶段。一是北魏都平城时期，即云冈石窟第一、二期开凿期间，代表作是第 169、第 172 窟里的部分塑像，表现了一些印度笈多风格。二是北魏都城洛阳时期，包括在下方崖面的一些龛和窟，主要表现了汉化风格，如佛像的褒衣博带装和秀骨清像风格。第三期是北周、隋代时期，北周时期主要是以低平肉髻、丰面胖体的佛像造型出现；隋代的风格着重呈现出人物纤细的身段，同时有和敦煌莫高窟相似的密体画法壁画。炳灵寺的高峰期是第四期，即唐代，龛窟与造像风格主要受长安、洛阳影响，大量的龛窟雕凿集中于崖壁的下方，主要以小龛方式呈现，一般是在壁面雕像，兼画壁画。第 170 窟的倚坐弥勒大佛，是唐代炳灵寺的代表作。唐代以后为第五期，炳灵寺石窟开始衰落，几乎没有什么新的洞窟开凿。在明代，炳灵寺被喇嘛教徒占用，一批藏传佛教僧人在这里修习，同时在前朝的窟龛表面补绘壁画，内容为西藏喇嘛教题材。有的高僧去世以后，喇嘛们会就地在崖壁表面雕出塔龛，葬入高僧骨灰，形成了浮雕塔墓群。可以看出，炳灵寺每一个时期几乎都有来自其他地区的影响，也有自身的特点。从炳灵寺的总体窟龛造像研究价值来看，以第 169 窟的西秦时期内容为其精华所在，是许多后期佛教石窟题材的源头，这是研究者们所不能忽视的。

天水麦积山石窟

天水，位于甘肃省东南部，古称秦州。它处于陕甘两省之交，东连长安、西通河西走廊、南控巴蜀，处在承东启西、连接南北的战略要地，是古代丝绸之路西出长安的一个重镇。在十六国、北魏时期，中央政府均派驻重要将领镇守秦州郡，作为保卫首都的要塞。

麦积山，俗称麦积崖，高 142 米，地处天水市麦积区东南，系秦岭山脉的西端小陇山系的一座孤峰。周围群峰映衬下，麦积一峰突兀而起，峰顶还耸立着一座小塔。五代天水人王仁裕（880—956）《玉堂闲话》记载，“麦积山者，北跨清渭，南渐两当，五百里岗峦，麦积处其半。崛起一块石，高百万寻，望之团团，如民间积麦之状，故有此名”。这段话形象地说明了麦积山得名的缘由。麦积山有“秦地林泉之冠”的美誉，石窟四周群山环抱，树木葱郁，如烟似霞的烟雨弥漫四野，历来是修习禅法的理想之地。

麦积山石窟开凿在距地面 80 米的悬崖绝壁上（图 41）。在陡峻的悬崖上开凿出成百的窟龛并雕刻上千的佛像，洞窟之间全靠架设在崖面上的凌空栈道通达，层层相叠，其惊险陡峻世所罕见。这里的岩质是砂石加红土砾岩，石质结构比较松散，不适合雕刻佛像，而当地土质细腻适合泥塑，因而

图 41　甘肃天水麦积山石窟外景

麦积山绝大部分造像是泥塑彩妆。

麦积山石窟的开凿可以追溯到十六国的后秦时期，历经北魏、西魏、北周、隋、唐、五代、宋、元、明、清等十余个王朝，共有一千六百余年的开凿和修缮史。麦积山石窟为国务院 1961 年公布的第一批全国重点文物保护单位。现存龛窟 221 座，七千多尊大小不一的雕塑像，还有壁画一千多平方米。除此之外，还有少量造像碑、经卷等珍贵遗存。这些珍贵的文物，展示着麦积山石窟独特的艺术性。造像早期的剽悍雄健，北魏晚期的秀骨清像，北周的珠圆玉润，隋唐的纤细窈窕，两宋的写实求真……每一座造像，都在诉说着属于自己的时代故事。

一、北魏麦积山石窟

后秦（384—417）是羌族建立的政权，于长安建都。后秦王朝非常崇信佛教，皇帝姚兴（366—416）精进禅修，还将西域高僧鸠罗摩什从凉州（今甘肃武威）迎请到长安，以国师的礼遇相待。在皇帝的影响下，后秦境内“奉佛者十之八九”，很多长安的高僧来到麦积山修习佛法，僧人和信众达到千余人之多，可见规模之盛。

据《资治通鉴》《十六国春秋辑补》等书记载，412 年，姚兴的弟弟姚嵩（？—416）任秦州刺史，时常用书信与皇帝哥哥探讨佛经义理，有一封讨论佛理的书信长达两千三百余言。在其中一封书信中，姚嵩提到姚兴在秦州造佛像的事。这些都佐证了麦积山石窟是在姚兴时期建造的。

不过，麦积山石窟在历史上经历了多次地震，中部崖面发生过大面积的坍塌，后秦时期的洞窟现在已经无法确认了。现存最早的洞窟开凿于北魏中期，即 5 世纪中叶。436 年，北魏占据秦州，开始了对天水地区的统治。北魏皇帝极为崇佛，在全国浓厚的佛教气氛影响下，各地建塔立寺，僧人数百万，佛教发展达到了极盛的阶段。麦积山石窟也迎来了历史上最辉煌鼎盛的时期，不论是雕塑还是绘画，都到了炉火纯青的水平，窟龛数目也达到最多。据统计，北魏时期麦积山开凿的洞窟将近九十个，近于总数的一半。

麦积山现存最早的第 74、78 窟，年代属于北魏中期，相当于云冈石窟开凿的第一、二期，保存相对完好。这两个洞窟的形制都是长方形平面的平顶窟，体量和内部的佛像配置基本相同。正壁塑有一佛两菩萨，左、右两壁各塑一佛。佛像均为结跏趺坐，形体高大、威武，袒裸上身，外着半披肩式大衣，双目注视前方，目光坚毅。菩萨为高髻，戴宝冠，长发披肩，上身袒裸，下身着裙。整体造像体魄雄健，保留着浓重的印度和西域色彩（图 42）。

第 78 窟内隐约可见一些男供养人壁画，身着当时胡人服饰。每个供养人的身旁都有墨书题记，依稀可见“仇池镇”“供养佛”的字样。仇池镇就位于今甘肃西和县境内，临近秦州。这些题记和供养人信息，对研究当时的佛教发展情况非常重要。

北魏孝文帝迁都洛阳后，全国的佛教艺术中心由平城转移到洛阳。在汉化政策的持续影响下，造像样式大量地吸收汉民族文化，引发了造像风格的时代变革。

图 42　甘肃天水麦积山石窟第 74 窟佛与菩萨彩塑像

佛造像的服装样式与气质，与当时的南朝有莫大的关系。面部清瘦、削肩、身体单薄、带有一点骨感，这种风格称为“秀骨清像”。“褒衣博带”这种服饰在中国汉地长期被士大夫们采用和重视。据《魏书》记载，“太和十年（486），（孝文）帝始服衮冕”。“太和十八年（494）十二月，革衣服之制”。北魏孝文帝带头推行汉族褒衣博带式服装，也就自然引进了南朝的汉式佛像样式。于是，北魏晚期的麦积山石窟佛像也穿上了褒衣博带式的服装，表现着秀骨清像风格。

四川茂县出土的南朝齐永明元年（483）造像碑上的佛像，是迄今发现最早的褒衣博带装佛像。这种汉式佛像传入北方后，经中原中转，才慢慢地传到西北河西走廊。到了云冈第三期的时候，秀骨清像和褒衣博带结合在一起，同时还在洛阳龙门石窟发展为第一个高峰，逐渐向北方其他地区影响开来。麦积山第 115 窟有北魏景明三年（502）题记，是麦积山现存最早的纪年洞窟。该窟中的佛、菩萨像仍然是云冈二期孝文帝汉化改革以前的造像风格，都穿着印度式的服装。由此可知，汉化风格造像传入麦积山，应该在 502 年以后。

麦积山第121窟开凿于北魏晚期，为平面方形的覆斗顶窟，经过宋代重修。此窟最引人注目之处，是两组弟子与菩萨的“窃窃私语”。菩萨像身材修长，细颈削肩，头束扇形高发髻，身穿褒衣博带装，还有帔帛自双肩处披下，是典型的汉式菩萨装饰。弟子身穿翻边双领下垂的僧装，内着僧祇支。他们各占一壁面转角处，恰好呈90度夹角，从而形成头碰头、肩并肩、交头接耳的生动情态。他们似乎是在窃窃私语着佛祖的妙法，还流露出会心的笑容，极富“此处无声胜有声”的艺术感染力，为麦积山世俗化造像的经典之作。

第133窟（俗称万佛洞、碑洞）开凿于北魏晚期，是麦积山石窟中内部空间最大、内容最丰富、精品最多的一个洞窟。此窟平面呈不规则形，前部呈横长方形，又向后伸出两个纵长方形窟室。窟内前后左右所有的壁面上，贴满了十余厘米高的影塑千佛，最初有万身之多。此窟也经过了宋代的补做，但其中的北魏晚期作品都呈现着当时的时代风貌。在窟的正壁主佛右侧，站立着一个看上去年龄不过十二三岁、身高不足一米的小沙弥形造像，被公认为是北魏时期最具特色的代表作品之一。他实际上表现的是佛弟子阿难面露憨笑，略带稚气，好像看到世界在他眼前光明而美好，喜悦从他的心底荡漾开来，酿成最甜蜜的一抹微笑。只要来到麦积山石窟，看到这尊小沙弥造像，都会被他纯真的微笑打动，受到他春风化雨般的温柔慰藉。这尊造像因此被誉为“东方微笑”，又称“麦积山微笑”。

二、西魏麦积山石窟

534年，北魏分裂成东、西魏，天水地区属西魏管辖。西魏时期在麦积山开窟造像势头不减，大统元年（535）再修崖阁，重兴寺宇。此时的佛像承袭了魏晋至北魏以来高逸通脱、清俊潇洒的风格，并有所发展。造型风格饱满、圆润，但不失秀美，衣着多为褒衣博带装。这一时期留存下来的洞窟，很多具有仿木构的雕刻窟檐，具有代表性的是第43、44窟。

第43窟开凿于西魏，位于麦积山石窟东崖偏下部，是一座佛龛和墓室相结合的大型单檐庑殿顶崖阁式洞窟，也是麦积山现存最早的崖阁式洞窟之一。它的背后隐藏着一段令人唏嘘的皇室爱情故事。

《北史·后妃传》记载，乙弗皇后去世之后，“凿麦积崖为龛而葬”。乙弗氏（510—540）是西魏文帝元宝炬（507—551）的第一位皇后。她容貌美丽，端庄文静，生性节俭。元宝炬非常敬重她，两人感情甚笃。但是，当时的西魏政权面临严峻的形势，外有柔然大军压境，内有权臣宇文泰（507—556）逼迫，元宝炬迫于压力，无奈接受了和亲策略，废黜乙弗后，另娶柔然公主郁久闾氏（525—540）为皇后。乙弗氏离开都城长安往秦州，依附其子武都王元戊，并在麦积山出家为尼。

其间，魏文帝曾密告乙弗氏，让其等待时机，重新蓄发，以便他日重聚。谁知，他们的藕断丝连被柔然公主知道了，柔然以此为口实，大举南侵。文帝慑于外族武力，在悲愤和无奈之下赐乙弗氏自尽，年仅 31 岁。死后，乙弗氏的灵柩无法回到长安，只得在麦积山凿出一龛停放，这就是“寂陵”，即第 43 窟。直到 11 年后，元宝炬去世，乙弗氏的儿子元钦（525—554）即位，才将乙弗氏与元宝炬合葬在了永陵。在乙弗氏死后不久，郁久闾氏也因难产而死。

第 44 窟为西魏典型代表窟龛之一，正壁主佛像被认为是麦积山西魏造像中最为杰出的一尊塑像，不仅是西魏泥塑佛像艺术之巅峰，也是北朝石窟泥塑像中的至尊之作（图 43）。这尊佛像高 1.60 米，头上做出水涡纹高肉髻，内穿僧祇支，外披褒衣博带式大衣，结跏趺坐。覆于座前的悬裳衣褶呈圆转而写实的曲线，质感的厚重与线条的飘逸融为一体，既富于变化，又舒畅自然。他的双手纤细柔美，给人无限的慰藉与和顺的力量。有学者认为，这尊造像是武都王元戊仿母亲（西魏皇后乙弗氏）的形象所作，可作一家之言。此像眉目之中传达出一种浓浓的慈母之爱，娴静而宽容，矜持且淡然，可以看出风格已逐步从北魏的“秀骨清像”向北周的丰腴过渡。

第 123 窟也开凿于西魏。此窟造像以《维摩诘经·文殊问疾品》为题材，窟内佛造像生动、秀美，菩萨造像清秀。门口两侧立童男、童女像。童男头戴毡帽，身着当地少数民族特色的服装，体态健美，嘴角微微翘起；与之相对的童女塑像身材窈窕，面容秀丽，梳着双发髻，脸上露出甜美的笑容。他们姿态生动、自然，如同邻家小孩，极富生活气息，达到了很高的艺术境界。

第127窟是一座平面横长方形的大型盝顶窟。正壁龛内为石雕一佛两菩萨像，主尊坐佛造型优美，其身后巨大的石雕背光上分别雕刻有双层莲瓣、缠枝莲花、伎乐飞天十二身等。这里的飞天身形清秀，双腿呈跪姿，与墓葬中出土的南朝画像砖上的飞仙相似，应是来自南方的样式。此窟以建筑结构精美、石雕造像和大面积的北朝经变故事壁画为特色，为麦积山现存壁画最多最丰富的洞窟，包含“涅槃经变”“八王争舍利”“睒子本生”“舍身饲虎”“地狱变”“维摩诘经变”等多幅佛教经典故事画。《西方净土变》壁画位于右壁龛上，是我国现存最早、最大也是最完备的一幅“净土变”壁画，对研究经变画的起源具有重大意义。画面虽有剥落和模糊之处，但所绘人物、建筑、花卉、树木等都清晰可辨，整幅画面以佛说法为中心，两旁分列众多的听法胁侍人等，背后是大殿与楼阁，夹以树木，还有在空中飞舞的飞天。构图错落有致，线描如春蚕吐丝，技法成熟，是中国早期经变画的杰出作品。

图43　甘肃天水麦积山石窟第44窟正壁主佛与胁侍菩萨塑像

三、北周麦积山石窟

557年，西魏大臣宇文觉（542—557）废掉西魏的第二个皇帝，建立北周政权。不久，北周灭北齐，再次统一北方，国都长安成为佛教信仰潮流的集中体现之地。麦积山石窟迎来了又一次发展高潮，处于承前启后的重要变革阶段。北周造像风格趋于温婉和淳厚，人物形体饱满，面形渐趋丰颐，表情生动自然。这种风尚传自首都长安。西安碑林博物馆收藏的在西安附近出土的五尊体量高大的北周立佛像，以及其他北周佛像，都具有肉髻低平、薄发无纹、脸圆丰满、双肩浑圆、神态端庄恬静、形体敦厚挺拔、服饰简洁流畅等特点，具有一种珠圆玉润的美感。这些特点，也体现在了北周麦积山造像身上。

北周麦积山石窟的代表作是几处异常宏大的具有统一雕刻檐阁的成组洞窟和摩崖造像，其中以第4窟最为宏伟。第4窟是北周时期最主要的洞窟，位于东崖上部，也称为“上七佛阁”，俗称“散花楼”。该窟是麦积山石窟位置最高、最宏伟壮观的外表呈殿堂式的大窟。根据文献记载，此窟为当时的秦州大都督李允信为其亡父祈福所建造的“功德窟”。完工时，还请了当时著名文学家庾信（513—581）写下文采飞扬的铭文《秦州天水郡麦积崖佛龛铭并序》。它原本的形制是七间八柱崖阁式洞窟，如一座崖中大殿，因地震等自然灾害，檐阁大部分已崩毁，窟内外的大型塑像均已不是北周原作，而是经过明代重塑的造像。在七间龛外，每两龛之间塑一身佛的八部护法像，称为“天龙八部”。这些护法像经过宋代重修，但隐约可见北周原作的泥层。

第4窟七间龛顶上的“薄肉塑”飞天壁画为北周时期的原作。这些精美的飞天的脸部、胳膊、手脚等肌体裸露部分，是用一层薄泥塑出，凸起在画面上；鲜花、流云、飘带等以绘画表现，给人以一种“呼之欲出”的感觉。这样高超的技法使雕塑和壁画、平面和立体，不同的艺术手法巧妙融合在一起，在中国石窟壁画中独此一处，成为古代壁画艺术的绝品。

第9窟俗称“中七佛阁”，是一组并列开出的七座大佛龛。第3窟是一座千佛

图 44　甘肃天水麦积山石窟第 3 窟千佛廊

廊，是通向第 4 窟的廊道，仿长廊的形式开凿而成。它长 36.5 米，高 8.2 米，栈道上方两排坐佛像，共计 92 尊，为北周雕造而成，宋代重塑；栈道以下有四排坐佛像，共计 205 尊，石胎泥塑，为北周原作。它们千姿百态、神情各异、栩栩如生，依旧保持着北周时期的艺术风韵（图 44）。

麦积山还有众多的中小型洞窟，它们的平面一般是方形的。顶部呈盝形，在窟内的四角雕出石柱，四壁的顶端还雕出横梁窟顶，四个坡面的相交处有斜梁，这些仿木构的梁柱相互连接，组成了窟内象征性的梁架结构，起到了一定的装饰效果。窟内的造像题材以七佛、三佛为主，在最主要的佛像旁再配置弟子和菩萨像。这些佛教人物都有低平的肉髻，颈短肩宽，塑造出了健康、丰腴的身躯，但一般不显示身段，代表了北周典型的佛教人物造型。

四、隋代以后的麦积山石窟

581 年，隋文帝杨坚（581—604）以隋代周，后灭陈朝，统一全国，结束了几百年的分裂局面。之后的唐王朝进一步扩展疆域，博大的文化气势也赋予造像新的风格与气质。据史书记载，唐中宗景龙二年（708）和唐玄宗开元二十二年（734），秦州地区经历了两次大地震，使麦积山中部崖体大面积坍塌，山体被分成了东、西两崖。僧人纷纷逃散，香火逐渐荒凉衰落。在中唐以后渐入衰败，大约两百年间没有开凿新窟。

在艺术上，麦积山的隋代塑像创造了一种丰满富丽、作风写实、夸张合理的典型风格。开凿于隋末唐初，第 5 窟位于第 4 窟崖阁（上七佛阁）西侧，俗称“牛儿堂”，有一窟两龛。在窟与左龛之间还保存着一尊隋代塑制的天王像，脚下踩有一牛犊，此窟因而得名。这尊天王塑像身高 3.6 米，身披铠甲，腰系战裙，下着扎脚裤，足蹬圆头靴，稳健地站在牛犊背上，怒视着窟前方，是一位镇定自若的西域将军形象。他脚下神牛目视前方，鼻翼张开，塑造得十分传神。

第 37 窟有一尊姿态优美的泥塑立菩萨像，双手相并于胸前，如同一位倾听佛法的少女，面带着喜悦与虔诚。他身材纤细窈窕，有着女性般的身姿，是典型的传自长安的隋代造像新风尚。在西安出土的一件隋开皇四年（584）董钦造的一组金铜像之中，就有两尊有着少女般窈窕身材的菩萨像，完全不同于前朝北周的做法，是创作于长安的新型造像艺术形式。麦积山的隋代彩塑就深受这种风尚的影响。

第 13 窟为东崖大佛，系摩崖浅龛，开凿于隋代，南宋绍兴年间（1131—1162）重修，是麦积山现存最大的一组石胎泥塑造像。正中主尊为阿弥陀佛立像，高 15.7 米。由于宋金时期的重修，使佛的基本体貌呈现出宋代风格，显得肥胖与富态。他的弯眉细长，双眉间有白毫相，两眼下视，眼角上挑。高鼻阔口，下颌丰满，表情肃穆庄严中带着一丝慈祥，仿佛在注视着世间芸芸众生。佛头顶的肉髻前有髻珠出露，也是宋代佛像的特点，但肉髻仍显低平，似乎保留着原隋代佛像的做法。

在宋代，佛教徒们在麦积山对许多早期造像进行了重修，不乏高水准的制作。此时的造像衣纹写实，面貌庄重，显示出更多的人间化、俗世化倾向。第 133 窟内正对窟门的位置，有一组北宋时期的雕塑作品——佛陀父子像，又称释迦会子塑像，是佛教艺术中难得一见的表现佛陀与家人关系的雕塑作品。释迦牟尼佛形体高大，身着褒衣博带式大衣，低首俯视，用充满柔情爱意的目光看着儿子。罗睺罗双手合十，脚踏莲花，略带委屈，心情激动地期待着父亲的爱抚。释迦牟尼佛的右手指就在罗睺罗头顶的上方，将要触碰，又尚未触及。通过佛祖极为复杂的表情，观赏者似乎能感受到佛祖内心的纠结。这是释迦牟尼第一次和自己的儿子相见，慈父与圣人的身份同时汇集在一个人的身上。既有佛国的庄严寂静，又有浓浓的人间亲情，实为宋代造像的上乘之作。

第 165 窟平面为长方形，窟内原造像全毁，现存造像均为宋代重塑。窟内正壁原塑交脚弥勒菩萨一尊，在宋代被改作为结跏趺坐佛像，但身下的束帛座仍然保留着。佛的左右两侧各立中年女性供养人一尊，她们头戴花冠，椭圆形脸，双眉弯而长，眼角上翘，小嘴，身着当时世俗女式服装，衣纹线条自然流畅。她们身材窈窕，俏丽润秀，个性鲜明，为当时上层社会年轻贵妇的真实写照。在窟内侧壁还有白衣观音立像，也透着典雅的世俗气息，有着高超的写实塑作技艺，都是麦积山宋塑的代表作品。

进入元、明、清三代，由于天水政治经济地位的渐次下降，麦积山的佛事活动时兴时废，洞窟营造基本停止，麦积山石窟逐渐走上凋敝之路，一度湮没无闻。现存第 4 窟七龛内的彩塑像，都是在明代重塑成的，以表现主尊坐佛和众胁侍菩萨像，但技艺水平极其普通，民间味浓厚，虽继承着宋代风尚，但已无宋代雕塑的神韵了。

晚清和民国时期，是麦积山石窟发展最为低落的时期，外界对麦积山石窟亦所知甚少。将麦积山石窟重新引入国人视野的是被梁启超誉为“奇才”的甘肃学者冯国瑞先生。1941 年 4 月，他与 6 名好友徒步考察已经相当残破的麦积山石窟，收集了大量珍贵的第一手资料，编写成《麦积山石窟志》一书，引发巨大反响，吸引诸多学者与专家来此进行考察研究。20 世纪 50 年代以来，麦积山石窟经过不懈的文物保护和加固修复工作，已重获新生，大放异彩。越来越多的人前来参观体验，使麦积山石窟逐渐享誉海内外。

2014 年 6 月，在卡塔尔多哈召开的联合国教科文组织第 38 届世界遗产委员会会议上，麦积山石窟作为中国、哈萨克斯坦和吉尔吉斯斯坦三国联合申遗的“丝绸之路：长安—天山廊道的路网”中的一处遗址点成功列入《世界遗产名录》。

五、结语

史书记载，天水麦积山石窟为后秦创始，但今已无法找到后秦的遗迹。现存麦积山的最早洞窟开凿于北魏中期，也就是 5 世纪中叶，造像风格深受首都平城的影响，与云冈第一、二期的风格基本同步。孝文帝迁都洛阳以后的北魏晚期，是麦积山开窟造像的第一个高峰期，造像呈现普遍汉化趋势，是来自首都洛阳的影响。西魏时期，麦积山又迎来了发展的契机。由于废皇后乙弗氏来此出家为尼，也从首都长安带来了极佳的造像塑制技艺，使麦积山北魏以来的汉式风格彩塑像达到了登峰造极的境界。北周时期麦积山的作品规模宏大，颇具气魄，风格一改北魏以来的汉化传统，变为中印合璧的形式，也是来自首都长安新风格的影响。到了隋代，长安开始流行以女性般的优美体态来刻画佛与菩萨，麦积山也有了同样风格的造像作品。隋代以后，麦积山的佛教艺术活动开始衰落，北宋和明代仅在一些前朝洞窟中重新补做泥塑像，不再开凿新洞窟了。

麦积山石窟以泥塑冠绝于世，古代艺术家用鬼斧神工的技艺、自由发散的想象力以及不朽的创造精神，造就了一批具有丰富情感、能够传神达意的经典造像，故而被誉为“东方雕塑陈列馆”。作为中国古代石窟艺术体系中不可或缺的重要组成部分和宝贵财富，麦积山石窟永远定格在秦岭深处，向世界展示着绽放千年的“东方微笑”。

Gems of
Chinese Grottoes

山 西

大同云冈石窟（上）

被唐代文学家柳宗元（773—819）称为“表里山河”的山西，是中华民族的发祥地之一。此处东依太行山，西、南靠吕梁山、黄河，北临古长城，与河北、河南、陕西、内蒙古等省区交界。如此优越的地理位置，使这里同时受到了中原农耕民族和北方游牧民族的青睐，成为历代胡汉民族交融的汇集点，创造了三千年悠久且灿烂的历史，形成了蔚为大观的文化壮景。

从旧石器时代到夏商周，再到元明清，这片沃土孕育出了独具一格的地域文化。卓越的古建筑、夺目的彩塑等繁多的艺术精髓，促成了山西历史文化的完整性以及创造性。那些具有开拓性的设计、工艺渗透到其他地区，在一定程度上推动了中华民族的发展。而记录着佛教艺术“中国化”轨迹的云冈石窟，更凭借其充满皇家风范的石雕造像在中原大地上绽放出了耀眼的光芒。

云冈石窟位于山西省大同市西郊的武周山南麓。该窟群依山开凿，东西绵延一千米，是中国规模最大的古代石窟群之一，与敦煌莫高窟、洛阳龙门石窟并称为“中国三大石窟”。在45座主要洞窟中，大窟有20座，还有很多中小型洞窟围绕其四周，气势十分宏大。各窟内的五万一千余躯石雕造像各具特色、神态多样，装饰图案与建筑形式错综复杂，体现出中国人极高的审美水平，记录了佛教艺术传入中国后逐渐世俗化、民族化的过程。

一、时代背景

公元45年，来自大兴安岭的鲜卑族跟随匈奴侵扰边境，首次以民族实体的形态被中原王朝所知。在历经反抗匈奴、分裂统一等波折后，其中的拓跋部通过内部的调整改革，逐步壮大，在中原混乱的局面中突出重围，于5世纪初统一北方，定都平城（今山西大同）。为了增强自身实力，他们每攻下一个国家，就掠夺该国大量的人口、牲畜，特别是能工巧匠等，并将其运到平城。在这种方式下，平城人口很快就达到了一百多万。据相关文献记载，拓跋部占领长安（今陕西西安）、凉州（今甘肃武威）后，当地大部分的能工巧匠、僧人都被迁移到了平城，无形中奠定了日后佛教在平城传播的基础，为三十年后的云冈石窟开凿做好了充足的人力准备。

包括鲜卑在内的五胡因以游牧为生活方式，所以他们所尊崇的信仰和汉族大有不同，只有原始宗教信仰，直到进入汉地后才开始了解汉族信仰。北魏建立后，这些后来融入中原的人们在保留自己文化的基础上接受了当时汉地的佛教思想，开始造佛像，学习汉族文化。此外，当时的统治者为了巩固政权，便希望借助宗教信仰来确定皇权至高无上的地位。就在这时，出现了一位名叫法果的和尚，他是当时北魏的佛教领袖，积极弘扬佛法，备受当地百姓的尊敬。法果曾提出一个开创性的主张“皇帝就是当今如来”，自他以后，佛教教徒开始进宫拜皇帝。这一思想也正符合统治者的需要，因此佛教就顺理成章地在平城发扬光大，由此拉开了云冈石窟开凿的序幕。

虽然开凿云冈石窟是皇室的意愿，但整个过程并非一帆风顺。北魏太武帝（424—452年在位）为完成宏图大业，颁布了一系列措施，可其中的某些内容与佛教宣传的主张产生了矛盾。为了使自己的想法不受阻碍，太武帝进行了“毁佛”运动，这导致大量佛教建筑被毁。直至文成帝拓跋濬（452—465年在位）继位后，佛教才得以复兴。“毁佛”运动之前的佛教造像，我们可以参照 1962 年发现的永靖炳灵寺第 169 窟。根据题记，我们得知这一处造像完工于建弘元年（420）。可以看到主佛施禅定印，身穿袒裸右肩式大衣，另有一块衣襟遮盖住了右肩、右臂；衣纹为抽象式，衣服表面紧贴身体，勾勒出了身体形状；发际与肉髻表面磨光，面形方圆，五官宽大。另外，河北蔚县发现的一尊造于太平真君五年（444）的石雕坐佛像，也对我们研究“毁佛”之前北魏的佛教艺术面貌有重要价值。这尊佛像大致与第 169 窟中的第 6 龛主佛相似，只是发髻表面变为水波纹。虽然发生了“毁佛”事件，但在此之前佛教艺术的发展，已经为之后云冈石窟的开凿打下了一定的基础。云冈石窟第一期的造像，大致就是十六国（304—439）时期风格的延续。

云冈石窟主要分为一、二、三期。第一期开凿时间在北魏和平（460—465）初年，以昙曜五窟（第 16 窟至 20 窟）为代表。第二期开凿时间在 470 至 493 年，包含第 1—15 窟，其中第 14、15 窟开凿后并未完成。第三期开凿时间在 493 年以后，包括第 20 窟以西洞窟，以及在第 1—20 窟间和一些窟内补作的部分。

二、第一期：以昙曜五窟为代表

昙曜五窟即第 16—20 窟，是云冈开凿最早的洞窟。为了批驳当时的“胡本无佛”思想，云冈石窟一期的造像多以三世佛为题材，表现过去、现在、未来三世佛，想借此说明鲜卑的佛教也是源远流长的。同时，也以此寄托佛教文化可代代相传的心愿。昙曜五窟由北魏皇室出资开凿，因五窟的主持人是高僧昙曜，故得此名。昙曜来自凉州，北魏时为躲避毁佛运动迁到河北。文成帝恢复佛教后，他被朝廷请到平城，担任全国佛教领袖，并负责设计与开凿云冈石窟。这五座大窟的平面都是椭圆形的，以一尊大佛像占据了较大的空间，既满足通过观佛来坐禅修行的功能，也烘托出了宏大的气势。

五窟的主尊造型各不相同。第 16 窟为施无畏印的立佛，第 17 窟为交脚弥勒菩萨像，第 18 窟为立佛，第 19 窟为施无畏印的坐佛，第 20 窟为施禅定印的坐佛（图 45）。这个时期雕刻的佛像，发际与肉髻表面均磨光，面形方圆，五官宽大，神情肃穆，大衣有袒裸右肩式和通肩式两种，较轻薄贴身，勾勒出身体外形，衣纹抽象复杂，延续了十六国晚期身形强壮、衣着印度式的风格。还有菩萨、供养菩萨、飞天等形象，均着菩萨装，为袒裸上身，饰有项圈、臂钏、手镯，下身着长裙。虽然姿态上还略显笨拙，但生动的神情、多样的造型足以显示出当时工匠的技艺与用心。

如此设计五座大窟，并在窟内都雕出一尊大佛像，并不是随意为之，而是十分有讲究的。有学者认为，从第 20 窟到 16 窟，五窟中的大佛像代表着北魏的前五位皇帝：开国皇帝拓跋珪、第二代明元帝、第三代太武帝、太武帝之子——尚未即位就死去的景穆帝，以及当时在位的第四代文成帝。虽然景穆帝不是正式的

图 45　山西大同云冈石窟第 20 窟外观

皇帝，但他却是太武帝下令毁佛时保护佛教的关键人物。正因为他故意延迟毁佛时间，才使得诸多和尚在毁佛运动开始后能顺利逃脱，大量的佛像、经典也由此得到保存。由于他没有即位当皇帝就去世了，就用尚未成佛的弥勒菩萨来表示。

也有人认为，这五位皇帝的排列顺序原先是按祭祀祖先的昭穆制度，将第一位祖先放中间，其余在左右两侧依次排列。因此，形体最为高大的第 19 窟主佛，应该代表着北魏第一位皇帝拓跋珪，而第 18、20 窟主尊则代表第二、三代皇帝。因此，第 16 窟的原始设计应该在第 20 窟的西侧，由于这部分崖面的崩坍而移到现在的位置。但这种观点成立的前提，就是第 20 窟西侧的崖面是否真的在五窟开凿之始就崩坍了。昙曜的选址应是慎重的，绝不会选一个刚开凿没几年就崩坍的崖面，还不得不在几年后改变原先的设计。

说五窟主佛是北魏前五位帝王化身的观点，主要有两点依据。一是上文提到的法果和尚主张的“皇帝就是当今如来”的说法，把拜佛与对皇帝顺从相结合。二是文成帝在毁佛之后、云冈石窟开凿之前的 454 年，让佛教僧侣们在京城的五级大寺内为道武帝及其以下的明元帝、太武帝、景穆帝、文成帝等五位皇帝各铸造了一尊释迦牟尼像，每尊像都有一丈六尺高。如今又在云冈开凿了五窟，五窟内也各有一尊大佛像，这种巧合恐非偶然，应该就是在平城五级大寺内为五世帝王铸铜佛像的翻版，但在规模上明显更胜一筹，且保存至今。

第 20 窟的主尊是云冈石窟最有名的大佛，高 13 米，俗称“露天大佛”，也是云冈石窟的象征。主佛结跏趺坐，双手于腹前施禅定印。他有着长眉高鼻，面相威武雄壮，内着僧祇支，边饰精致纹带，外穿袒右肩式佛衣，延续了十六国晚期风格。大衣贴体，并衬托出身体外形的做法，明显受到了印度笈多朝造像风格的影响。主佛两侧各有一尊体量较小的立佛像，组成三世佛题材，其中右侧一尊已崩毁。现左侧的立佛身着通肩式大衣，也是大衣紧贴身体，可清楚地看到佛的体形。虽然前壁和窟顶的崩塌导致主像与左胁侍立佛完全暴露在外面，形成了不同程度上的残缺，但历经无数风霜洗礼后的佛像依旧保持着当时的风范，成为足以让人为之赞叹的经典。在主佛之上还雕有跪式供养菩萨，以及身形较为笨拙的飞天，使窟内整体画面完整而充实。

结构与造像布局与第20窟无异的第19窟，是五窟中规模最大的洞窟。主尊也是结跏趺坐佛，高约17米，素面高肉髻，直接坐于石窟地面上。身穿与第20窟大佛同样的袒右肩、有覆肩衣的大衣，衣领处有连续的“之”字形衣褶纹，身体表面的衣纹为抽象的阶梯式，衣服紧贴身体勾勒出矫健的外形。他的右手举于胸前，施无畏印，左手持衣角置于腹前。为保证主佛的体量，两边的坐佛被分别雕刻于两胁洞中，以此表现过去佛与未来佛，也是三世佛题材。需要注意的是，同样的佛像样式，在各个朝代所代表的身份可能不同，应当根据时代特点进行判断。第19窟两侧胁内同样都雕刻着倚坐佛，但一尊是未来佛，另一尊是过去佛。因此，在北魏时期，仅根据坐姿无法确定佛的身份。唐代以后，凡是有明确题记的倚坐佛，全部都是未来佛弥勒。该窟还有云冈较早的佛传故事图像，画面构图简明、凝练，突出了释迦牟尼和其子罗睺罗相见的主题。

第18窟东西宽约16.5米，南北深约7米。和第19窟相同，窟门上方也开着明窗，站在窟外，正好可以透过明窗看到主佛面部。主尊立佛身着贴身的袒右肩式大衣，大衣表面刻满了诸多小坐佛，这一点较为独特。他的右肩处没有披搭衣襟，与前两窟主佛样式有所不同，但衣纹等细节相同。主尊两侧各有一胁侍菩萨立像。在两侧壁还各雕着一尊立佛像，构成了三世佛题材。这些立像，在头身比例上看，上半身比较高大，显得比例不协调。这应当是一个视觉问题，如果站在下方仰视佛像，比例看起来就是正常的。第18窟还有一处比较精妙的艺术特色，就是侧壁菩萨头部上方雕有十尊身姿各异的弟子，他们的表情十分丰富，有的喜悦、有的沉思，十分传神，服装也不统一，呈现出佛说法时众弟子心领神会的场景。这些雕像虽然经风化有所残缺，但产生的残缺美依旧吸引人。

第17窟中保留着中国目前发现的最大的交脚弥勒菩萨像，窟门上方也有明窗（图46）。主尊菩萨像高15.5米，头戴宝冠，上身袒裸，身上有项圈、璎珞、臂钏、蛇形饰带等装饰。因造像体量过大，在开凿时故意将洞窟地面凿得低于洞外地面。为了防止手臂过重而脱落，在左肘下使用了束帛柱支撑。不过，尽管做了许多防范工作，最终还是难以克服石质材料本身易风化的弊端。我们现在看到的交脚菩萨像，其双臂自肘以下已经崩毁，仅残留着左臂不规则的断石。敦煌莫高

图 46　山西大同云冈石窟第 17 窟主尊交脚菩萨像

窟北魏时期石窟中也流行交脚弥勒菩萨像，正是受其影响而产生的。

第 16 窟在昙曜五窟的最东端，洞窟形制与其他四洞相似。从造像风格上看，此窟的主尊立佛像肉髻表面刻水波纹，面部长圆，多了一些肉感，身体较瘦，身穿褒衣博带式大衣，是典型的汉民族式佛像，呈现出了第三期的特点。从洞窟平面看，其他四洞主尊占据空间极大，而此窟主尊和前壁之间有较大距离。有学者认为，第 16 窟在开凿过程中因文成帝突然去世导致工程终止，后来在第三期时经重新改凿才得以竣工。但第 16 窟造像样式的变化，反映出了佛教艺术和中国传统文化的融合日益深化的趋势。

石窟与寺院是传播佛教的媒介，在北魏建立前就已存在用于讲经说法和修行的佛教石窟。与以前不同的是，云冈第一期石窟在表现北魏初期的佛教文化外，还特别雕凿了用以象征皇帝的大佛造像，这是之前盛行佛教的地区从未出现过的现象。昙曜五窟的大佛不完全是佛经里的人物，他们既代表了宗教领袖，也代表了人间统治者，是宗教神权和皇权的完美结合体。这样用佛代表皇帝的形式，使这里的石窟少了些神秘感，多了些人情味，开创了与印度佛教不同的“中国佛教”，为佛教艺术以及价值的本土化作出巨大贡献。

三、第二期：云冈石窟的鼎盛期

471 年，拓跋宏即位，他就是对北魏历史进程产生重大影响的孝文帝（471—499 年在位）。在他统治的初期，各地农民起义有增无减，朝廷大规模的镇压不仅未削弱百姓起义的信念，反而激发了更多的矛盾和斗争。为了维持社会的秩序，孝文帝即位后就进行了大刀阔斧的改革，通过推行汉化运动加速胡人改易习俗的进程，迎来了北魏最稳定、最兴盛的时期。云冈石窟第二期工程主要处在这一时期。

在孝文帝的励精图治下，不仅皇权有所巩固，对佛教的控制也逐渐加强。再加上拓跋宏本人及当时各阶级都热衷于佛教研究，所以他聘请了全国大量优秀工匠会集于此地，不惜倾注一国之力来修建云冈石窟。历经几十年的修造，终于在孝文帝迁都洛阳前雕凿出了前朝难以媲美的第 1 至第 15 窟（第 14、15 窟属于未完成的作品）。地理学家郦道元（466—527）到此考察时，将其壮观之景形象地描述为“真容巨壮，烟寺相望”。

开凿第二期的主要目的是供僧人们修行，所以大中型石窟数量最多，约占云冈石窟总数的三分之二，开凿的顺序基本为由西向东。和第一期相比，窟内的活动空间加大了，丰富多彩的佛教故事与装饰纹样尽显大气之风。云冈石窟之所以能够形成如此雄伟宏大的规模，与其细砂岩的岩石质地有重要关系。细砂岩开凿较为容易，可以在短时间内开凿出很大空间，但不适于精雕细刻，因此窟内龛像的体量都比较大。与第一期的穹隆顶大像窟形制不同，二期洞窟多为平面呈方形或长方形的佛殿窟，并且多为成组的双窟，个别以三窟为一组，每组都有统一的崖面和表面刻有复杂纹样的八角形立柱，象征着崖中佛殿。另外，这些成组的洞窟内部分为前、后室，窟顶的枋木构平棋也给人一种进入大殿的感觉。此外，第二期造像突出了释迦牟尼佛、弥勒佛的地位，在许多地方还雕刻了佛本行、本生、因缘故事，连用于采光的明窗上，有的也刻着佛教故事浮雕。

因孝文帝改革促进了汉族与鲜卑族文化的交流、融合，这时的造像通过改革创新，掀起了佛教石窟艺术中国化的高潮。窟内外出现了汉民族传统木结构建筑的斗拱与屋檐雕刻，还有中印结合的佛塔雕刻。佛像虽然仍保留了面相方圆、身材宽壮的特点，但穿着汉民族的褒衣博带式大的佛像在第二期的中段开始盛行。或许是因为当时社会关系较为稳定，人民生活相对安宁，佛像的英雄气概较之前有所减少，体态变得更加丰腴。

四、第二期最早的第 7、8 窟

云冈石窟第二期最先开凿的是第 7、8 窟，功德主为孝文帝本人。两窟布局基本一致，主要题材依旧为三世佛，只不过组合形式更为多样，多用释迦、多宝两佛并坐表现过去佛，用释迦牟尼佛表现现在佛，用交脚佛或菩萨表现未来佛，这种方法和之前有所不同。在两窟后室，第 7 龛后壁龛内雕释迦、多宝两佛并坐像，第 8 龛后壁龛内雕释迦牟尼佛像，这三尊像是第 7、8 窟内最主要的造像，其所在的龛也是窟内最大的，以表现过去佛和现在佛之间的继承关系。两窟侧壁上除了有表现三世佛像的内容外，还通过分层分段的方式布置造像和佛塔（图 47）。窟顶为仿木结构的平棋，突显出格局的整齐划一，每格的中间为莲花，周围有飞天环绕。飞天们身穿袒裸上身的菩萨装，身材相较第一期略微丰满，但身姿仍旧是僵硬笨拙的“V”字形。在侧壁分层分段地布置造像龛和佛塔，以及仿木构的平棋窟顶，都是汉民族的艺术元素，表明这时的云冈佛教艺术正在逐步汉化。

第 7 窟前后窟壁面上的造像龛多为圆拱形，有火焰形龛楣，并在龛楣表面刻出一排供天人。龛梁的设计为一条两首的龙，龙首分别上卷，这同样也是融入了汉族元素。龛内的结跏趺坐佛像，总体形象是第一期风格的延续，主要区别在于身体不再像以前那么雄壮，缺少了英武之姿，这可能是当时社会生活日趋稳定的反映。

第 8 窟前后室之间的拱门上方有用于采光的窗户，在拱门两侧上方各刻有护

图 47　山西大同云冈石窟第 8 窟后室东壁及北壁

法天神，这种造像在整个云冈石窟内可以称得上独一无二。护法天神在南北朝及唐代时期并不流行，直到宋代才开始将天神聚集为一组进行崇拜。所以，第 8 窟能够出现这样一组护法像是很珍贵的。其中，拱门东壁骑白牛的神为摩醯首罗天，他有三头八臂，这种多面多臂的形象是受印度教神灵的影响。他的右侧四手臂保存完整，左侧仅存一臂，其余残毁。与之对称的是拱门西壁的鸠摩罗天，他脸部身形都是童子状，披发，五头六臂，身骑孔雀，上举的双手分别举托日月，中间左手执弓，右手残余半臂，手应持箭。主臂右手放腿上，手腕向上翻转，左手擎鸡于胸前，画面生动自然，造型简洁。

五、第二期阉人设计的第 9、10 窟

第 9、10 窟也是一组双窟，外面有统一的仿木结构庑殿建筑雕刻，是阉人钳耳庆时（王遇，443—504）在太和八至十三年（484—489）用时五年为孝文帝建成。窟内壁面也是采用汉民族传统的分层分段的布局法，展现了佛教艺术进入中

原地区后中国化的进程。第9窟的主像为释迦牟尼佛，第10窟主像是弥勒佛，两窟表现着现在佛和未来佛的继承关系。这两窟虽然花费时间不多，可展现的场面却十分复杂，明窗、装饰纹样、生动的造像等石窟应有的要素一个也不少。窟檐立柱下的石狮子虽因年代久远而模糊不清，但以狮子为护法这种源于十六国时期造像的做法却一直留存着。

在第9窟的前后室，以横向水平的莲瓣纹饰带将各壁面分割成上、中、下不同的空间层次来布局造像龛，形成了明显的分层分段式构造。窟内的内容与布局比第7、8窟更为宽阔华丽，丰富多彩，但造像风格仍然是第7、8窟的延续。窟内还不乏根据佛传故事题材而雕刻的造像，例如前室侧壁一龛内刻一尊结跏趺坐佛，以右向下抚摸一尊双手合十的蹲跪小佛之头，表现的是释迦牟尼抚摸儿子头部。在第9窟前后室之间的明窗侧壁，浮雕着能仁菩萨乘象入胎，是佛传故事的第一个情节。在明窗外的两侧各刻有一尊外道形象，他们分别是鹿头梵志和尼乾了，手里分别拿着骷髅头和鸟（图48）。像这样成对的外道在南北朝时期非常流

图48　山西大同云冈石窟第9窟前室北壁明窗

行。他们原是苦行外道，赤裸的身体瘦弱，饮食简单，衣服破旧，后来都皈依了佛教。在佛教艺术中，经常描绘有外道形象，以表示佛有收服外道的法力。

在第 10 窟前室通往后室的门上方装饰与第 9 窟不同。门楣上方刻画的是佛教世界的中心须弥山，两侧各有一尊阿修罗神造像，多头多臂，手擎日月和武器，以守护佛法。在前室的正壁与两侧上都是分层分段雕刻造像龛，且尽量做到相互对称。最具有汉民族传统特色的是屋形龛，表现一座正视的庑殿顶大殿，面阔三间，明间内雕交脚弥勒菩萨，两侧梢间各雕一尊思维菩萨造像，八角形柱上有浮雕的忍冬纹和绹索纹作为装饰。有的龛内明显表现着本生故事，如前室东壁第二层北侧一龛，雕一立佛，头顶有华盖，身下右侧有一个小孩子匍匐在地，表现的是释迦牟尼的前世之一儒童本生故事。进入后室，前壁窟门上方刻着七佛并排而坐，表现的是过去六佛和现在的释迦牟尼佛之间的继承关系。也许位于中间的是释迦牟尼，以此来突出其重要性。第 10 窟后室壁间的造像龛有很多佛传故事题材，例如前壁上层一龛表现释迦牟尼降魔成道故事，释迦牟尼端坐龛中，以右手施触地印，龛外刻众魔正在向着佛进攻，而佛身下的魔鬼已被打翻在地。还有一些故事画面还不易判定其确切内容。从该窟全景来看，内部的装饰雕刻更加繁杂富丽、精巧别致、引人注目。

大同云冈石窟（下）

一、三窟一组的第 11、12、13 窟

在云冈第二期，第 11、12、13 窟为一组，有着统一规划。但由于种种原因，仅第 12 窟按时完工，而由后期补刻完成的第 11、13 窟分别位于第 12 窟的两侧。该组洞窟在继承原有类型的基础上进行了大胆创新，先是深化了之前出现的七佛题材，并扩大了它的规模，后来又根据孝文帝汉化改革的意识，将前朝来自印度的佛衣改为汉式风格，成为中国北方佛教艺术汉化的关键转折点。根据题记，在云冈石窟中，最晚的身穿印度、中亚式佛装的造像，和最早的身穿汉式褒衣博带装的佛像，都雕刻于太和十三年（489）。因此，这一年，应该是新旧佛装在云冈石窟交替的年份。

由于第 11、13 窟没有按期完工，在后期被刻龛像时，即便会有大体的统一设计规划，但因为由不同施主出资完成，年代早晚又各不相同，难免使壁面上的佛龛布局显得较为凌乱。第 11 窟壁面的龛像可分为四层，龛内主像有两佛并坐、禅定坐佛及交脚菩萨像等，还有千佛龛排列有序。有一种盝顶，在第二期流行，它的龛楣呈盝形，表面分格，格内刻飞

天。龛口一般分为三开间，以两立柱来分隔。在中部明门一般雕交脚弥勒菩萨像，在两侧梢间刻半跏思维菩萨像或胁侍立菩萨像。因此，这种三间式盝顶龛一般表现弥勒菩萨高居于兜率天宫之中，是汉族艺术家对佛教艺术汉化的一项重要贡献，不仅给汉化洞窟带来新的灵气，并逐渐流行于后世。

在第11窟，最为浓厚的汉化佛教艺术气息，是壁面中部雕刻于统一的大型汉式屋檐下的一组七尊立佛造像。这七尊立佛均穿汉式褒衣博带大衣，神态潇洒飘逸，面含微笑，完全摆脱了印度佛教艺术的范式，是在接受南朝佛教艺术影响下创作而成的。但在南朝，我们无法发现这样的艺术杰作，真可谓是青出于蓝而胜于蓝。

第12窟是按期完工的，内容与布局整齐而统一。它的龛像样式要早于第11窟，而与第9、10窟接近。因此，第12窟的雕刻可谓富丽堂皇、人物众多、布局合理、设计严谨，是云冈石窟第二期的一项杰作。在前室，圆拱形的窟楣表面刻着成排的坐佛和飞天，相间排列。门上有明窗，明窗顶部中央有大莲花，四周围绕着飞天，一片祥和气氛。窟门两侧各雕一盝顶大龛，明窗的两侧则各雕一圆拱形大龛，四龛内的主尊都是坐佛，表现佛在说法，旁边有众多的胁侍人物。前室正壁最上部是一排天宫伎乐，演奏着各种乐器。在前室的两侧壁各分三层，都刻着坐佛或立佛龛，且中层都是一所大型的屋形龛，分为三间，中央的明间内雕有交脚弥勒菩萨像，两侧梢间内雕倚坐佛像，组成了三世佛题材。在前室东壁下层龛内雕释迦、多宝两佛并坐。因此，侧壁的这些龛像，有的表现佛在说法，有的表现过去、现在、未来三佛，有的很可能表现佛传故事情节。佛与菩萨的服装依旧是印度式的，即佛着袒裸右肩式大衣，菩萨一般袒裸上身，或着斜披络腋。前室顶部雕作汉民族屋顶的平棋样式，方格内及梁间雕刻莲花、飞天等，象征着佛国天空。由于前室这些龛像是统一设计的，且按期完工，从而构图合理、严谨。

第12窟后室各壁的龛像也是分层排列，有着统一规划。龛形也分为盝顶、圆拱形两种，以成排的莲瓣分隔。龛内的造像题材有释迦多宝佛并坐像、释迦牟尼佛坐像、交脚弥勒菩萨等，仍在流行三世佛题材。后室的顶部也雕作平棋样式，四周与横梁表现雕着飞天，格内则主要表现坐姿的护法神像。造像风格与前室相同，仍表现出印度样式。

与第 11 窟相似，第 13 窟虽是和第 12 窟一起设计的，但没有按期完成，表现出较早的印度风和较晚的汉风。换言之，在第 13 窟内，我们既能看到最初设计时留下的印度风格造像，也能看到后期补刻完成的汉风造像。例如：第 13 窟南壁明窗西壁一胁侍菩萨像，面相丰满，体型敦厚，上身袒裸，饰有项圈、U 形璎珞，下身着长裙，有着很强的印度遗风，应是该窟最初设计的产物。第 13 窟窟内的主尊高大的交脚弥勒菩萨，高 12.95 米，面相丰圆，头戴花冠，也是上身袒裸，挂着 U 形璎珞，还有臂钏、腕钏等装饰物。他的长裙紧贴身体，衣纹抽象，体现着浓厚的印度风格。为了防止崩落，他的右臂下雕着一尊力士造像，向上托着他的右小臂，构思奇巧，力量对比强烈。弥勒身后巨大的背光向上延伸，直达窟顶中央，装饰性强烈。很可能当时的造像团队刚完成主尊造像就停工了，因此现存侧壁上的龛像排列就有些凌乱，且大小不一，都是后期补作完成的。

图 49　山西大同云冈石窟第 13 窟后室前壁七佛龛

但在第 13 窟的后期补做作品中，位于后室前壁窟门与明窗之间通壁雕成的大型七佛造像龛不愧为一杰作（图 49）。在七佛的头上方有三座汉式庑殿顶，中央的大，两侧的小，屋顶落着神鸟，象征着七佛站立在三座大殿之中。七佛的面相还不是典型的汉式秀骨清像，但已显俊朗，露出慈祥的笑容。他们的服装已经是典型的汉式褒衣博带装，衣角向外飞扬，显得潇洒飘逸。各佛的身后都有浮雕桃形头光和舟形背光，上部之间各刻一尊飞天。同时，中部一佛的背光叠压着两侧佛之背光，他们的背光再依次压着外侧一佛的背光，突出位于中部立佛的重要性，体现了汉民族传统的供奉祖先的昭穆制度。总之，这是云冈石窟里最优美的一组七佛造像，充分呈现了汉族佛教艺术特点，是孝文帝汉化改革在佛教艺术界的成果。

二、具有观像功能的第 5、6 窟

太和十三年（489）之后，出于修行、观赏佛像的需要，北魏皇室开凿了云冈第 5、6 窟。这是一组形制不同，但又相互辅助的双窟，目前两窟前有统一的保护性五间四层木构楼阁。

第 5 窟是一座大像窟，主尊是结跏趺坐佛，双手施禅定印。该佛高达 17 米，是云冈石窟最大的佛像。在大佛的两下侧凿有隧道，信徒们可以环绕隧道做右旋礼拜。大佛的表面已经过后代补塑，为褒衣博带装，在腰间束带，呈现着唐代以后的佛像风格。推想他的原始设计也是身着褒衣博带装，是来自南朝影响的汉式佛装。这是因为在该窟的两侧壁还各雕着一尊立佛像，与大佛共同组成了三世佛题材，而这两立佛的服装即为褒衣博带式。但两佛头上的发际表面磨光，依然是第一期佛像的特征。第 5 窟的侧壁与前壁曾经有过统一规划，但因故没有按期完工。与第 13 窟一样，第 5 窟的现存壁面也是由不同出资者陆续完成的，所以侧壁诸佛龛的排列在视觉上较为凌乱。在东、西两壁的立佛周围排列了上下约八层龛像，前壁也有大小相当的分层佛龛，并且围绕窟门和明窗对称分布。诸龛造像的题材和风格与第 13 窟相似。

第 6 窟经过了统一设计后如期完成了，这是云冈最为繁华精美的大窟。它的平面近方形，中央是连接上下两层的高约 15 米的平面方形塔柱，在四面开龛造像（图 50）。塔柱分为两层，下层实心，四面各开一大佛龛，龛内各雕一尊坐佛，两

图 50　山西大同云冈石窟第 6 窟中心柱

侧有众多的胁侍，龛楣处有成排的小佛像以及飞天，装饰极尽富丽。塔柱的上层似亭，为镂空雕成，在四角各有一座九层仿木构楼阁式佛塔，四塔共同支撑着上方的宝帐。宝帐装饰在北魏极为流行，经常用来装饰佛龛。但如第 6 窟中心柱上层这样的由四座宝塔支撑的立体宝帐，在中国佛教艺术中属独一无二，异常珍贵。此外，在宝帐的下方中部是一个方柱体，四面各雕一尊立佛像，都身着褒衣博带装。他们的胁侍菩萨则站立在四塔的内侧，都是上身袒裸，但有帔帛自双肩披下，然后在腹前交叉。这样的佛与菩萨装都是汉民族式的，展示着汉化艺术在第 6 窟中的反映。

在第 6 窟中心塔柱的下层四面大龛两侧，以及东、南、西三壁，还有明窗的两侧壁，雕有三十多幅描写释迦牟尼从诞生到成道的佛传故事浮雕，如此大的规模，在全国石窟中也称得上独一无二。不论是在树下诞生太子的摩耶夫人，还是净饭王夫妇，以及成佛前的悉达多太子，他们都身穿汉式菩萨装，即有帔帛自双肩垂下，并在腹前交叉。这说明了中国僧人对佛传图像的汉化。

第 6 窟后室的后壁开着一座大佛龛，龛内的大型坐佛像才是该窟的主尊。侧壁也经过统一布局，整齐划一，雕刻着两层大龛，龛内雕刻坐或立佛。如中心柱四面的佛像一样，这些佛像也是身着褒衣博带式大衣，潇洒飘逸，体现了南朝汉式风格与社会审美时尚。此外，第 6 窟的侧壁龛间还浮雕着许多汉式仿木构楼阁式佛塔，再现了当时北魏国寺院中的佛塔样式。第 6 窟窟顶部也有汉民族传统的平棋，表面也雕刻飞天、莲花等，构成了华丽的天空画面。云冈第二期早期的飞天动作略显笨拙，继承着第一期的风格。但第 6 窟的飞天则身态轻盈，造型清秀，腹部前挺，显得身姿优美，双腿呈跪状，是传自南朝的汉式飞天样式。这一切都使第 6 窟成为云冈石窟富丽堂皇之最，当人们走进此窟参观时，一定会对其中精致繁复的雕刻、多样的造像、丰富的连环故事赞叹不已。

在第 6 窟内中心雕造如此巨大的中心柱，还在四壁雕刻繁复的佛龛图像，以及连续的佛传故事画面，并不仅仅是出于美观的需要，而是为了满足当时僧人们的宗教修行的需求。在这里，窟内的中心柱象征着当时流行的地面寺院中心建立的木构佛塔，或是整个窟内空间象征着木构佛塔的第一层。环绕佛塔做礼拜，或是进入佛塔，环绕着塔心柱做礼拜，同时还可以观赏四周的佛像，以及佛传故事，是当时修禅的需要。不得不说，第 5、6 窟真是兼具艺术性和实用性的艺术精品，不但在造型上下足了功夫，在规划上也颇有远见，设计出的这组双窟均有不同的用途与宗教功能，绝不浪费窟内有限的空间。

三、超级规模的第 3 窟

在唐代的道宣和尚（596—667）写的《续高僧传·昙曜传》里，曾经提到武州山下的东头佛寺，可以提供给近千名的僧侣修行。这个佛寺很可能指的是云冈规模最大的洞窟——第 3 窟及其所在的寺院。

第 3 窟原本计划开凿为一座超级规模的中心柱窟，但由于某种不知的原因，此窟中途辍工，未按期完工，导致通往后室的两门洞只凿通其一。而这种不完美却无意打造出的回环曲折之感，使人们入洞参观时宛如进入迷宫一般。至于其未完成的原因，有学者推测可能与孝文帝迁都洛阳有关。既然是北魏皇家的工程，当皇室成员都迁往洛阳后，此窟也就没有必要继续开凿了。第 3 窟的设计具有前后两室，前室有上、下两层，东、西长均为 50 米。后室的东、西长为 43 米，中间原本要凿出一座巨大的中心塔柱，但没有完成，仅向内凿出了 16 米。我们可以想象一下，如果这座洞窟按期完工了，那么人们如果要环绕着塔柱做右旋礼拜一周，要行走约 160 米，全中国任何一座现存的洞窟都没有如此大的规模。

第 3 窟窟前断壁高约 25 米，相传为昙曜译经楼。前室上部开有一座小窟，内置弥勒像，左右凿出一对三层方塔。这种设计说明该窟的开凿与提供给僧人修禅有关，因为北朝僧人们在坐禅修行时需要弥勒来决疑。

在第 3 窟后室正对西侧窟门的中心柱正面开凿了一所圆拱形大龛，龛内造倚坐佛并两胁侍菩萨像（图 51）。位于龛中央的主尊高达 10 米，两菩萨立像各高 6.2 米，都呈现出唐代风格。按唐代造像的一般规律，倚坐佛一般表现已下生人间的弥勒佛。但是，右胁侍菩萨的宝冠上有宝瓶，表明他是大势至；左胁侍菩萨的宝冠上有化佛，表明他是观世音菩萨。观世音和大势至本是西方极乐世界教主阿弥陀佛的胁侍，因此，有人认为这三尊像应是

图 51　山西大同云冈石窟第 3 窟中心柱前壁大龛

“西方三圣”。但中国佛教艺术的表现往往与经典所载不相符合，也往往具有从具体的表达到普遍运用的做法。因此，观世音与大势至就有可能作为弥勒佛的胁侍出现在第 3 窟。总之，这所大龛是在唐代补雕的，并非北魏原始的设计。三像面相圆润、饱满，服装贴体，衬托着健康与优美的体型，都是典型的盛唐风尚。

四、贵族开凿的第 1、2 窟

第 1、2 窟是太和十三年（489）以后开凿出的一组小规模的双窟，距离第二期的中心开窟区域较远。这组洞窟与前述第二期的大窟规模差别较大，很可能不是皇家的工程，倒像是皇室宗亲或高级贵族的功德。两窟都是平面略呈方形的中心柱式洞窟，纵深约 10.8 米，中心塔柱的平面呈方形，地面至窟顶高约 6 米。第 1 窟的中心柱分为上、下两层，四面开龛。上层龛的上沿刻作宝帐形，下层龛的上沿刻作四出的屋檐形，很像木构佛塔的两层，是研究北魏建筑的重要资料。从两层塔柱的情况看，第 1 窟在一定程度上模仿了第 6 窟的结构，但辉煌程度远不如第 6 窟。第 2 窟的中心柱有三层龛，每层龛的上沿处都刻有四出的屋檐，檐下还有北魏建筑惯用的一斗三升和“人”字形栱。柱的最上部也刻作宝帐形。两窟都有一定程度上的风化，特别是中心柱。

第 1、2 窟的四壁分层布局雕刻内容，自上而下依次刻有垂帐纹、千佛、莲花瓣装饰、大型佛龛等。排列在壁面中部的大佛龛是四壁的主要内容，龛形有盝顶和圆拱形，表现佛说法题材。在侧壁的下层，还有浮雕佛传故事遗迹，其中第 2 窟东壁下层北侧的一幅佛传浮雕表现佛与堂兄弟三人竞射的情节，保存状态较好。可知这组双窟的宗教功能也是提供给僧人坐禅修行用的，进入洞窟，可以绕塔礼拜，也可以观赏柱上与壁间的佛像。

五、第三期：云冈石窟最后的经典

孝文帝迁都洛阳后，平城逐渐失去北方佛教中心的地位，云冈石窟也随之逐渐衰落。但当地官员、百姓仍把此地当作佛教圣地，他们继续在第20窟以西及第二期大窟间的剩余崖面补凿小洞窟，还在一、二期窟内的剩余空间，特别是一些没有按期完工的洞窟壁面补刻龛像。这些作品都有鲜明的南朝风尚，它们共同组成了云冈石窟的第三期内容。

与第一、二期的宏伟巨制不同，第三期的洞窟大多是因地制宜、自由而灵活地设计与开凿，没有统一的规划和安排，故形成了“小体量而大数量”的排布特点。也就是说，因有利的崖面都被第一、二期占用了，此时的僧人与功德主们只能利用剩余空间来开窟造像，所造窟龛的规模一般都比较小。虽然孝文帝的迁都给平城日后的发展带来了不小的影响，佛教文化也没有之前那么繁荣，但由当地各阶层主导的开窟造像工程却没有因此一落千丈，仍有出彩之处，只是没有以前皇家资助的石窟高大宏伟罢了。

最早研究云冈石窟的是日本学者。他们按窟的重要性将属于第三期的洞窟作了编号，但很多散于第二期大窟周围的小窟却被忽略。为了不打乱之前已有的顺序，同时也为了便于学者们的研究，人们便将日本学者的编号沿用至今，而那些没有号码的小窟则作为大窟的附窟作了编号，且多属于第三期。

第三期洞窟造像风格与第二期有了明显不同，那就是全面接受了南朝的影响。在第二期的后半段，即太和十三年（489）之后，佛与菩萨的服装虽然已经汉化了，但面相与体型特征仍然保留着很多第一期的健壮风格，这与南朝的审美时尚相差很大，而更接近鲜卑人原有的彪悍特点。南朝人欣赏的是形象消瘦的秀骨清像，体态纤细轻盈，这些风格直到第三期的来临才出现在云冈石窟。于是，第三期的造像便体现出了典型的南朝风格，既有汉式服装，也有汉式风貌。如第30窟的一尊坐佛像，他身形瘦而修长，呈现出秀骨清像的特点，身穿褒衣博带式大衣，大衣下摆悬搭于座前数层，并有着繁复的衣褶，充分展示了南朝人欣赏的潇洒身姿。再如第11-8窟的一尊胁侍菩萨像，仍有着帔帛自双肩处披下，在腹前交叉，并穿一环，同时又具有面相清瘦、身躯纤细窈窕的特点。第30窟顶部中央有圆形浮雕莲花，周围有众多的蹲跪式飞天伎乐环绕着，都是姿态清瘦且轻盈，尽情展现了来自南朝的飞天与飞仙样式，而之前的平棋状窟顶此时变得较少。

第 35-1 窟是第三期较为优秀的一窟。它的特别之处在于西壁上刻有维摩诘与文殊菩萨在佛的两侧对坐说法的场景。佛坐在一座帐形龛中，两下侧共有八大菩萨胁侍，龛下还有两狮护法、两象抬着博山炉式的香炉供养。在佛龛的左右两侧上部分别刻着维摩诘和文殊菩萨，这种形式的《维摩诘经变》雕刻在第二期中没有出现。与云冈第三期同时，洛阳龙门石窟的北魏晚期洞窟中拥有大量的维摩诘与文殊菩萨对坐像，一般也是刻于一座佛龛的两侧，相互对称。这说明第三期中的维摩与文殊对坐像应当不是云冈第二期传统的延续，而是受到了中原风格的影响。

第三期规模最大的洞窟是第 39 窟，被认为是云冈三期石窟的代表作（图 52）。这是一座第三期少有的中心柱窟，平面略呈方形，窟内中央是一座仿木构的五层佛塔，高约六米，各层的四面均开五所佛龛，每层上沿都刻有屋檐及瓦垄，檐下有一斗三升与“人”字形栱，是复原北魏木构佛塔的绝好图像资料。窟内四壁分层整齐地排列着千佛，气势相当宏伟、壮观。这座洞窟同样具有为禅僧服务的绕

图 52　山西大同云冈石窟第 39 窟内景

塔礼佛、观像的功能，方塔和四壁的千佛像搭配和谐、巧妙，是在第 1、2 窟传统基础上的进一步发展。

六、结语

云冈石窟的发展主要分为三个时期。第一期以昙曜五窟为代表，包括第 16—20 窟，开凿时间在 460 年之后不久的年代里。五窟的主要功能是展示北魏五世帝王的化身佛像。第二期规模最为庞大，主要开凿时间在 470 至 493 年，包括第 1—15 窟。以太和十三年（489）为界，第二期可分为前后两个阶段。前期佛与菩萨装仍为印度和中亚的旧式，后期改为汉民族的褒衣博带式佛装和帔帛交叉的菩萨装，体现着孝文帝的汉化改革在佛教艺术界的反映。此外，第二期的大型洞窟往往成双出现，有的则是一组三窟，很可能与当时朝廷的统治者以冯太后（441—490）与孝文帝两圣为中心有关。郦道元的“真容巨壮，烟寺相望”，形象地评价了第二期洞窟的盛况。第三期开凿于孝文帝迁都洛阳之后，即 493 年以后，包括第 20 窟以西诸小窟，以及第 1—20 窟间补凿的小窟，还有一些没有按时完工的二期洞窟内补雕的龛像。第三期造像全盘接受了南朝典型的样式与风格，佛像表现为褒衣博带装与秀骨清像风格的结合。

北魏已远去，可它留下的佛教艺术却依旧辉煌。尽管当年开凿时熙熙攘攘的景象在斗转星移中掩埋在了岁月里，但经典的佛教文化却不会随着年代的流逝而泯灭。云冈石窟作为佛教在中国传播过程中的瑰宝，见证了太多历史发展。那些富丽雄伟的造像、装饰对视觉的冲击与心灵的洗涤，是用语言、文字无法表达出来的震撼。窟像风格、形制等多方面的变化，都值得今后无数学者进行深入探索。作为中国三大石窟群之一的云冈石窟的精彩，永无穷尽！

太原天龙山石窟

太原，别称并州，古称晋阳，自东周以来便拥有独特的军政地位。它处在四塞之地，众多著名战役曾在此发生。同时，太原也是中原农耕与北方游牧文化交流的枢纽，各民族文化在此融合。

天龙山石窟位于山西太原西南 36 千米处的天龙山山麓（图 53），始建于 6 世纪，即东魏（534—550）及北齐（550—577）年间，其辉煌延续到唐代，在中国石窟寺中可归于第三梯队。第一梯队为龙门、云冈、敦煌三大石窟，规模宏伟、时代延续长且保存较好；第二梯队为新疆拜城克孜尔石窟、甘肃天水麦积山石窟、甘肃安西榆林石窟、甘肃永靖炳灵寺石窟、重庆大足宝顶山石窟、浙江杭州飞来峰石窟等，洞窟形制丰富，有大量造像或壁画。天龙山石窟分布在天龙山东、西两峰南坡山腰间，共有石窟 25 座，其中第 1—8 窟位于东峰，第 9—21 窟位于西峰。另外在第 2、3 窟和第 4、5 窟上面还有 4 个洞窟，从东而西分别编为上层第 1—4 窟。无龙山石窟数量不多、规模较小且内容较为简单。但凭借其优美的雕刻风格与特殊的遭遇，天龙山石窟不仅在中国石窟雕塑发展艺术史上具有重要地位，还蜚声海外。

图 53　山西太原天龙山石窟外景（20 世纪 20 年代拍摄）

天龙山石窟虽然没有纪年题记，但通过与其他石窟资料比较，可以较清晰地进行分期。由于天龙山石窟相关资料及许多雕像收藏于国外，大陆学者很难接触，所以早期主要是西方和中国台湾学者在做相关研究。20 世纪 90 年代以后，大陆学者的研究开始兴起。按照洞窟与雕像的时代与艺术风格特点，天龙山石窟被分为如下五期：

第一期：东魏，第 2、3 窟。

第二期：北齐，第 1、10、16 窟。

第三期：隋，第 8 窟。

第四期：武周时期，第 4—7、17 窟。

第五期：唐玄宗时期，第 9、11—15、18—21 窟。

自从这里的石窟被开凿以来，一千多年后的天龙山虽然苍山依旧，可东、西两峰峻峭的山腰间，大部分石窟已空空如也，佛像不知何处去，只剩下残存的装饰、藻井，无声控诉着不公的遭遇。如今，我们对它的了解需要依赖 20 世纪初期拍摄的历史照片。

一、山中定次郎与天龙山石窟之劫

天龙山石窟开凿于东魏，在唐代发展到巅峰，之后逐渐被冷落。到了清代晚期，除了附近寺庙的僧人和居民外，已经很少为外人所知。20 世纪初，内忧外患的清政府无暇关注天龙山石窟，却引起了海外探险家与学者的兴趣。外国学者 E. 博尔斯曼和弗里尔分别在 1908 年和 1910 年对天龙山石窟进行了调查。随后日本东京大学东洋建筑史与考古学研究权威学者关野贞，于 1918 年带领一批日本人来到天龙山进行考察，并在 1921 年将调查报告发表在日本杂志上。一时间众多海外学者纷至沓来，对天龙山石窟进行学术考察与记录，并发表大量文章与图片，如外村太治郎于 1922 年出版的《天龙山石窟》。

当时无论是学者、博物馆专家，还是收藏家、艺术商人，都认可天龙山石窟具有极高的艺术价值。这引起了一部分人的歹念，其中就包括给天龙山石窟带来毁灭性打击的日本古董商人山中定次郎。山中定次郎，原名安达定次郎，1866 年出生于大阪，其生父为古董商安达信五郎。1873 年，小学毕业后的定次郎被父亲送入同为古董商的山中吉兵卫家中当学徒，因为山中吉兵卫所经营的山中商会（Yamanaka & Company）在大阪颇有名气，是行业标杆。勤学能干的定次郎在当学徒的同时，还在大阪市商业夜校与英语私塾学习。山中吉兵卫对掌握了商业知识与外语的定次郎十分赏识，同时又因为他没有儿子继承产业，便认定次郎为养子，并安排长女与定次郎结婚。入赘山中家后的定次郎改姓山中，被任命到海外扩张业务。1894 至 1905 年，他先后在纽约、波士顿、芝加哥、伦敦、巴黎等地设立了分店，这使得山中商会逐渐成为世界级的古董商号。1917 年，山中定次郎购入肃亲王家的一处 300 平方米的四合院作为山中商会在北京的支店。同年山中吉兵卫去世。1918 年，山中定次郎改组公司为山中商会股份有限公司并就任社长，成为山中商会的掌权人。

山中定次郎在古董界成名的时间早于他接管山中商会，这与他在中国的收购行为有关。1912 年，山中定次郎前往北京恭亲王府，抓住恭亲王溥伟没有生活来源又企图复辟清政权因而急需大量资金的机会，以极低的价格将恭亲王府除字画外的文物收购一空。这种购买方式在当年并不被人看好，认为是一桩冒险的买卖。但在隔年 1913 年的纽约和伦敦拍卖会上，恭王府数百件文物轰动收藏界，山中商会由此获得了高额利润，其名声一炮打响，跃居世界古董商号前列。

山中定次郎一行人分别在 1923 年和 1926 年两次来到天龙山，对石窟进行充分考察。他们惊叹于天龙山石窟中唐代造像的精美，便用金钱收买了看守石窟的僧人净亮，雇用人力和车马开始盗劫天龙山石窟雕像。利欲熏心的山中定次郎将天龙山石窟中能够搬运的佛像全部切割，若佛像的身体太大，就只凿走佛首，不顾后果地进行掠夺。山中定次郎还将两次上天龙山的经历以日记的形式记录在一本名为《天龙山石佛集》的小册子中，而山中攫取的雕像则首先于 1932 年 11 月在日本东京美术协会举办的“世界古美术展”进行了展览，随后公开拍卖，历经高价辗转，最后流入英、美、日等国的博物馆和私人藏家手中。

山中商会在 20 世纪二三十年代还参与了中国其他石窟的盗凿，比如河北邯郸响堂石窟，但天龙山石窟遭受的破坏程度最大，因为实物残存破败不堪，所以研究天龙山石窟必须要借助历史资料，尤其是学者、探险家以及山中商会拍摄的黑白照片。通过对比照片，可以定位流失在海外的天龙山石窟雕像头部或身体的确切位置。比如，现藏于哈佛艺术博物馆的唐代坐佛像，对照当时的东京拍卖会图录，就可以清楚判断出它来自天龙山第 21 窟。这些详细的历史图文资料记录了天龙山的原始情况，为现代学者的研究提供了参考，也算是不幸中的万幸。

二、继承与发展：东魏天龙山石窟

532 年，高欢（496—547）灭尔朱氏，平并州。534 年，高欢逼迫孝静帝（534—550 年在位）迁都邺城（今河北临漳县），高欢自己则以太原为根据地实际掌握东魏政权。高欢崇尚佛教，在太原修建了众多寺庙，位于太原城郊的天龙山自然也纳入建设范围。

东魏时期开凿的第 2、3 窟，规模不大，却奠定了之后天龙山石窟的基本形制。第 3 窟，洞窟小而精美，平面呈方形，正壁有一龛，主尊为结跏趺坐佛，两侧各有一菩萨立像（图 54）。两侧壁各开一龛，主尊为倚坐佛，两侧各有一菩萨立像。正壁与侧壁龛外均有供奉的僧人浮雕，僧装供养人形象加上较小的石窟规模，说明天龙山的东魏石窟应当不是皇家级别的营造，而是由僧人募缘资助开凿的。

第 2 窟与第 3 窟布局基本一样，方形平面，三壁龛内外分别雕有坐佛和立菩萨像。不同之处在于龛外的造像由浮雕变为高浮雕，并且龛楣装饰更为丰富。第 2 窟造有宝帐形龛，自上而下雕刻有山花蕉叶及宝珠、莲瓣、帷幕等装饰。这种

图 54　山西太原天龙山石窟第 3 窟正壁（20 世纪 20 年代拍摄）

帐形装饰早在北魏开凿的洛阳龙门石窟古阳洞中就已出现，在天水麦积山石窟北周开凿的第 4 窟最有代表性，是北朝一种常见的佛龛装饰。

东魏两窟的一些特点一直影响到天龙山后期洞窟的开凿。其一是三壁三龛与倒“凹”字形坛。三壁三龛的做法最早出现在北魏晚期的云冈石窟第三期，在三壁龛内各雕有一佛，分别代表过去、现在、未来三世佛。倒“凹”字形坛，顾名思义，即指在三壁前下部凿有平面呈倒“凹”字形的低坛，最早见于龙门石窟的宾阳中洞，该洞是北魏宣武帝（499—515 年在位）为父亲孝文帝与母亲文昭皇后造功德而建，属于皇家级别的洞窟，规模比天龙山的东魏窟大得多。天龙山东魏窟的倒“凹”字形坛上没有造像，仅仅设坛而已。

其二是覆斗顶，表现为将窟顶中心凿成方形深凹藻井，四面呈斜坡状，形如倒斗，很可能来源于生活中的倒斗形床帐。覆斗顶的四面坡均有飞天浮雕形象，仍然是北魏晚期以来的清秀形象风格，呈跪姿飞翔。天龙山第 2、3 窟是目前发现最早的覆斗顶洞窟之一，另外一处是西魏开凿的敦煌莫高窟第 285 窟。

其三是逐渐圆润的造像风格。天龙山第 2、3 窟的佛与菩萨造像的脸部比起北魏的云冈石窟第三期造像来说圆润些许，腹部稍挺，但是身体还是较清瘦，没有达到胖的程度。总的来说，佛与菩萨的形象仍旧继承北魏晚期的风格，还不丰满，但已与过去弱不禁风、秀骨清像的风格有所不同。

其四是服饰细节。佛像都穿褒衣博带装，而菩萨的服饰发生了变化。第 2、3 窟中菩萨立像的帔帛从双肩垂下，并且在腹前绕作两道圆环。这种做法是过去没有的，北魏时期菩萨像的帔帛一般都是在腹前交叉或穿一环。以后，在腹前绕作两道圆环的帔帛做法被北周、隋代继承。

三、划时代的变化：北齐天龙山石窟

高欢去世后，高氏家族爆发内乱，高欢次子高洋（526—559），废黜东魏傀儡皇帝孝静帝（534—550 年在位），于 550 年建立北齐，仍定都邺城。太原依旧是高氏家族的根据地，北齐统治者和大量的权贵常年在此办公、生活，频繁往来于邺城与太原之间。于是，很多石窟、寺院便在这条道路的沿线建起，比如邯郸的南北响堂石窟。

天龙山第二期洞窟开凿在北齐时代。这段时期的天龙山石窟造像风格发生了划时代的变革：人物形象全都变得丰满，衣衫更加轻薄，衣纹刻画更加稀少和抽象，身体近似直筒状。这种变化应当受到了邺城地区的影响，包括来自南北响堂石窟的影响。北响堂石窟是将佛教奉为国教的北齐皇帝高洋下令建造的，属于皇家级别，引领着当时的佛教造像潮流，很有可能会影响到天龙山石窟及其他地区。但并不是北齐境内所有地方都是如此，比如山东青州龙兴寺遗址出土的佛教造像，还是有身段变化起伏的，是其地方特色。

北齐时期所开凿的第 1、10、16 窟，仍然继承东魏的窟形特点，即有倒“凹”字形坛、三壁三龛、龛内各雕一佛两菩萨像。第 1 窟正壁的佛像，肉髻低平、面部丰满、身体圆润壮实，轻薄的大衣紧贴身体，但没有特别夸张地显示身段，这就是典型的北齐造像风格。东壁主佛的面部依旧是典型的北齐风格，但衣服是印度通肩式，属于旧式风格。因为北齐的统治者是鲜卑化的汉人，高氏家族虽然为汉族血统，但长期生活在鲜卑人中，相对来说更认同鲜卑文化，极力反对北魏的汉化改革，但为了维护政权和统治汉人，又不得不接受汉化。于是在不抛弃北魏汉化佛像褒衣博带装的同时，又有汉化改革前的佛教艺术风格，比如佛的通肩式大衣与菩萨的无帔帛服饰。

第 10 窟除了东壁有通道与第 9 窟相连外，窟型还是三壁三龛式，只是三龛造像内容不一样、胁侍像增多。北壁为释迦牟尼和多宝两尊坐佛，东壁为一交脚菩萨两弟子两菩萨，西壁为一坐佛两弟子两菩萨，仍然表现过去、现在、未来三世佛，是对北魏以来北方地区流行的三世佛题材的延续。

一佛两弟子两菩萨组合在北魏时期就已定型，但第 10 窟的胁侍中增加了天王像，而天王形象在以前的北方没有出现在一辅造像之中（图 55）。第 10 窟天王的上半身很像菩萨，下半身着短裙与裤靴，证明此时石窟中的天王还没有定型为着铠甲的将军形象，属于天王像的早期发展阶段。直到初唐时期，天王形象才在石

图 55　山西太原天龙山石窟第 10 窟内景（20 世纪 20 年代拍摄）

窟中定型。这里的天王像也饰有帔帛，一手叉腰，一手握长柄三叉戟。从迄今发现所见，天王在梁朝最先出现在一辅造像之中，见于四川成都地区发现的梁朝石造像。天龙山的北齐天王像，很可能受到梁朝造像的影响，这也是北齐接受南方汉地文化影响的证据之一。

第 16 窟是天龙山石窟群最重要的北齐石窟。门廊处有残存的石柱和门楣，以及仿照木构建筑雕刻的屋檐、一斗三升、“人”字形栱等结构。窟内依然是三壁三龛式，三壁下部有倒“凹”字形坛，每所龛内均雕一佛两弟子两菩萨的五尊式造像。佛像依旧是低平肉髻，衣服为传自印度的袒露右肩式，大衣紧贴着身体，显现出壮实丰满但还不够优美的身材。窟顶为平顶，中间雕一朵大莲花，四周雕刻有飞天伎乐。与北魏的飞天相比，这些飞天的服饰与姿势变化不大，只是身体略显丰满一些。

四、唯一的隋代中心柱窟

第8窟是天龙山石窟唯一的隋代石窟，规模仅次于第9窟的第二大洞窟。窟的前廊有碑文《石室铭》，记载北周武帝（561—578年在位）灭佛以及隋文帝（581—604年在位）复兴佛法事件。铭文记载此窟始凿于隋开皇四年（584），当时驻守晋阳的隋炀帝杨广竭力倡导佛事，营建寺塔，它的开凿和这样的宗教背景有关。

第8窟也是天龙山唯一的中心柱窟，分为前后两室。后室为主室，平面呈方形，覆斗顶，中间立有方形中心柱，四面各开一佛龛；在左、中、右三壁也各开有一座佛龛，每座佛龛皆供奉了一尊坐佛及胁侍像。中心柱窟，与之相对应的宗教功能是入塔观像、绕塔柱礼拜。由于隋代中原地区已不再流行这种修行方式，所以极少见到中心柱窟，迄今在邺城、洛阳地区都没有发现。与长期流行中心柱窟的敦煌不同，天龙山第8窟是中原地区唯一的隋代中心柱窟。观察第8窟的结构，可以发现这座中心柱窟，就是在前朝三壁三龛、下设倒“凹”字形坛的基础上加上了中心的方柱，既延续了东魏以来的天龙山石窟传统，也加入了北魏时流行的中心塔柱。

在造像方面，第8窟侧壁仍然为五尊式，变化在于龛内只雕主佛，将四胁侍像均置于龛外。这种布局形式在先前的北魏已有，算不上时代变化。佛像仍然继承着北齐的低平肉髻、面相丰满、身材丰硕的特点，风格变化不大，服饰仍是通肩式、袒露右肩式与褒衣博带式三种并存。较为创新的是菩萨的身体更趋于女性化。

五、武周时期的天龙山石窟

崇尚佛教的武则天（624—705），在称帝后十分重视佛寺、石窟建设，在全国各地新建或续建了多处佛教建筑。唐代天龙山洞窟的窟型大致分为两种：其一是方形平面，在三壁三龛的基础上将规模扩大，近似于通壁大龛；其二是延续马蹄形平面，在三壁下部凿出倒“凹”字形坛，在坛上雕像。窟顶都是四面坡式的覆斗顶。

武周时期天龙山石窟的造像风格发生彻底变化。人物的体形愈发优美、健壮，宽肩挺胸，细腰长腿，与同时期的长安与龙门地区造像类似。佛像头与身体比例和谐，面相丰满，有水波状发纹，肉髻高矮适中。在佛像的服装方面，与高宗时期流行褒衣博带式大衣不同，武周时期通肩式、袒露右肩式与褒衣博带式三种大衣均流行。服装轻薄贴体，勾勒出宽肩细腰的优美体形。坐佛的大衣下摆悬覆座前，呈倒“山”字形。

菩萨像也强调身段的健美。菩萨呈立姿，头顶束高发髻，面相圆润，表情自在，袒露上身，饰有帔帛、项圈、斜披络腋。下身着长裙，双腿部衣纹呈 U 字形，胯部向着主佛一方扭动，使身体呈优美的 S 形，将宽肩、细腰、宽胯的健美身材呈现得淋漓尽致。这种大幅度扭动胯部的立菩萨像，出现在唐高宗（650—683 年在位）时期，最先流行在长安、洛阳地区。太原离政治中心地区不远，所以在武周时期很快地接受了这种样式。而敦煌地区大量的扭动胯部的立菩萨彩塑像，则是在唐玄宗时期才出现的，因为那里距中原较远，佛教造像的新风格传播有滞后性。

第 4 窟内原有七尊雕像，正壁大龛内雕刻有主尊坐佛和两胁侍弟子，东、西两壁大龛内各有两尊菩萨像。正壁主佛的左侧为弟子迦叶，两手并放在腹前。右侧弟子为阿难，胯部呈 S 形扭向主佛，左手放在腹前，右手下伸，并以手提衣襟。这是在其他地方极少看见的手势，属于天龙山武周时期的地方特点。

第 6 窟布局也是三壁三龛，表现三世佛主题。正壁与西壁主尊为结跏趺坐佛，体形健美。东壁主尊为倚坐佛，代表未来的弥勒佛，他两膝分开，使小腿呈倒“八”字形，这种姿势流行于长安地区，与洛阳地区所流行的弥勒佛两腿平行下伸的做法不同。所以，天龙山在武周时期应当受长安地区的影响更多。佛像两侧菩萨赤足，向着主尊一方扭动胯部，站立于莲台之上，均为身材丰腴，细腰丰胸，夸张地展示着优美的身材。

第 17 窟平面为马蹄形，在正、左、右三壁下部凿有倒“凹”字形坛，在坛上雕出三辅像。这种石窟形制同样出现在初唐洛阳龙门石窟和陕西彬县大佛寺石窟，可知第 17 窟的窟形应当是受到长安或洛阳地区的影响。第 17 窟虽然规模较小，但包含大量精美造像，有三尊坐佛（三世佛），四尊菩萨立像，以及六尊菩萨坐像，分别刻于三壁坛上。窟外曾有两尊护法守卫。如今，这些造像的头部均流失海外，只能凭借过去的摄影资料追忆当年窟内的盛景。

六、最后的辉煌：唐玄宗时期的天龙山石窟

唐玄宗（712—756 年在位）时期，国力强盛，思想开放，天龙山石窟的开凿活动也在这个时期达到了巅峰，开凿的洞窟达十座，占到天龙山石窟总数的五分之二。在最后的辉煌时期，天龙山石窟的造像身体比武周时期更加丰腴，富有肉感。

第 9 窟是天龙山石窟中唯一免遭破坏的洞窟，位于天龙山西区东侧。上层有一座巨大佛龛，雕着一尊超过 7.5 米高的大型摩崖倚坐佛像。下层是三尊大型菩萨像，中间为一尊高 5.5 米的十一面观音立像，两侧分别为骑象的普贤菩萨与骑狮的文殊菩萨。在洛阳龙门石窟的唐代石窟中，有骑象普贤与骑狮文殊菩萨的组合，但似这般高大的体量，却是天龙山独有。在两菩萨中间雕立姿的十一面观音，这样的组合没有在别的地区出现过。幸亏这组造像因为体量过于庞大未被日本的山中商会盗取，为我们填补了唐玄宗时期中原地区佛教造像的宝贵研究资料。上层大型的倚坐弥勒佛像，是当时洛阳地区流行的造像题材，也曾经风靡全国各地，最知名的例子就是四川乐山大佛。该像着褒衣博带装，两膝略微分开的风格，与炳灵寺大佛有所类似，介于长安、洛阳的倚坐弥勒佛腿姿之间。

第 14 窟是一座小窟，平面略呈圆角方形，在正、左、右三壁下部凿有倒“凹”字形坛。坛上的主像是结跏趺坐佛与两半跏坐菩萨的组合，而菩萨的半跏坐姿在长安地区出现较多，说明唐玄宗时期天龙山石窟仍然接受长安地区的影响颇深。第 14 窟的菩萨像都非常优美，面部圆润，袒裸的上半身丰腴、窈窕，还有丰胸细腰的特点，臀部较窄，采用了夸张的手法来表现女性般的身段美。这些造像

是美术界公认的具有当时中原地区最高水平的雕刻艺术。

第 18 窟也很重要。窟内造像虽然大部分已遭受破坏，但较其他石窟而言保存遗迹相对较多，体现着唐玄宗时期高超的石刻工艺。该窟平面呈马蹄形，依正、左、右三壁下部凿出倒“凹”字形坛，在坛上雕出三辅造像，以三世佛为主题。其中的结跏趺坐佛身材矫健，夸张地表现了宽肩、挺胸、细腰、收腹的男性般的健康身材。佛的大衣包裹着双足，但显出了足的外形，则是来自长安地区的佛像风格。佛身旁的胁侍半跏趺菩萨像也均是细腰宽肩，挺胸收腹，夸张地表现身段美（图 56）。

第 21 窟的造像风格与第 18 窟相似。正壁的主尊为结跏趺坐佛，身旁有五尊胁侍菩萨像。与第 18 窟不同的是，主佛两侧的菩萨坐姿不是半跏，而是结跏趺坐。一佛两菩萨均为结跏趺坐的做法，可见于唐代流行的经变画，如在敦煌莫高窟的一些唐代经变画中，位于中央的一佛两菩萨均为结跏趺坐，接受着众人的供奉。那么，第 21 窟的主像有可能是经变题材的缩小版。

图 56　山西太原天龙山石窟第 18 窟左壁佛与菩萨像（20 世纪 20 年代拍摄）

从时代价值来看，唐玄宗时期的天龙山造像也十分珍贵。因为唐玄宗本人不信佛，而是信仰道教，玄宗时期的佛教和佛教艺术的发展大不如高宗时期和武周时期那样蓬勃。因此，玄宗时期的佛教艺术作品在北方中原地区的发现数量极其有限。但在远离政权中心的偏远地区，如四川、敦煌，佛教受政治的影响不大，仍可以顺利地发展，保存下来的建筑与艺术作品也就多一些。天龙山石窟有如此多且艺术价值极高的唐玄宗时期的造像，可以说是非常珍贵的实物遗存了。

七、结语

不论是造像内容、窟型结构还是时代风格变化，天龙山石窟都比较简单明了。东魏、北齐时期主要为三壁三龛式洞窟形制，隋代在三壁三龛基础上增加了中心柱。造像从北魏开始东魏继承的汉式风格，过渡到北齐、隋代的中印结合的丰硕风格。唐代天龙山造像风格趋于夸张式的健美，窟型除三壁三龛外，还发展了马蹄形平面、设倒“凹”字形坛的洞窟，在坛上造像。这是与前朝仅仅设倒“凹”字形坛而不在坛上造像的不同之处。但天龙山石窟的风格发展简明，并不意味着它的艺术价值可以小觑。相反，从东魏到唐朝，高水准的雕刻赋予了天龙山石窟旺盛的生命力，即使跨越千年，依旧可以感动观者。特别是唐玄宗时期的繁荣窟像艺术，更是填补了中原地区的不足之处。

近年来，流失海外近一个世纪的天龙山石窟造像陆续回归祖国，其中的曲折艰难牵动着每位国人的心。我们愤怒于日本的山中定次郎的野蛮攫取，叹惋于高昂的拍卖成交价格，又振奋于越来越多的国宝重回祖国怀抱。同时，我们也应该清醒地反省，只有完善的文物保护法律体系与强烈的遗产保护意识，才能真正地守护好中国的艺术瑰宝。

Gems of Chinese Grottoes

河 南

洛阳龙门北朝石窟

河南省洛阳龙门石窟，与甘肃省敦煌莫高窟、山西省大同云冈石窟，并称为中国三大石窟艺术宝库。不同于后两者的地理位置相对偏远，洛阳位于中原文化的核心地区，东周、东汉、曹魏、西晋、北魏晚期都在此定都，自古就是中华文明兴盛之所，人文荟萃之地。

太和十八年（494），北魏孝文帝为了更有效地控制北方地区，缓和鲜卑族与汉族之间的矛盾，毅然将北魏的都城从平城（今山西大同）迁到洛阳，并且继续推行一系列影响深远的汉化改革。北魏的政治、文化中心从平城转移到洛阳，鲜卑族的佛教信仰和造像传统也一并进入这里。

孝文帝和他的文武大臣们延续之前的崇佛传统，极力扩大佛教的影响。他们纷纷捐资舍财支持佛教发展，在洛阳附近广作佛事、兴建寺院，还首先选择了龙门作为开窟造像的佛教圣地。

龙门在洛阳城南，与都城近在咫尺。此处风光秀丽，伊水中流，香山和龙门山在两侧拔地而起，如游龙归阙，故称“伊阙”。“龙门山色”一直被列为“洛阳八大景之冠”。民间流传着大禹疏浚龙门的故事，古人还视龙门为沟通彼岸世界的风水宝地。再加上龙门有独特的地形地貌，两山基本都属于石灰岩和白云岩，石质坚硬，具备凿窟雕像得天独厚的优越条件。

龙门石窟现编 2 345 个窟龛号（图 57），还不断有新的窟龛造像被发现，共有大小造像十万余尊。其中的北魏窟龛造像约占总数的三分之一，多集中开凿于北魏迁洛以后的孝文帝（471—499 年在位）、宣武帝（500—515 年在位）、孝明帝（516—528 年在位）期间。这段时间中国北方相对稳定，佛教发展达到了一个空前繁荣的阶段。造像风格也由“平城模式”走向了“北魏洛阳模式”，在艺术表现形式、造像题材、造型样式等方面都全面向南朝学习，呈现出本土化、汉民族化的特点。龙门石窟迎来了第一次高潮。

一、龙门石窟的发端——古阳洞

北魏迁都洛阳后，首批迁至洛阳的王公贵族、高级官吏以及洛阳地方官吏开始在龙门祈福发愿造像。他们在龙门开凿的第一座洞窟，就是古阳洞，位于

图 57　河南洛阳龙门石窟外景

龙门西山中段南部。它很可能是孝文帝拓跋宏亲自参与的功德窟，也是北魏皇室贵族和名门望族发愿造像最为集中的洞窟。作为龙门石窟开窟最早、小龛数量最多、题材内容及铭刻题记最为丰富的大型洞窟，古阳洞又被称为“龙门石窟第一窟”。

古阳洞是利用一个自然溶洞修凿而成的，它的平面为长马蹄形，穹隆顶，宽6.9米、深13.6米、高11.1米，正壁前雕着高大的一佛两菩萨（图58）。主像释迦牟尼佛结跏趺坐于方台座上，高6.12米，头顶有磨光的高肉髻，面相长圆秀美，眼含笑意，脖颈细长，两肩削窄，身材消瘦，外披褒衣博带汉式大衣，很具有南朝崇尚的“魏晋风度”。释迦牟尼佛两侧的胁侍立菩萨头戴莲花宝冠，面相长圆清秀，上身袒露，下着长裙，饰有帔帛、项圈、璎珞等华贵装饰品，庄重文静，姿态优美。这三尊造像明显继承了云冈二期佛与菩萨的服装样式，又直接引进了南朝的清秀风格，引领了龙门北魏造像“秀骨清像”之风。这种艺术风格的形成，与当时的社会风尚以及北魏国全面向南朝学习密切相关。

孝文帝的汉化改革以南朝为榜样，大力吸收南朝文化，促进了各民族间的互相融合。“秀骨清像”意指面相清雅、骨骼清秀，这种造型风格起始于东晋时期。从著名画家顾恺之（348—409）的《女史箴图》《洛神赋图》中，我们可以窥见到人物的“秀骨清像”风貌。“褒衣博带”，指穿着宽博的大衣，系着长长的衣带，类似于魏晋士大夫的常服。给佛穿上类似于褒衣博带服装的大衣，是南朝佛教艺术家的创作，随着北魏孝文帝进行汉化改革、亲自穿汉族皇帝的“衮冕”而传入北方，再随着他迁都洛阳而出现在了古阳洞之中。

素有“古碑林”之称的龙门石窟共有造像的碑刻题记二千八百余品，其中仅古阳洞内就刻有造像题记八百多品，是中国石窟中保存造像题记最多的一个洞窟。而久享盛名的“龙门二十品”造像记，其中的十九品就雕刻于古阳洞内。龙门二十品字形端庄大方，刚健质朴，既具隶书格调，又有楷书因素，是“魏碑”体的代表，在中国书法艺术发展史上具有崇高的地位。

这些造像记中的功德主多是北魏的王公贵族、高级官吏、洛阳地方官吏和得道高僧。他们为孝文帝歌功颂德，或为祈福禳灾而开龛造像。因此，这些造像记

图 58　河南洛阳龙门石窟古阳洞正壁

中往往涉及当年的史实，具有珍贵的研究价值。

古阳洞的第一批造像是正壁的一佛两菩萨大像和两侧壁上层的八大龛。八大龛中有六龛主尊都是身穿印度式的袒裸右肩式大衣的释迦牟尼佛坐像，延续着云冈石窟一、二期的佛像雄健有力度的传统。杨大眼造像龛就是这期龛像的代表，是北壁上层东起第三龛。该龛内容丰富，雕刻富丽华美，是古阳洞中龛像的精品。主尊释迦牟尼佛像的背后有极其繁复细致的圆形头光和舟形背光，将大小佛像、飞天、联珠纹、火焰纹安排得错落有致。主尊两侧各刻一身胁侍立菩萨。该龛的造像记就是龙门二十品之一的《杨大眼造像记》，刻于北魏景明、正始年间（500—508），呈浮雕石碑形，位于龛的右侧，高 126 厘米、宽 42 厘米，有着螭首，长方形碑座，圭形碑额上刻“邑子像”三字，碑身文字歌颂了北魏将领杨大眼军功显赫的一生。

高树龛位于杨大眼龛上方，完工于宣武帝景明三年（502），由北魏民间佛教团体“邑社”社主高树等 32 人出资雕造。高树龛的造像组合与杨大眼龛相似，也是释迦牟尼坐佛与两胁侍立菩萨。主尊佛也是穿着袒露右肩的大衣，结跏趺坐。在龛楣处刻有一排天人供奉璎珞。该龛左侧的造像记也为龙门二十品之一，是魏碑体书法中的佼佼者。

高树龛主尊佛头高 32 厘米。他的肉髻高高隆起呈馒头形，肉髻与发际表面刻有水波纹。他的眉间有白毫相，面相长圆清秀，棱角分明，处于雄浑阳刚的云冈二期风格向秀骨清像的龙门期的过渡阶段，是北魏晚期佛像艺术中原风格的完美体现。这尊佛首于 20 世纪初被盗凿，首先运往法国，后流落比利时。1991 年春由旅美华人收藏家陈哲敬购得，后被证实为龙门石窟古阳洞高树龛的主尊释迦牟尼佛首。2004 年 12 月与 2005 年 10 月，中国文物信息咨询中心从美国征集回国七件流失海外龙门石窟文物，划拨给龙门石窟研究院珍藏，高树龛主尊佛头像为其中之一。这在龙门石窟文物保护研究史上是具有里程碑意义的重大事件。

在古阳洞侧壁上层八大龛雕成后不久，许多皇室宗亲、达官显贵们又争先恐后地纷纷在古阳洞穹隆顶的表面雕造佛龛。最后实在没有地方可利用了，他们就把洞窟的地面向下深掘，终于又开出了古阳洞南北壁面上的中层八大龛和下层的几座大龛。今天我们看到的古阳洞正壁三尊大像，位置明显过高了，给人以很不协调的感觉，就是这种历史原因造成的。在古阳洞扩展时期凿成的这些佛龛中，有很多雕的是交脚坐姿的弥勒菩萨像，身穿汉式的帔帛于腹前交叉，身形消瘦，体现着典型的南朝风范。它们旁边的铭刻题记中有诸如“皇道赫宁”“皇道更隆”“皇化层隆，大魏弥历，引秩千基，福钟万代”“帝祚永隆”，以及“为皇帝造石像”的祝愿语，将这些上层佛教信徒的崇佛心情同皇家的命运密切地联系在了一起。

二、龙门北魏时期的标型佛殿窟——宾阳中洞

宾阳三洞是北魏宣武帝为父母孝文帝、文昭皇后做功德所开凿的皇家洞窟，其事记载在《魏书·释老志》之中，是中国正史中唯一有确切记载的石窟。宾阳三洞前后营造时间长达 24 年，用工八十余万人。不过，终北魏之世，只按期完成了宾阳中洞的雕凿，南洞与北洞因北魏末年的政局动荡而辍工，直到唐代初年才相继补雕完成。

宾阳中洞是一座大型的佛殿窟，是提供给僧侣们讲经说法用的（图 59）。该窟富丽堂皇，是龙门众多石窟之冠，显示出北魏皇家石窟恢宏的气势。它的窟门外上方刻着尖拱形的火焰纹，门两旁各站立着一位身材高大、张口怒视的金刚力士。在窟门的两侧壁上，还分别刻出了三头四臂的大梵天和一头四臂的帝释天像，都是佛教中的护法神。窟室内部的平面是马蹄形的，宽 11.4 米、深 9.85 米、高 9.5 米，上面有穹隆状的窟顶。在正、左、右三壁前，凿着低矮的倒“凹”字形基坛，坛上正壁雕刻了通高近十米的大坐佛像，旁边还侍立着两尊弟子像和两尊菩萨像；在左右侧壁上分别有一尊高大的立佛像和两尊胁侍菩萨立像。这三组造像分别表示过去、现在、未来三世佛和他们的胁侍。在这三组大型造像之间，还刻了一些小型的供养菩萨像。佛与菩萨的体态修长，表情温和，神采飘逸，是北魏“秀骨清像”造像的典型代表。佛像的衣饰都由北魏中期的袒露右肩和通肩

图 59　河南洛阳龙门石窟宾阳中洞

式变为褒衣博带式。

宾阳中洞的窟顶中央浮雕着莲花宝盖，周围雕着飘逸脱俗的伎乐飞天，环绕着莲花奏乐翱翔于天空，极其富丽繁华。

位于前壁窟门两侧的浮雕内容最为丰富，自上而下分为四层。第一层雕维摩诘居士与文殊菩萨对坐说法，他们的身旁各有几尊胁侍，这是中国石窟发现的最大的一幅该题材雕刻。其中的维摩诘坐于床帐之中，背靠着隐囊，右手挥动麈尾，很有潇洒自若的魏晋士大夫风范。维摩诘像现藏于美国华盛顿弗利尔美术馆。第二层雕的是两幅佛本生故事，即须大拏太子施舍和萨埵那太子施身饲虎的故事。这两幅浮雕都以当时流行的三角形山峦为背景，将故事场景安放于山水树林之中，但人物大于山峦，是典型的南北朝山水人物画的表现法。

前壁第三层对称地雕刻着“皇帝礼佛图”和“皇后礼佛图”。所谓“礼佛图”，就是把当时人们进行佛事活动的礼仪形象地模刻或绘制到窟壁上，让人们永久性地纪念这些造窟人或被纪念者的功德。宾阳中洞的这两幅皇家礼佛图，表现的正是北魏孝文帝和文昭皇后礼佛的盛大场景。画面上分别以孝文帝和文昭皇后为中心，前簇后拥，组成南北相对的礼佛行进队列，向着窟门方向徐徐行进。整个画面气势宏大，构图精美，是中国古代雕刻艺术的杰作。但令人痛惜的是，在 20 世纪 30 年代，这两幅礼佛图被完全盗凿，相对应的位置已空空如也，只留下一个个坑洼不平的凿痕。如今，这两幅浮雕真品分别藏于美国纽约大都会艺术博物馆和美国堪萨斯城的纳尔逊艺术博物馆。

第四层表现十尊佛教中地位较低的护法神王像，包括风神王、龙神王、火神王、树神王、河神王、鸟神王、象神王、狮神王、珠神王、山神王。在佛典记载中，这些神王常在佛的法会里出现。宾阳中洞的这组作品，是中国现存时代最早的一组十神王雕刻。

三、北魏孝明帝时期的洞窟

古阳洞和宾阳中洞树立了龙门北魏洞窟的样板。在孝明帝时期，龙门石窟进入了开窟造像的繁荣阶段，这是因为孝明帝和当时摄政的胡太后（？—528）都崇佛尤甚。在这段时期，莲花洞、皇甫公窟、魏字洞、普泰洞、路洞、火烧洞、唐字洞、赵客师洞、药方洞等中型洞窟相继开凿，重新建立了北魏龙门的标型洞窟形制。

莲花洞位于龙门西山中段，门楣装饰极为精美，以浅浮雕的技法表现火焰纹和铺首。这座洞窟的形制和古阳洞很像，原来也是一个自然溶洞，经过修凿，成了平面呈长马蹄形的穹隆顶窟。洞窟的两侧壁模仿古阳洞布置列龛，在南壁有三排龛，各龛的龛楣与龛内雕刻也很富丽，有很多细节值得欣赏。但因北壁的裂隙过多，无法修凿平整，就没有作原始规划。现北壁布满了信徒们陆续补雕的小龛，没有统一设计。

莲花洞的正壁主尊是释迦牟尼立像。他身着褒衣博带式大衣，原面相长圆，可惜头部已在 20 世纪初被盗。立佛的身躯显瘦，有飘逸之感，衣纹刻画流畅。立佛的两侧各雕着一尊弟子、一尊胁侍菩萨。其中的左弟子迦叶是龙门弟子像中少有的精品。他的面相为西域胡人，用夸张的手法刻着沧桑与坚毅的神情。他的身体很瘦，胸部露出条条肋骨，右手执锡杖，身穿僧衣，细腻地表现出历尽艰辛、长途跋涉的老僧形象。不幸的是，迦叶造像的头部在民国时期也被盗凿，现藏于法国巴黎吉美博物馆。

该窟窟顶雕刻着一朵精美的大莲花，为龙门石窟窟顶莲花之最，莲花洞之名便因此而来。莲花因“出淤泥而不染”而被演绎成佛教的圣花，并用来象征佛教的洁净。这朵大莲花直径有 3 米多，饱含莲子的莲蓬和周围叠压的莲花花瓣十分逼真，富有立体感。在莲花的周围还镌刻着六身飞天，他们头挽花髻，细腰长裙，衣带飘逸，体态清秀，姿势优美，朝着洞中的主佛释迦牟尼乘风飞翔着。

皇甫公窟位于龙门西山中段南端。在窟门南侧崖面雕刻有“太尉公皇甫公石窟碑”，记载着这座石窟开凿于北魏孝明帝孝昌三年（527），是宣武帝灵皇后（胡太后）母舅皇甫度（？—528）出资营建的，属中型洞窟。他造此窟的目的大有为孝明帝和胡太后做功德的可能。这也是龙门北魏石窟中唯一一座有纪年的洞窟，可以作为年代学标尺。

该窟的窟楣为仿木构建筑屋檐形式，在屋脊正中刻有一只金翅鸟，尖拱形门楣内雕刻有七尊坐佛，表示过去六佛和现在的释迦牟尼佛。门楣上方各雕一伎乐人物，南侧伎乐人持曲颈琵琶，北侧伎乐人吹横笛。窟内顶部中央有高浮雕莲花，四周是飞舞的飞天在演奏各式乐器。地面雕饰着从窟门直通正壁佛坛的踏道，南北两侧各浮雕三朵莲花，象征着踏道位于洁净的莲花池之上。窟内造像的布局是三壁三龛式的变形：正壁下部设一高坛，坛上雕一辅主像，主尊为结跏趺坐的释迦牟尼佛；两侧壁各开一座大龛，龛内主像分别是代表过去佛的释迦多宝佛，和未来佛弥勒菩萨。因此，该窟的主题仍是传统的三世佛。这种一坛两龛窟，就成了龙门北魏的标准窟型。

在皇甫公窟，主尊释迦牟尼佛结跏趺坐于正壁高坛床之上，身着褒衣博带式大衣，身躯清瘦，很有南朝士大夫风范（图 60）。但这尊佛像的左手为六指，

图 60　河南洛阳龙门石窟皇甫公窟内景

为龙门仅见。根据史籍记载，北魏盛行模仿帝王躯体造佛像，即皇帝的化身佛像。文成帝时，即“诏有司为石像，令如帝身，既成，颜上足下各有黑石，冥同帝体上下黑子，论者以为纯诚所感”。那么，皇甫公窟的这尊六指佛像，极有可能是参照了北魏孝明帝六指的体格特征而进行摹刻的。但孝明帝是否有六指，史料无载。

皇甫公窟南、北壁基下，保存有相对较完整的礼佛图浮雕，把各种人物的精神面貌及神态都刻画得淋漓尽致，展示出胡太后和孝明帝引领比丘、侍者出行礼佛的庞大场景。画面中人物相互间关系错综有序、疏密有致，统一在完整的气氛之中，既表现了皇室贵族们在宗教活动中肃然礼佛的精神状态，又展示出雕刻艺术家高超的技艺，是龙门石窟现存规模最大、最为精美的礼佛图。

北魏孝明帝时期开凿的其他代表性石窟，还有魏字洞、普泰洞、路洞等。魏字洞是一所中型洞窟，因窟内有北魏孝明帝正光年间（520—525）、孝昌年间（525—527）多块造像题记而得名。和皇甫公窟相似，它也是一座一坛两龛窟，即在窟内正壁下部凿出坛床，在坛床上雕一辅主像；在南、北两侧壁各开一座大龛。这样，正壁坛上和侧壁龛内的主佛就形成了三世佛题材。正壁的主佛释迦牟尼通高 3.5 米，头顶有磨光的高肉髻，面相清秀，和蔼可亲，身着褒衣博带式大衣，衣纹简洁洗练，结跏趺坐于坛床上。他的两侧有两弟子、两菩萨虔诚侍立。菩萨体型较瘦，衣纹飘逸柔和，衣饰富有质感。普泰洞也开凿于北魏孝明帝时期，因洞内最早的造像题记为普泰元年（531）而得名，但该题记所属小龛不是窟内原始设计，而是在北魏节闵帝时期（531—532 年在位）补刻上去的。它的窟形和魏字洞相同，窟内造像风格也和魏字洞的相似，佛、弟子、菩萨像也显示着北魏造像的普遍特征。路洞因临近西山脚下南北通道而得名。该窟的正壁下部也是凿有坛床，在坛床上造出一辅主像。但不同的是，正壁坛上还雕出了帐形装饰，表示坛上的一辅主像是位于一个巨大的床帐之中。窟内南、北壁没有各开一座大龛，而是各雕两排浅龛，下部雕有供养人行列和神王像。在窟顶还刻有无数佛头，以象征千佛。侧壁上层列龛是汉民族建筑形，浮雕着带台阶栏杆的歇山顶殿堂，为龙门石窟所仅有，是研究当时建筑的宝贵图像资料。

另外，火烧洞、唐字洞、赵客师洞、药方洞也开凿于孝明帝时期，后三窟内原始结构的设计也是一坛两龛。但由于北魏末年的政局动荡，这些洞窟没有如期完成，留待以后补雕完成。因此，这些窟内现存的都是后期补刻的佛龛，布局有些凌乱。北魏末期，龙门石窟还开凿了一些小窟和许多小龛，如慈香洞、汴洲洞、地花洞、弥勒洞等，在此从略。

四、北朝晚期的龙门石窟

528 年，北魏权臣尔朱荣（493—530）在都城洛阳附近发动“河阴之变”，血洗朝堂，杀死胡太后、幼帝和两千多名王公贵族及朝臣。北魏政权名存实亡，佛教发展进入低潮，火烧洞、赵客师洞、唐字洞、药方洞等窟半途而废。北魏末期，信徒们只是在一些窟内开雕小龛以做功德，没有开凿有一定规模的新洞窟。

北魏至孝静帝（534—550）时，分裂成东、西两魏。权臣高欢（496—547）携孝静帝到邺城（今河北临漳县），是为东魏。东魏后来由高氏所取代，建立北齐国。西魏以长安（今陕西西安）为首都，由宇文氏集团把持，以后又被宇文氏所取代，建立北周国。

连年的动荡，导致洛阳不复繁荣，沦为高氏与宇文氏两大势力的决斗场。伊水两岸也很少有雕凿的举动，仅在路洞、唐字洞、古阳洞等窟中发现少量的东魏、西魏、北齐纪年造像龛。其中的东魏、西魏龛像基本继承着北魏的旧样式，而北齐的龛像则有来自邺城的新样式，表现为人物身躯丰硕的风格。

药方洞位于龙门西山的古阳洞与奉先寺之间，洞内高 4 米、宽 3.6 米、深 4.3 米。据窟内北壁补刻的北魏永安三年（530）陈晕造像题记，药方洞主体工程的最初设计应在孝文帝时期，没有如期完成。528 年的河阴之变以后，有信徒在窟内补雕小龛。到了北齐时期，还对药方洞作了补凿，完成了正壁大像、窟顶以及外立面的力士、飞天、记事碑的雕刻。药方洞正壁现存有结跏趺坐佛并两弟子、两菩萨五像，主佛造型敦厚，头顶有低平肉髻，面相丰满肥胖，脖子短粗，身体硕壮，具有鲜明的北齐造像风格，是龙门石窟唯一具有北齐风格的大型石窟。

洞窟的门券两侧壁和前壁刻有古代药方，所以称为“药方洞”。但这些药方并非北魏在窟内的原始设计，也非北齐时期的补刻，而是在唐代刻成的，其目的应有佛教济世救人的思想。此外，唐代在药方洞内还刻了不少小龛。药方洞内近两百年间的陆续雕造，反映出了不同时代的多种艺术风格，可以窥见北魏晚期到唐朝时期佛教艺术发展的脉络。

五、结语

龙门石窟的开凿起始于孝文帝迁洛之后，繁荣于孝明帝时期，现存北魏窟龛约占龙门作品总数的三分之一。古阳洞是龙门最早开凿的洞窟，里面的造像有来自云冈石窟的影响，但更多的因素是直接来自南朝的影响，它的创始人很可能是孝文帝本人，还有迁都洛阳的官员和地方官吏参与。宣武帝时期开凿的宾阳三洞，是皇家标型的佛殿窟，窟内的三世佛题材和佛像的样式，仍有云冈二期窟像的遗风。至孝明帝时期开凿的魏字洞、普泰洞、皇甫公窟和莲花洞，龙门北魏样式逐渐形成，特别是一坛两龛式佛殿窟，成为龙门北魏的标型洞窟形制。龙门石窟位于北魏晚期首都洛阳南郊，是总结北魏洛阳佛教艺术模式的主要资料。而北魏洛阳模式，正是影响北方各地、形成中国开窟造像史上第一个高峰期的主要动力。北魏之后，中国北方分裂为东魏、西魏，后被北齐、北周取代，洛阳佛教事业衰落，龙门石窟除了雕刻一些小龛外，仅在药方洞内造了一辅主像和窟外立面，表现着北齐风格。龙门石窟的再度兴盛，就有待下一个历史时期的发展了。

洛阳龙门隋唐石窟

581 年，北周静帝（579—581 年在位）禅让帝位于杨坚（隋文帝，581—604 年在位），杨坚登基称帝，定国号为大隋。587 年，杨坚灭后梁，两年后又灭南陈，结束了自西晋末年以来长达近三百年的分裂局面，使中国又回到了统一的和平年代。隋朝建立以后，隋文帝精心治理，隋朝迅速强大繁荣起来。隋炀帝（605—617 年在位）时，为了加强对国土的统治，开始大规模兴建东都洛阳，使洛阳的地位开始提升。

工部尚书宇文恺（555—612）规划设计的东都洛阳城，分为宫城、皇城和外郭城、东城，占地 47 平方千米，规模宏大，气势壮观，在布局上独树一帜。洛河穿城而过，将洛阳城分为南北两部分。西北角为宫城与皇城，东部和洛河以南为居民住宅里坊区，并有丰都、通远、大同三大市场，作为商业贸易场所。外郭城的正南门定鼎门，与皇城南门端门、应天门及明堂、天堂连成一线，构成隋唐洛阳城的南北中轴线，以后此布局被数朝沿用五六百年之久，日本京都的建筑布局也深受其影响。

龙门石窟所在的伊阙正对着洛阳城的定鼎门，恰如皇城天阙，故而隋炀帝把“伊阙”改名为“龙门”，意即真龙天子之门。但龙门石窟在隋代没有大的起色，仅发现了一些小型龛像，技法上也不够成熟，处于从北朝晚期向唐朝过渡阶段。

618 年，李渊（唐高祖，618—626 年在位）建立唐朝，传二十一帝，加上武周时期（690—704），唐朝共延续 289 年，是中国历史上最强盛的朝代之一。在它全盛时，国家统一，经济发展，中外文化交流频繁、兼容并蓄，展现出大唐王朝的非凡气度与格局。佛教信仰更为广泛、普及，佛教艺术朝向自信、成熟的风格发展。尤其到了唐高宗（650—683 年在位）和武则天时期，东都洛阳的地位更加上升，在武周时期还改洛阳为神都，地位超过西京长安，龙门石窟便迎来了它的第二个高峰期，石窟造像艺术达到空前繁荣。上自帝王将相、后妃公主，下至僧尼大众、庶民百姓，纷纷在龙门崖面开窟造像，乞求来世功德。除政府控制的艺术家以外，还出现了商业性的自由造像工匠。

在龙门占三分之二作品的唐代石窟，在开窟造像规模、内容布局、技巧与风格等方面都日臻完美、成熟。造像样式趋于写实性，且磅礴大气、丰腴优美。最富有成就的代表作就是奉先寺大卢舍那龛群像的雕凿，它是中国石窟艺术发展史上的登峰造极之作。也正是在唐代龙门石窟发展的高峰期，中国石窟艺术史也迎来了它的高峰期，这不是巧合，而是在以龙门为代表的洛阳佛教艺术模式和长安模式共同推动下完成的，形成了全国遍地开花的繁荣局面。

一、唐太宗时期的宾阳南洞

宾阳南洞位于龙门西山北段，开凿于北魏宣武帝时期。但因北魏晚期政局的动荡，仅完成了大体的规划，没有按期完成具体内容的雕刻。现存正壁一辅大像及四壁龛像多雕造于唐太宗年间（627—649），仅有少许龛像雕于隋代。在宾阳中洞和南洞之间，雕着一块摩崖大碑，上刻屋檐，原是北魏宣武帝为孝文帝、文昭皇后开凿功德窟的发愿碑文。到了唐太宗贞观十五年（641），此碑被李世民的儿子魏王李泰（620—652）磨光，重刻了碑文，记述李泰为其亡母长孙皇后（601—636）做功德而开窟造像之事，由中书舍人岑文本（595—645）撰文，大书法家、宰相褚遂良（596—658）书丹，名为《伊阙佛龛之碑》。碑文书法笔力挺劲，是初唐时期楷书的典范，也是中国石窟寺中现存最大的摩崖碑刻题记。

宾阳南洞的平面呈马蹄形，穹隆顶。根据此碑所记，宾阳南洞正壁的一铺大像很可能就是李泰亲自出资所造，而南北侧壁的众多唐太宗时期纪年的小龛（图61），就是李泰从长安带来的皇亲国戚、高官显贵的功德，其中包括岑文本兄弟所造的一对小佛龛。宾阳南洞正壁大像为结跏趺坐佛并两弟子两菩萨。主尊大佛坐于方座上，肉髻表面刻有水波纹，高眉大眼，宽鼻厚唇，身躯硕壮，还保持着隋代的风格，尚未显示出唐朝造像的身段美。它身穿褒衣博带式大衣，从左肩处还系着袈裟，也是一些北齐佛像曾经有过的做法。在南北两侧壁上开凿的大小龛中，造像风格并不统一，多数仍表现着源自北周、北齐或隋代的旧风格，显示着唐太宗时期龙门造像的多样性和保守性。这种艺术现象的形成，起因于唐太宗对佛教的不提倡，因为他是一位不怎么信佛的皇帝。因此，佛教及其艺术在太宗年间发展极为缓慢，也很少有那时的佛教艺术保存至今。所以，宾阳南洞的珍贵之处也在于此，因为它是中国保存贞观纪年龛像最多的洞窟。那时，西京长安造像已经有了典型唐代风格的造型，但是还没有在全国流行开来。

二、唐高宗初期：从潜溪寺到敬善寺

唐高宗即位（650）后，佛教与佛教艺术得以迅猛发展，因为高宗本人和他的皇后武则天都崇佛特甚。他们两人又来到洛阳长期居住，更加推动了龙门石窟的开凿。

潜溪寺为唐高宗初年开凿，是龙门石窟西山北端第一个大窟。它的平面呈马蹄形，最宽处 9.45 米，最高处 9.27 米，进深约 6.72 米，穹隆顶。窟顶正中有一朵大莲花浮雕，是北朝以来的旧传统。环绕着正、左、右三壁下部凿出了倒“凹”字形矮基坛，在坛上雕出一铺七身大像，也是继承了龙门宾阳中洞和一些北魏窟龛在三壁设倒“凹”字形坛的传统。窟内的一铺大像是结跏趺坐佛并两弟子、两菩萨、两天王像，他们形体高大，占据着窟内的很多空间。主佛端坐在束腰须弥台座上，面相丰满，慈眉善目，身披褒衣博带式大衣，有衣裾垂覆座前，身体各

图61　河南洛阳龙门石窟宾阳南洞南壁

部比例匀称，有着健康的体魄，睿智的神情，也给人以静穆、慈祥之感，是高宗初年佛像中的杰作。两侧弟子及菩萨像也注重于身段的刻画，但头部比较大，身躯丰满、厚实，这是由于他们的体量高大而窟内空间太小、观者不得不仰视的缘故。但他们的表情看起来温雅、文静，富于人情味，与宾阳南洞造像相比大有进步，反映出龙门石窟的唐代石刻技艺在高宗初年逐步臻于成熟。

宾阳北洞位于宾阳中洞的北侧。就在宾阳中、南两洞开凿后不久的北魏永平年间（508—512），中尹、宦官刘腾（463—523）奏请为世宗宣武帝再开一大窟，成为一组三窟。523 年，刘腾去世后，由于重新执政的胡太后对他恨之入骨，追削其官爵，还开棺戮其尸，宾阳北洞也就不得不停工了。宾阳北洞规模宏大，现存窟内的造像多补雕于唐高宗年间。位于正壁的一辅大像一佛两弟子两菩萨，主尊佛像体态丰壮，结跏趺坐于方形束腰台座上，低平肉髻，面相丰满，外披双领下垂式大衣，大有唐太宗贞观年间佛像的风范，应是一辅主像中最先雕就的。他的双手平举向前，左手伸两指向下，右手伸两指向上，呈一剪刀手姿势，引起了当代观众的好奇心。他身旁的两胁侍立菩萨已具有了唐高宗时期的典型菩萨像风格。他们头戴高宝冠，面相长圆，身材丰满而窈窕，有着圆肩、细腰、鼓腹、宽胯的特点。身挂长璎珞，帔帛在腹下绕两周，是唐高宗时期龙门菩萨像的典型特征。窟顶也有一朵重瓣大莲花，周围绕以伎乐飞天，与宾阳中洞、南洞相似，应该是北魏时的原始设计思想。

离开宾阳三洞向南行走不远，就到了敬善寺区域。这里是一处唐高宗初年开凿的中小型洞窟区域，其中以敬善寺洞为最大。敬善寺是唐太宗第十子纪王李慎的生母韦氏所造的一个中型石窟，分前后两室。前室窟门的两侧刻有两力士、两菩萨像，其中两力士造型威猛，有种令人望而生畏的感觉。他们头戴宝冠、颈挂项圈、袒露上身，下着齐膝战裙，赤足、抡眉竖目、肌肉暴突，充满了力量。而两侧的菩萨则躯体修长，仪态文静，与力士形成了鲜明的艺术对比。

敬善寺的后室平面近似于马蹄形，穹隆形顶，高 3.5 米、宽 3.7 米、深 3.52 米。后室内的主像排列方法与潜溪寺洞很像，但在正、左、右三壁下部不设坛，而是直接依靠着三壁雕出了一铺七身主像。在正壁前雕着结跏趺坐佛像，身后有舟形大背光直达窟顶，表面刻着莲花和火焰纹。在两侧壁雕着两弟子、两菩萨和两天王像。作为胁侍的弟子、菩萨都是站立在一个圆形束腰仰覆莲台上。另外，在两弟子与两菩萨之间各浮雕一尊比丘（或比丘尼）像，身体和面部都侧向主佛一方，是一副虔敬供奉的姿态。与潜溪寺不同的是，两天王为浮雕像，他们身披铠甲，面部侧向窟门一方，胯部也向门一侧略微扭动，暗示着他们守护窟门的职责。两天王手持宝剑，双腿分开站立，足下踏着两个蹲坐着的小鬼，以表示天王统帅的夜叉兵。在敬善寺洞的后窟穹隆顶的中心也雕着一朵双层瓣大莲花，莲花四周雕出八身凌空飞舞的供养天人，其飞舞方向基本朝向正壁主尊一方。

在敬善寺窟内正、左、右三壁上部，以及弟子、菩萨、天王像之间，有着姿态各异的小菩萨像浮雕，每尊都坐在一朵仰莲花上，莲花下面的长梗由下向上伸出，分叉相连，象征着朵朵莲花上坐着的小菩萨都是来自同一个莲花之根。这样的设计使洞窟内的气氛热烈而祥和，也使我们有理由推测窟内的主佛很可能是阿弥陀佛，因为这些小菩萨像表现着从西方极乐世界的七宝莲花池中化生的天人。只有积攒下一定功德的人，才会有这样的福报。

在宾阳洞与敬善寺之间及附近的崖壁上，还有很多佛龛和小窟，也很精彩。特别是位于一些小窟中的倚坐佛像，与通常所看到的佛像不同。他们身躯健壮，双目前视，表情肃穆，直挺挺地坐在高台上，双足下踏莲花台。他们身穿袒裸右肩式大衣，但没有任何衣纹。据现存题记可知，这种造像被称为“优填王像”。

优填王（Udayana）是佛在世时憍赏弥国（今印度北方邦境内）的国王，笃信佛法。根据佛经记载，帝释天请佛到三十三天为他的母亲说法，人世间就有些天见不到释迦牟尼了。优填王很想念佛，就请国内的能工巧匠，用印度所产的一种香树木料——牛头旃檀雕刻了一尊佛像，有五尺高。这就是优填王像，意即优填王所造佛像。高僧玄奘（602—664）在印度求法时，在憍赏弥国见到了这尊佛像。645 年，玄奘从印度求法归来时，在他所带的物品中，有一尊用旃檀木雕刻的佛像，加上背光和座总高一尺五寸，就是模仿印度的优填王像刻成的。仅仅十年之后，大批的优填王像就开始陆续出现在了龙门石窟之中，使我们有理由认为这些像的原型就是玄奘从印度带回国的那一尊像。其实，它很像当时在印度流行的笈多王朝（Gupta Empire，319—550）的佛像风格，因为笈多及其以后的佛像就非常流行在服装表面不刻任何衣纹的做法。据统计，龙门石窟的优填王像龛至少有42处，总数不少于70尊，主要造于唐高宗时期。

三、高宗中后期：从万佛洞到奉先寺

万佛洞位于龙门石窟西山中段偏北处崖面，因洞窟内左右侧壁雕刻有一万五千尊佛像而得名。它也是龙门石窟中少有的具有准确纪年的大型唐代洞窟。窟内平面略呈竖长方形，平顶，窟顶正中雕有一朵精美的莲花，环绕莲花四周有大字题记曰："大唐永隆元年十一月三十日成大监姚神表内道场智运禅师一万五千尊像一龛"。说明此窟完工于唐高宗永隆元年（680）。据造窟内的发愿文题记可知，万佛洞的功德主是宫廷中的两名女性：一位是宫中二品女官大监姚神表，一位是专门为宫廷中人讲经说法的内道场智运禅师。万佛洞就是她们专为唐高宗、武则天、太子施造的功德。

万佛洞正壁雕一佛两弟子两菩萨像。主佛端坐在束腰莲花宝座上，在束腰部位雕刻了四位金刚力士，奋力向上托扛着佛座，与佛的沉稳形成了鲜明的对比，也更加衬托出了佛的法力无边。在正壁一铺造像背后及上方，还刻有52朵莲花，每朵莲花上都端坐有一位供养菩萨，他们或手持莲花，或窃窃私语，神情各异。两侧壁与前壁刻满了密密麻麻、排列整齐的小坐佛像，这就是一万五千佛题材。在侧壁万佛的下部是一排伎乐人物，靠近正壁处还有一位舞者，他们共同参与着窟内的佛教法会活动。在前壁的窟门两侧，还各雕着一尊身材极其魁梧的天王像，他们脚踩着夜叉，握拳叉腰，守卫着这座神圣的洞窟。

惠简洞位于万佛洞南侧，是由西京法海寺的惠简法师于唐咸亨四年（673）开凿的中型洞窟。主尊为倚坐的弥勒佛像，高3.10米，有着丰满圆润的面庞、舒展秀丽的眉宇，以及沉静的目光，还略带有和蔼慈祥的神情。倚坐佛的两侧雕着两弟子与两菩萨像。原来在左右侧壁上还雕着两天王和两力士像，后被完全铲去，只留下造像的头光痕迹。

在惠简洞南壁近洞口处刻有一则发愿文题记，上面写："大唐咸亨四年（673）十一月七日，西京法海寺僧惠简，奉为皇帝、皇后、太子、周王敬造弥勒像一龛，两菩萨、神王等，并德成就，伏愿皇帝圣化无穷，殿下诸王福延万代。"因此，我们可以清楚地知道，这座洞窟是咸亨四年来自西京长安法海寺的惠简和尚，特意为唐高宗、武则天、太子李弘（653—675）、周王李显建造的。法海寺，在长安城朱雀街西长安县布政坊的西门之南。作为法海寺高僧的惠简来到龙门为皇室成员造功德，这种用宗教神权为当朝统治集团服务的心理非常鲜明。

弥勒其实还在兜率天上，并没有下生人间成佛。但宣扬弥勒已经下生成佛，成了武则天的最爱，她自喻是"弥勒下生"，来做人世间的主宰，故而她格外推崇弥勒佛信仰。后来，在她的影响下，全国各地大肆营造弥勒佛像，龙门石窟的弥勒造像在高宗与武周时期也达到最盛，甚至在有的三世佛窟中，还以弥勒为主尊。这是武则天基于政治上的需要而加以提倡的结果。

奉先寺大卢舍那像龛，位于龙门西山中部偏南处，是龙门规模最大、形态最美、艺术价值最高的作品，体现了大唐王朝强大的物质力量和精神信仰，也是唐朝这一伟大时代的象征。这个工程是由唐高宗和武则天亲自经营的皇家大像龛，集中了整个政府的财力与人力，由当时西京实际寺善导禅师、法海寺的惠暕（即惠简）法师等担任检校僧，司农寺卿韦机等主持设计。武则天还捐出自己的2万贯脂粉钱赞助，工程完工于上元二年（675）。

大卢舍那像龛，实际上是一座没有顶部和前壁的超级规模的露天大龛（图62）。它的平面呈马蹄形，东西进深38.70米，南北宽约33.50米。下面环绕着正、左、右三个壁凿了倒"凹"字形的基坛，在正面坛上雕刻出了背依岩壁的大卢舍那佛像和胁侍两弟子、两菩萨像，在侧壁坛上雕着两天王与两力士像，拱卫着中部的主尊佛。这就是初唐典型的列像窟排列雕塑人物的方法，只不过这座大像龛太大了，所以把它处理成了露天的形式。整个造像布局严谨，协调匀称。

主佛卢舍那，意为"光明遍照"，居中而坐，通高17.14米，仅头高就有4米，耳长近2米，是龙门最宏伟的一尊佛像。他有着方额广颐，面相丰满，细眉长眼，嘴角含笑，身穿通肩式袈裟，既有佛性，也有一种母性的慈祥神态。佛的

图 62　河南洛阳龙门石窟大卢舍那像龛

左右两侧分立着弟子迦叶和阿难，一老一少，搭配协调。两弟子外侧为文殊、普贤两菩萨，他们头戴宝冠，身披瓔珞，透出雍容华贵、端庄矜持的气质。雕刻在两侧壁的两力士与两天王则威武雄壮，动感十足。九身大像共同构成了极富情态质感的佛教神灵群体形象。

不少人认为，这尊卢舍那佛是按照武则天的真容塑造的。我们对此虽不能百分之百确定，但想必也有一定的道理。唐高宗执政的中、后期，武则天掌握朝政实权。武则天为自己取名“曌”，与卢舍那佛的“光明遍照”同义。卢舍那是华严宗崇奉的主佛，而华严宗又是武则天很喜欢的佛教宗派，她还亲自过问《华严经》的译场工作，并为译本作了序。作为最高统治者和虔诚的佛教徒，武则天对唐朝佛教的发展起到了决定性的作用。这些都表明这尊卢舍那佛像跟武则天的关系密切，还包含着她的资助。另外，自北魏以来，统治者便喜欢用大佛作为自己的化身佛像，以便使自己的世俗权力和佛教神权合而为一。因此，如果说这尊卢舍那佛的面相和武则天相似，也在情理之中。但从学术的严谨角度看，要证实这种推想，我们还需要确凿的证据。

四、武周时期：从西山南段到东山

武周时期，龙门石窟的开凿主要集中在西山南段，再转入东山的擂鼓台、万佛沟、看经寺区。在西山南段，这个时期的大窟主要是奉南洞、龙华寺洞、八作司洞、极南洞，四窟都是马蹄形平面、穹隆顶的形制，并在环正、左、右三壁下部凿有倒“凹”字形基坛，在坛上雕出一铺或三铺造像。同时，还在基坛的侧面刻舞蹈者和奏乐者形象，在窟顶雕圆形莲花，莲花周围刻飞天环绕。武周时期的佛与菩萨像更加追求身材的窈窕与优美，特别是菩萨像，更加具有女性般的身段美。在两弟子中，阿难惯于将双手并放在腹前，还将胯部扭向主佛一侧。在窟门外，一般有两力士守卫。

极南洞，因位于龙门西山最南端高处的崖壁上而得此名。根据窟外南壁东侧下部的一通浮雕碑，该窟很可能是唐玄宗开元（713—741）初年的名相姚崇（650—721）为他的亡母刘氏造功德所开的。按多数学者的意见，极南洞开凿于武周至唐睿宗时期（690—712）。在武周期的洞窟中，该窟造像的雕刻技艺达到了极致。窟内倒“凹”字形基坛上排列的倚坐弥勒佛并两弟子两菩萨两天王像，均有写实的刻画，突出展示着因其不同的宗教职能而特有的人物个性，将佛的沉稳，弟子的虔敬，菩萨的婀娜多姿，天王的英武雄姿，还有门外力士的魁梧挺拔，表现得惟妙惟肖，富有宗教感染力（图 63）。再加上基坛侧面手持各种乐器的歌舞伎乐人、窟顶的莲花与飞天，使窟内呈现出一派弥勒佛国净土祥瑞、美好的景象。特别是窟门外两侧的两金刚力士造像，以其生动传神的艺术形象，被誉为龙门石窟唐代力士的最佳作品。

擂鼓台位于龙门东山南端山腰，这里开凿着北、中、南三座大窟，是东山石

图 63　河南洛阳龙门石窟极南洞南壁弟子、菩萨、天王像（1910 年弗利尔与周裕泰拍摄）

窟区开凿较早、规模较大的一组洞窟。传说当年奉先寺大卢舍那像龛竣工，武则天亲自率百官驾临龙门，主持规模盛大的开光仪式，有庞大的乐队在这个平台上擂鼓助兴，于是后人便把这里叫作擂鼓台。

在擂鼓台三洞中，大万伍佛洞位于中间，也叫“擂鼓台中洞”，因洞中造有一万五千尊小佛像而得名。该洞平面为马蹄形，穹隆顶，在正壁上雕有主尊，为弥勒佛，旁有两菩萨胁侍。在正、左、右壁的下层有浮雕 25 尊传法祖师像，第一位就是佛的大弟子迦叶，第二位为阿难，相传就是他们把释迦牟尼的大法传承下来的，所以纪念他们的功德。在窟内四壁的中、上层刻满了小坐佛像，据题记可知为一万五千佛，并且来自各个方向。在窟内地面上还凿有一个方坛，原来在坛上也应该安置着一些雕像。在龙门西山万佛洞下方的双窑，是一组双窟，分别以弥勒佛与释迦牟尼佛为主尊，以表现两佛间的继承关系。擂鼓台中洞雕凿完成于武周时期，把主尊像定为弥勒佛，为武氏政权歌功颂德，是很自然的事。

最能体现武则天时期有意将未来弥勒地位抬高的例子是位于西山敬善寺区南侧的摩崖三佛大龛。弥勒以佛的形象出现在龙门石窟中，要么是作为窟中唯一的佛像，如极南洞与擂鼓台中洞，要么是窟内三世佛之一，而他一般是位于侧壁，正壁主尊的位置往往是留给释迦牟尼的。然而，在这个依山凿成的露天大龛中共有七尊造像，主像为三尊坐佛，以弥勒佛为主尊居中倚坐，形体大于左、右两结跏趺坐佛。另外，一般主佛两侧都是胁侍立菩萨，而这里却成了两尊立佛。以佛为胁侍的造像是十分罕见的，这里显然是为了更加突出主佛弥勒的权威。这是在武周时期因政治要求而出现的特例，跟武则天宣称自己是弥勒佛化身，利用佛教来为自己的登基称帝制造神学预言有关。

擂鼓台北洞的主佛是三世佛，但在前壁的窟门两侧雕着四臂观音和八臂观音，则是密教造像。密教属于佛教的派别之一，它源于印度，在 7 世纪传入中国。密宗有很多多面多臂的神像，有的慈眉善目、面貌安详，有的凶神恶煞，还有妩媚动人的度母像，面憎目狞的佛母像，等等。擂鼓台北洞的两尊多臂观音都造于武周时期，是现存中国密教造像较早的作品。

擂鼓台南洞的平面略呈方形，窟内中央凿一矮方坛，原坛上的主尊佛像已不存。坛上现有的佛像来自龙门附近的唐代寺院遗址。在四壁上雕满了高约 36 厘米的宝冠坐佛像，层层排列，共有 760 尊之多。他们神态肃穆、安详，似乎正在聆听主尊佛弘扬佛法。这些小佛像的题材在学术界尚有争论，有学者认为他们是菩萨像，还需进一步研究。

万佛沟位于擂鼓台的北侧，是一条自然水冲沟，有很多唐代窟龛开凿在沟的北侧崖面，多属武周时期，还有少许开凿在沟口南侧。万佛沟内最大的洞窟是高平郡王洞，开创者是武周时期的高平郡王武重规，他是武则天的侄子。此洞窟的平面呈横长方形，窟顶似乎打算凿成盝顶形，但没有完工。现东壁与南壁北侧没有造像，在北壁上部也似乎有继续雕凿的痕迹，同样没有完工。窟内空间高 6 米、宽 9.96 米、深 7.6 米。在北壁（正壁）正中靠上雕出结跏趺坐佛并两弟子、两菩萨，作为全窟的一铺主像。此外，环绕着北壁、西壁、南壁西侧的下部凿有基坛，坛上一周雕着结跏趺坐佛像，在北壁下部有十尊，位于一铺主像的下方，在西壁下部有七尊，在南壁西侧下部有三尊。窟内地面凿有六列圆形凹槽，是为了安置圆雕造像用的，有的凹槽内还保留着残损的造像与莲花座。这些圆雕像，是龙门东山香山寺的上座惠澄等人于唐玄宗开元十六年（728）补做的。

万佛沟内还有一些窟龛，在龙门石窟中占有独特的地位。西方净土变龛，以浮雕的形式表现《阿弥陀经变》场面，上层有西方三圣，下层有舞乐，可以与敦煌的同类经变壁画比较研究。在千手观音小窟内，观音的千手如孔雀开屏一般，呈圆形浮雕于窟内侧壁上。还有千手千眼观音龛，其中的观音像高 2.3 米，头戴宝冠，主面有三眼十二大臂，屈伸动作与手势多有变化。身体周围呈放射状刻着众多小手，手掌展开，掌内皆刻有一只眼睛。这是中国石窟中年代最早的一尊千手千眼观音像。

从万佛沟口向北走不远，就到看经寺，它是龙门东山规模最大的洞窟。窟外有两力士守卫。但与唐代其他石窟最大的不同是它的窟内没有主像，垂直的窟壁上层有些不规则排列的造像，都不是窟内的原始设计，是后期补刻完成的。在窟内南、北、东三壁下方，刻有 29 尊罗汉浮雕像，表现从摩诃迦叶到菩提达摩这二十九代传法祖师（图 64）。他们都将身体向左侧着，将生活在不同时空的罗汉

图 64　河南洛阳龙门石窟看经寺罗汉之一局部

排列成了一个行进行列，以迦叶为首，表示佛法的代代相传。这些罗汉像的身高在 1.80 米左右，都是身着僧衣，有的偏袒右肩，有的手中持物。他们的表情也各不相同，有的扬眉张口作辩论状，有的疾首蹙眉苦思冥想，有的眉舒目朗似有所悟，还有的以手抚胸沉思不语。整组罗汉群像突破了类型化的模式，被雕刻得栩栩如生、形神兼备、富有个性，是中国现存唐代最精美的一组罗汉群像，也是中国石窟中最大的罗汉群雕像。

看经寺窟顶刻有龙门石窟最大的浮雕莲花，直径超过 4 米，中间为莲蓬，外有莲瓣，体现出佛教质朴、清雅之美。巨大的莲花四周有环绕飞舞的六尊飞天浮雕，他们面部圆润、肌肉丰满、回旋飞舞，这些飞天的肌理、容貌雕刻精细，十分罕见。

在看经寺，还有两个莲花洞，是类似于西山奉南洞、极南洞一类的两座洞窟，规模也相当，也是开凿于武周时期。还有四雁洞，在窟内设有基坛，以窟顶的飞天与四鹤闻名。

五、玄宗时期：奉先寺的补雕

705 年，武则天病重，宰相张柬之（625—706）率领文武大臣入宫逼她退了位。82 岁的武则天就在这一年死去。此后的 8 年中，由她的两个儿子唐中宗、唐睿宗轮番执政。到 712 年，武则天的孙子李隆基登基作了皇帝，他就是唐玄宗，历史上也称唐明皇。在唐玄宗长达 44 年的执政年代里（712—756），唐代的社会发展到了最高点，国家的殷富也达到开国以来从未有过的高峰。因此，人们把这段时间称为盛唐。

在唐玄宗时代，经济文化空前繁荣，但与此相反的是，中国石窟寺的发展却逐渐走向低谷。主要原因是，玄宗和太宗有点相似，也是一位不信佛的皇帝。但唐玄宗只是限制佛教的普及，对于一般的佛教活动并不禁止。所以，盛唐时代的佛教艺术，也有着一定规模的发展。在这种历史条件下，龙门石窟大规模地开窟造像热潮退去了，但并不意味着就此停止了。从盛唐到北宋，龙门石窟一直都有零散的雕凿活动，但这些作品已不再具有对外影响的模式作用了。

李隆基曾五次前往东都洛阳，前后共居住了10年时间，处理政务，于是东都洛阳的地位又有回升。当他瞻仰前朝高宗皇帝和武皇后建造的举世无双的大卢舍那像龛时，不禁感慨万分，发誓重新装饰大像龛。刊刻于开元十年（722）的奉先寺《大卢舍那像龛记》提到“实赖我皇，图兹丽质；相好希有，鸿颜无匹”。这里的“我皇”，指的就是唐玄宗，明确指出他曾经重新装饰过这个无与伦比的大像龛。

在奉先寺一铺九身大像间还有许多补雕的造像龛，龛内都是立佛像，有一至五尊不等，共雕了49尊。如果再加上还没有完工的，有51尊之多。他们的分布没有规律，都是插空雕刻的。这些佛像的身高都在1.90米左右，基本同人类的高个子相等。脚下都踩着八角形的束腰莲台，身上穿着通肩或双领下垂式大衣。他们的体态与龙门初唐佛像已经完全不同了：头似圆球状，面部胖圆，双目俯视，鼓胸隆腹，身躯肥胖，近乎臃肿，丝毫没有初唐时期的那种健康窈窕之美。从他们的身上，人们也领略不到初唐的开拓精神，而是流露着一种富贵气。

《大卢舍那像龛记》的颂文只提到修饰大像龛一事，并没有说明造新像。这样大规模的工程，又打破了先皇功德龛壁，这个立佛群体也只有像玄宗皇帝那样身份的人物敕愿雕造才近情理。一般的高官显贵不会有人敢这么做的。再考虑到天宝年间（742—756），玄宗就不再来洛阳了，以及唐肃宗（756—762年在位）、代宗（762—779年在位）等皇帝都不曾在洛阳居住过，我们推测奉先寺立佛群像的雕造大约在开元十年至二十九年间（722—741）。肥胖型是盛唐造像的基本风格，这种佛像样式发源于长安，奉先寺的众立佛像风格也是来自长安的。

陪伴唐玄宗前来洛阳的侍奉皇帝生活起居的机构内侍省的宦官们也在奉先寺侧壁为他造了功德。大卢舍那像龛北壁外侧有一通浮雕螭首碑，是《大唐内侍省功德之碑》，纪年是开元十八年（730）二月。碑中讲述大唐内侍省的高力士（684—762）等106名官吏为开元神武皇帝（即唐玄宗）在龙门造了一座“石龛”，也就是一座石窟，在窟内敬造“西方无量寿佛一铺，一十九事”。意思是说这铺造像是以西方极乐世界的无量寿佛为主尊的，共有 19 尊像。高力士等人开凿的洞窟，就位于《大唐内侍省功德之碑》的西侧，编为第 1250 号。这是一座中型洞窟，圆拱形的窟门外两侧各有一身力士残像，窟楣上方有两尊飞天雕像。窟内平面略呈方形，穹隆顶，表面没有雕饰。在窟内正壁下部凿着一个高约 50 厘米的基坛，坛上的正壁间雕着三尊立佛像。除此之外，窟内再没有大像了。在左右壁间的几座小龛，是洞窟完成以后补刻上去的。那么，碑文中说的无量寿佛一铺、一十九事，除了三立佛、两力士、两飞天外，其余的十二尊像可能是可以搬动的在基坛上安置的圆雕造像，早已不知下落了。根据碑文，正壁的三立佛像有可能都是无量寿佛，或者中间一尊是无量寿佛，两侧两尊是别的佛像，组成了一个以无量寿佛为主尊的一铺造像。

杨思勖洞，在高力士洞的西侧偏下处，是一座平面呈马蹄形的小窟，在正、左、右三壁下部凿有倒“凹”字形基坛，坛上原有圆雕像，都已佚失，窟顶也没有雕饰。只是在门外两侧各雕一尊力士。可以看出，这个小窟仍然沿用着在武周期流行的三壁环坛列像窟的形制。在窟门上方刻有“唐上柱国虢国公杨思勖造像记”，时间是“开元口口年四月廿三日”。杨思勖（654—740），官至骠骑大将军兼左骁卫大将军、知内侍省、上柱国、虢国公，和高力士一起成为唐玄宗李隆基的得力助手。

《唐赠陇西县君牛氏像龛碑》位于杨思勖洞的西侧偏上处。碑文由礼部员外郎张九龄（673—740）撰写，时间在开元八年（720）以前不久。在此碑上方的一所小龛，是与碑在一个平面上雕刻的，很有可能就是牛氏所做的功德。这个圆拱形龛内正、左、右三壁下部凿着倒“凹”字形基坛，坛上中部雕着一尊结跏趺坐佛像，主佛的两侧原各雕着一尊立菩萨像，保持着武周朝的造像风格。在两侧壁的基坛上各雕有一尊力士像。

从高力士、杨思勖、牛氏等碑记和他们的窟龛造像可知，在开元年间，跟随玄宗来洛阳的显贵和内官们曾在奉先寺侧壁大造功德。但他们的开窟造像没有超过皇家像龛的界线，只是在大卢舍那像龛之外的侧壁造功德，如同在朝堂上觐见皇帝又不能越过皇帝宝座所在陛阶一样。

“安史之乱”以后，李唐王朝迅速衰落，社会经济发展缓慢，延续了两百多年的龙门石窟的开凿走向了低潮。唐以后的五代、宋、金、元、明诸朝，只留下了少量小型的造像和题名、题游之类，已完全看不到大唐盛世的艺术风貌了。

六、结语

在隋朝，洛阳的地位开始回升，龙门石窟又见到了高峰来临的曙光。但在唐太宗时期，龙门石窟的开凿还是没有复兴，只在宾阳南洞等地补雕造像。龙门石窟的再度勃兴，是在唐高宗年间。由于高宗和武则天的崇佛，龙门石窟的开凿达到了最高峰，现在全部龙门作品的三分之二出现在这个时期，即7世纪下半叶。唐高宗时期的代表性洞窟有宾阳北洞的补雕、敬善寺区、万佛洞、惠简洞、奉先寺等，开创了唐代的三壁环坛列像窟和正壁设坛列像窟，其中的奉先寺大卢舍那像龛是登峰造极之作。武则天执政时期，龙门石窟持续繁荣，代表性洞窟有龙华寺、八作司洞、极南洞、擂鼓台三洞、看经寺、高平郡王洞、千手千眼观音龛、摩崖三佛龛等。7世纪下半叶的龙门，引领着全国开窟造像的热潮，堪称唐代洛阳模式的代表，对其他地区有着深远影响。也正是在这五十年间，全国的佛教艺术达到了史上最高峰。唐玄宗执政以后，由于他不怎么信佛，佛教艺术制作高潮迅速退却，但龙门石窟仍有少量的雕造，直到北宋时期。

在绵延千年的营造史上，龙门石窟共出现过两次造像高峰，以无可比拟、气势恢宏的皇家造像风范体现了佛教艺术的最高水平，甚至是中国古代民族雕塑艺术的最高水平。龙门石窟成为中原模式的杰出代表，不仅对中国各地，甚至对韩国石窟庵、日本奈良东大寺卢舍那佛也产生过重大影响。2000年，龙门石窟被联合国教科文组织列入《世界遗产名录》。

巩县石窟寺

佛教自两汉传入中国以来，佛教艺术在北魏迎来其发展史的第一个高峰。北魏统治者大多为佛教的忠实信徒。为了表示对佛教的虔敬，他们大规模造寺、立塔、开窟、造像，表达着对佛祖的崇拜以及对西方净土的向往。云冈和龙门便是北魏佛教雕塑艺术的重镇。

随着北魏政权汉化改革进程的不断深入，云冈二期的后期造像风格开始汉化，并在龙门石窟逐步摆脱了早期面相深目高鼻的特点，代之以秀骨清像和褒衣博带装的结合，最终发展成为北魏晚期的“中原模式”（即北魏洛阳模式）。在这种模式影响下，北方各地“招提栉比，宝塔骈罗”，呈现着佛教艺术遍地开花的繁盛局面。

在河洛大地现存的北魏佛教史迹中，龙门石窟当之无愧是最负盛名的北魏晚期石窟寺。不过，在洛阳以东，临近黄河与伊洛河的交汇处，在一处名为大力山的山脚下，还坐落着一处石窟寺群——巩县石窟寺，它位于河南省巩义市区东北处，是北魏晚期贵族石窟的典范，对龙门石窟的北魏窟型起着有力的补充作用。

一、巩县石窟寺概况

巩县，以“山河四塞、巩固不拔”而得名。洛阳被称为“天下之中”，巩县作为巩固洛阳的门户，地理位置十分重要，号称“东都锁钥”。它背依邙山，面临洛河，环境清幽，风光秀丽，古有“溪雾岩云之幽栖胜地”的赞誉。

巩县石窟寺，初建于北魏孝文帝迁都洛阳以后的太和年间（493—499），原名希玄寺。据寺中唐龙朔二年（662）刻北魏孝文帝《故希玄寺之碑》记载：“待孝文帝发迹金山，途遥玉塞，弯柘弧而望月，控骥马以追风，电转伊湹，云飞巩洛，爰止斯地，创建伽蓝。”宋、明代称之为“大力山十方净土禅寺”，清代至今俗称“石窟寺”。

自北魏始，巩县石窟寺历经东魏、北齐、西魏、隋、唐、宋相继在此开窟造像。现存洞窟 5 座，千佛龛 1 座，小佛龛 255 座，摩崖大佛 3 尊，大小造像 7 743 尊，造像题记及其他铭刻 186 则。1982 年被列为第二批全国重点文物保护单位。

巩县石窟第 1、2、3、4 窟都有中心方柱，在柱的四面凿龛造像，第 5 窟为佛殿窟。龛内造像组合有一佛两弟子两菩萨，或一佛两弟子、一佛两菩萨，在洞窟外门两侧雕刻有两力士。龙门石窟的宾阳中洞也是这样布局，由此显示北魏的皇家模式在巩县也同样适用了。佛是佛教的最高尊神，尽管有种种严格的造像范式，古代匠师们还是凭借高超的技艺赋予不同佛像以不同个性，塑造出丰富多样、栩栩如生的艺术形象，巩县石窟也是这样。

二、第 1 窟

第 1 窟在石窟寺的最西边，窟门外两侧各刻与窟门同高的大龛，龛内均雕力士像，高度在 3.4 米左右。向西处有一摩崖菩萨大像，此处原来应是一尊大立佛和两菩萨的大龛，现立佛和西侧的菩萨已经坍毁。在窟门外东侧力士的东侧，也有一处摩崖大龛，内雕一尊高 5.3 米的立佛和两菩萨像。这组像是巩县石窟现存体量最大的造像，主佛着褒衣博带装，菩萨有帔帛自双肩处垂下，都具有北魏晚期秀骨清像的风格。因此，第1窟外东、西两侧的大龛应为统一设计，相互对称，似乎与第1窟内中心柱正壁的主佛像共同组成了三世佛题材。

第1窟平面为方形，窟内中央立着中心塔柱，在五窟中规模最大、雕刻最精彩、内容最充实，其年代也最早（图65）。中心柱窟的功能为绕塔柱礼拜，并使信徒通过观看窟内佛像，指导其坐禅修行，从而得到佛的教诲。窟内高约6米，窟顶雕平棋，方格内刻飞天、莲花、卷草和化生。整个天花围绕方柱与窟壁顶端呈“回”字形，内圈刻有不同姿势的飞天，外圈和中间一圈雕有莲花、忍冬、化生图案，变化多样，显得富丽多彩。整个窟顶雕刻象征着佛国天空的喜乐与繁华。这种方格平棋纹饰的应用，显然是受到汉族木构建筑屋内天花板的影响。

中心柱四面开龛，龛内雕有一佛两弟子两菩萨。佛像面相长圆、清秀，身体胖瘦适中，但胸腹平坦；身着褒衣博带式大衣，大衣下摆分数层垂覆于须弥座前，雕刻出繁琐的衣褶，显得非常飘逸、自然、流畅，给人一种强烈的立体感。可以看出，典型的南朝汉民开放式的佛像在这里得到了完美再现。佛像的背

图65　河南巩县石窟寺第1窟中心柱左壁及前壁

光刻火焰纹，外部两上角刻有对称的跪式飞天、化生和莲花等，都是来自南朝的形象。主佛身旁的胁侍弟子与菩萨像也都是秀骨清像型的，特别是消瘦又苗条的菩萨像，姿态优美，有帔帛在腹前交叉，是典型的汉式菩萨服装，其样式与风格应该直接来自南朝。在中心柱的四面龛楣处，都有浮雕作宝帐形，自上而下刻着摩尼宝珠、莲花化生、莲花瓣、垂角、帷幔等，象征着这个中心方柱是一个四方立体宝帐，四位佛和他们的胁侍都位于这个宝帐之中。在中心柱的基座各面都雕有神王、神兽。其中神王的种类之多，比龙门石窟宾阳中洞还要丰富。

第 1 窟的窟内北、东、西三壁分为上、下两部分。上沿都刻作宝帐形，自上而下刻着摩尼宝珠、莲花化生、莲花瓣、垂角、帷幔等，象征着整个洞窟是一个巨大的宝帐，所有佛教神灵都位于其中。三壁的上半部雕刻着密密麻麻的小千佛，每个小坐佛都位于一个圆拱形小龛之中。三壁的下半部分分别开凿着四座大龛，龛内的造像题材并不一样，多数主尊为结跏趺坐佛，也有释迦与多宝、维摩诘和文殊菩萨等，三壁的下部雕伎乐、神兽等。那些演奏不同乐器的伎乐天，使用乐器之丰富，堪比一个完整的乐团。整个壁画浮雕构图协调、刀法圆熟、造型逼真，显示出北魏工匠高超的艺术才能。

第 1 窟的前壁上半部也是千佛题材，下半部分是三层供养人行列，最下部也是伎乐人物。第 1、3、4 窟内前壁窟门的东、西两侧都雕着供养人行列，共有 18 幅大型礼佛图浮雕，为全国现存石窟中所仅有。其中最精美的在第 1 窟。礼佛图生动而逼真地记录了北魏统治者进行宗教活动的情景。门两侧的礼佛图中人物都将身体侧向窟门一方，以近窟门者为前，并且以上层为前，如同两列礼佛行进队伍，向着窟门徐徐前行，准备进入洞窟礼佛。于是，在窟门东侧三幅图中，以上层最西侧头戴汉式冕旒的皇帝作为这个行列的第一人，前有一僧人引导（图 66）。皇帝身后跟随的贵族人物都是男子，都头戴笼冠、身穿褒衣博带式常服，完全是汉民族官员的打扮，体现了鲜卑族皇室与官员的汉化程度。在窟门西侧，同样是以上层为前，那么位于最上层东侧的一尊人物像很可能是皇后，以她为窟门西侧行列之主，前面也有一僧人引导。皇后身后跟随的都是贵族女子。在皇帝和皇后的身后都有为他们提挈衣裙的宫女。在这些礼佛行列中，所表现的帝后与贵族供

图 66 河南巩县石窟寺第 1 窟前壁男供养人浮雕

养人身后都有人为其举着伞盖，还有侍从为其执扇，有的手捧香炉和供品，以表示他们的高贵身份。当然，帝后与贵族的仪仗有所不同。

同样题材的帝后礼佛图，也见于龙门石窟宾阳中洞前壁窟门两侧。但在 20 世纪 30 年代被切割盗取，真品分别陈列在美国纽约大都会艺术博物馆和堪萨斯城纳尔逊艺术博物馆。因此，巩县石窟寺这组幸存的帝后礼佛图，便成了中国现存规模最大的一组帝后礼佛图了。

三、第 2 窟

第 2 窟位于第 1 窟东边，北魏晚期开凿。由于石质较差，中心方柱雕出雏形后便遭废弃。现窟前壁已全部崩塌，窟内除东壁有一个东魏开凿的龛以外，其余10龛为唐代开凿。

四、第3窟

第3窟在第2窟东边。窟门大部分已崩塌，后来用砖块修补起来。窟门外西侧及上部剥蚀较严重，仅存几个残龛。窟形为方形，窟顶雕方格平棋，表面刻飞天、莲花、卷草和化生等图案。中心柱四面各开大佛龛一座，内雕一佛两菩萨两弟子像。中心柱四面佛龛之龛楣也刻作宝帐形，象征着这些佛与胁侍都位于宝帐之中。与第1窟相似，第3窟四壁上沿也刻作宝帐形，使整个窟内空间如同位于一座大型宝帐之中。北、东、西壁以及前壁上半部都雕着千佛，中心柱基座和四壁下部刻神王、神兽、伎乐。这些伎乐演奏的是中原本土的乐器，还有少数民族和外来国家的乐器，就像一个大型的民族交响乐团，在中国石窟中实属罕见。可以看出，第3窟的内容布局与第1窟相似，只是简化了不少。此窟亦有《帝后礼佛图》，但较第1窟更为简易。

第3窟中心柱四面在龛楣处垂幔的两端对称地刻着飞天和流云，这些飞天之优美为巩县石窟之最，也是北魏晚期中国飞天雕刻技艺最高之一例。最引人注目的是中心方柱正面龛楣两侧的一对飞天，其造型瘦俏灵秀、体态修长，下身着长裙薄纱透体，帔帛绕至两肩，再前翻至腋下向后飘扬，一手执长茎莲花与荷叶，一手托着莲花，向后飞扬的帔帛以及流动的云纹展示着强烈的飞翔感，是北魏晚期完美的雕刻艺术形式（图67）。

图67　河南巩县石窟寺第3窟中心方柱正面上部飞天浮雕

中心柱基座表面是河神王、火神王、树神王、双面神王等神像，奇谲诡怪，富有神秘色彩。在神王像雕刻中，以双面神王雕刻得最为精美。它是一个人的两张面孔，一边是男性面孔，一边是女性面孔，两个头共用中间的一只眼睛，从哪一面看都是一个完整的图像。

五、第 4 窟

第 4 窟在第 3 窟东面，形制和内容布局与第 3 窟基本相同。窟外两侧受损，东侧残存高 3 米力士像一尊。窟门为圆拱形，门楣刻卷草花纹，楣角刻龙头，门道两侧有唐代以后开凿的小佛龛。窟内平面为方形，窟顶平棋保存完好。在靠中心柱周围的方格内，刻有各种姿态的飞天和莲花化生，其他部位刻莲花。

窟内中央有中心塔柱，柱的四面各开两层佛龛。上龛龛楣为宝帐形，内刻一佛两菩萨和两弟子；下龛龛楣为盝形，龛内刻一佛两菩萨。各像都是北魏晚期的秀骨清像风格，中心柱基座表面刻诸神王像。

第 4 窟的四壁内容布局与第 3 窟相似，也是在四壁上沿刻宝帐装饰，壁面的主要部分刻千佛，在壁基处刻伎乐、神王、神兽等。在前壁窟门两侧的下半部也刻有礼佛图且独具匠心，将人物造型处理得很完美。与第 1 窟的礼佛图相似，也是在窟门西侧雕三层女供养人，北侧雕三层男供养人，均将身体侧向窟门一方。两个浩浩荡荡的仪仗队簇拥着帝后与贵族人物进香礼佛，表现了皇室宗教活动的盛大场面。尤其是右侧女供养人第二层的一组，共雕有 25 人的行列，除其中的几人身躯高大，头上有伞盖，身后有扇，应为女主人以外，其他全为侍从仪仗。这些侍从有的牵着主人衣带，有的举着伞盖，有的举长柄扇，有的手捧奁盒，或正视，或回首，姿态表情各不相同。在这个礼佛仪仗队中，为表现供养人的等级森严，侍从比主人身材矮小，营造出高低起伏的立体感，也反映出当时严格的君权与等级观念。整体构图简练生动，人物安排错落有序，刻工细腻，动静感相得益彰，为中国石窟浮雕艺术中罕见的杰作。

六、诸神王像

十神王成组出现在石窟里，最早发现在龙门石窟的宾阳中洞。但在巩县石窟第 1、3、4 窟中，神王像已超出了十尊，更加丰富多彩，为中国石窟神王题材之最。巩县石窟的神王有山神王、河神王、象神王、鸟神王、风神王、火神王、珠神王、树神王、狮神王、龙神王、蛇神王、马神王、牛神王、兔神王、鸡神王、海神王等。这些神王一般用两种形式来表明身份，或亦人亦兽，即兽首人身，以其兽首展示为何种兽类的神王；或是人首人身，以手中所执物来表现其身份。如鸟神王，为鸟首人身，以鸟首来表示其身份；再如山神王，为人首人身，以肩扛一山表示其身份。风神王则是怀抱风袋，火神王为双手执火钳，龙神王为肩扛一龙（图 68），树神王为身后立树，河神王为肩扛一鱼，海神王为怀抱摩羯鱼。这些神王在佛教中属于档次低的护法神，他们身着菩萨装，常常参加佛的各种法会。

图 68　河南巩县石窟寺第 4 窟的龙神王浮雕

在第4窟的神王像雕刻中，有一神为双面，怀抱一小儿，显得奇谲诡怪，富有神秘色彩。她是一个人的两张脸，有三只眼，中间的一只眼睛为两脸共用，从哪一面看都是一个完整的脸。她应该是鬼子母，即五百鬼子之母。鬼子母，梵文音译诃利帝母（Hariti），原为婆罗门教中的恶神，也是佛教的护法二十诸天之一。相传鬼子母生了五百个儿子，她天天还要吃王舍城里别家的男女小孩。释迦牟尼佛得知此事，见其不服规劝，遂以法力藏起她的一个儿子。鬼子母想念孩子，急得到处寻找。当她知道孩子在佛身边，便求佛将孩子还给她。佛说："你有五百个儿子，少一个就如此着急，你不想想，别人家只有一两个孩子，被你吃了，那又怎么办呢？"鬼子母幡然悔悟，皈依了佛门，成为专司护持儿童的护法神。巩县石窟的鬼子母是该题材在中国的早期形象，十分珍贵。

巩县石窟寺中与诸神王刻于同一层次的神兽，动作各异，形态矫健，本是中国人的创造，不见于自然界。这种神兽常出现在南北朝的墓室之中，或刻在墓志铭侧，或绘制在壁间，应有守护死者的功能。很显然，佛教徒们将这种神兽纳入了佛教的殿堂，让它们来为佛教服务，起着护持佛法的作用。

七、第5窟

第5窟在第4窟东面，相对规模最小，但精美程度丝毫不逊于其他各窟，只是内容略少一些。窟门保存完整，有尖拱形门楣，楣脚雕刻龙头，门外两侧各雕一力士。窟平面近方形，没有中心方柱，是一座三壁三龛式的佛殿窟。三座大龛内各雕一辅造像，组成了三世佛题材。第5窟的平顶中央浮雕着一个盛开的大莲花，十分精美，周围有六身飞天环绕，形态飘逸优美。第5窟内的各式造像都呈现着典型的北魏晚期风格，年代应当和前四窟相同。

除了上述五个窟，在窟门外的岩面上还凿刻着大大小小的各种佛龛，多为北魏灭亡后历代佛教徒出资雕刻，很多有纪年题记。这些小佛龛的规模虽比不上皇家石窟，但亦有不少精品。

位于石窟群最东边的是一座千佛龛，是唐乾封年间（666—668）所凿。龛口呈圆拱形，在龛内正、左、右壁间刻满排列整齐的小佛龛，共计999个，加上中央的倚坐优填王像龛，正好为一千尊。在龛两侧壁的外侧有四个竖长方形龛，内各刻一尊菩萨像。在龛口两侧处各有一尊天王像，身躯直立，手持兵器，足下踏着夜叉。

八、结语

巩县石窟寺作为都城洛阳外围的一个“卫星小窟”群，开凿时间与北魏晚期的龙门石窟相近。但巩县窟形以中心柱窟为主，继承着云冈石窟第二期的传统，有力地补充着龙门石窟的类型，是我们研究洛阳地区北魏石窟不可缺少的组成部分。在中心柱基座和壁基处雕伎乐、神兽、神王像，是龙门石窟所没有的。特别是种类众多的神王像，更是对龙门宾阳中洞神王的补充，也是中国石窟的神王雕刻之最。另外，巩县石窟的礼佛图阵容也大大胜出龙门石窟。从第1、3、4窟前壁众多的供养人行列观察，这组洞窟应为一个贵族家庭出资建造，将皇帝和皇后也刻在行列之首，很有可能是为了同时给帝后祈福的需要。北魏石窟艺术起于云冈，盛于龙门。作为龙门石窟造像的重要补充，巩县石窟寺与龙门石窟一起构成了北魏中原模式的完整内容。

Gems of Chinese Grottoes

河　北

南北响堂石窟

历经六帝、享国28年的北齐政权（550—577），在中国封建王朝的历史中只算得上是惊鸿一现。但是在其短暂的国祚里，也创造出了娴熟精湛的艺术珍品。就石窟艺术而言，这一时期上承北魏，下启隋唐，其中以南北响堂石窟的艺术水平最为杰出。作为北齐时期的皇家石窟寺，它是研究中国佛教、建筑、雕刻及书法艺术的宝库。那里留存下来的佛教雕刻艺术作品、刻经与经变画，都是当时宗教信仰的宝贵见证。

550年，东魏孝静帝（524—552）禅位于高欢之子高洋（529—559），改国号为齐，东魏灭亡。北齐仍建都于邺城（今河北临漳县），设陪都于晋阳（今山西太原）。晋阳是高氏家族的根基所在，历任皇帝每年都要亲往居住，在此督办征召官吏、发布科派劳役等号令，甚至还接待外国使者朝见进贡。得益于高氏家族的推动，邺城至晋阳一线日益繁盛，形成了一条交通要道。随着沿线寺院的增多，僧侣、贵族、皇室顺势在河畔山崖间开凿石窟，逐渐形成了一条邯郸石窟寺的分布带。位于邺城西面的响堂石窟，就是这一时期石窟寺的代表。

北魏、东魏、北齐的统治者对汉文化的态度截然不同。北魏的帝王极度重视汉文化，积极推动鲜卑的汉化进程。东魏、北齐的掌权者是鲜卑化的汉人，更为推崇鲜卑文化的独立性，希望借助鲜卑文化的回溯，来降低汉文化对自己统治的冲击。如何实现鲜卑文化与汉文化的平衡，几乎贯穿高氏家族统治的始终，也直接体现在了邺都石窟群造像风格之中。

响堂石窟群现存石窟 30 余座，摩崖造像 450 余龛，大小造像 4 300 多尊。整个石窟群由北响堂、南响堂、小响堂三个地点组成，三地均围绕鼓山而开凿。据南齐刘澄之撰《永初古今山川记》载："鼓山上有二石，其形如鼓，南北相对，俗称南鼓北鼓，相隔十五。二石今不在，但鼓山却由此得名。"北响堂石窟，位于鼓山西坡，主要开凿于北齐开国皇帝高洋时代，是典型的北齐皇家石窟。南响堂（滏山石窟），居于鼓山南麓，开凿时间为北齐后主高纬（565—576）时期，由慧义和尚草创，宰相高阿那肱（？—580）出资完成。鼓山东麓则是小响堂（水峪寺）石窟所在，开凿于北齐后主高纬时期，仅有 1 窟。窟内现存有很多题记，还有很多供养人造像，推测其是由当地僧人主持，由北齐的达官贵人、普通平民百姓共同出资完成。

近代最早开始调查响堂石窟的，是日本学者水野清一与长广敏雄。他们曾在 1938 年至 1945 年间在山西大同云冈石窟进行过研究工作，短时间调查过响堂石窟。两位日本学者误以为该石窟的命名来自所处的山名，就将此处记录为响堂山石窟，后被学者沿用。事实上，邯郸地区从来没有一座山叫作"响堂山"，而"响堂"就是这里石窟的名称。

一、北响堂石窟

响堂石窟的开凿顺序为北响堂、南响堂、小响堂。因为缺少有效的题记佐证，目前对北响堂石窟的开凿年代判断，主要依据两处文献记载。第一是北宋司马光编撰的《资治通鉴》第一百六十卷；第二是鼓山下常乐寺遗址所保存的金代石碑碑文。

第一种说法认为北响堂石窟开凿于东魏末期。据《资治通鉴》第一百六十卷记载：时任东魏摄政的高欢去世后，其长子高澄（521—549）为了避免父亲的墓葬遭到政敌报复、盗掘，先将父亲死讯压下秘而不发，然后表面上按照皇帝规格将高欢葬于漳水之西，盛大举丧，葬入空棺。实际则是秘密在鼓山开凿石窟，在石窟佛像头顶边凿出墓穴，葬入真正的高欢灵柩。为了严守秘密，高澄下令杀死了全部参与工程的工匠。但他没有料到，在石窟开凿还未完成时，一个中途回家的工匠将自己所见告诉了儿子。北齐灭亡后，这个工匠的儿子偷偷进入石窟，凿开高欢墓穴，偷走了所有陪葬的金银财宝潜逃了。

第二种说法推断北响堂石窟开凿于北齐文宣帝高洋执政时期（550—559）。鼓山常乐寺遗址所保存的金代石碑记载，高洋在位时，常常从邺都出发抵达晋阳，这条线路的第一站即是鼓山。为了便于自己后续巡幸，高洋命人在鼓山下修建离宫，并时常到这里停留长住。他发现在鼓山的山腰间有僧侣修行，于是出资在此开凿石窟，同时在山下建常乐寺，即现存常乐寺遗址。

两处文献记载，将北响堂石窟分别指向了两个起点。综合石窟现存造像的典型北齐风格以及石窟开凿所需的漫长时间，我们更倾向《资治通鉴》的记载，推断北响堂北洞是在东魏晚期开凿，至北齐时期整体完成。

高欢墓是否真的就在北响堂石窟之中？在对北响堂北洞的调查中，有学者在中心柱窟的顶端发现有一个长方形石穴，正好可放入一个棺材，推测这就是传说中高欢真正的灵柩所在。在大洋彼岸的美国华盛顿弗里尔美术馆，收藏有 2 组据称出自北响堂石窟的石棺床残件。石棺床一大一小，其中，小石棺床残件上雕刻有精美的莲花及佛教图案。在北齐时期，一度十分流行中亚粟特人葬俗，以床榻作为葬具，上置遗体。但是没有确切证据证明其一定出自北响堂。也有学者认为北洞上部的石穴另有他用。这就使高欢灵柩归处成了个谜。

自东魏至北齐，高氏家族始终坚持推崇鲜卑文化，但是鲜卑与汉族的融合早已无法逆转。一方面是由东魏、北齐社会中汉人所占的重要地位决定的；另一方面，东魏、北齐所面对的外部威胁也促使胡汉融合，更多地依靠国内汉族家族势力。东魏、西魏分裂后，偏安南方的梁朝是两国希望和睦相处的对象。这种相互制衡的关系，推动了三国之间的文化互通，直接体现在了东魏、北齐的佛教造像艺术风格上。在响堂石窟，不仅可以看到因推崇鲜卑文化而体现出的云冈石窟一、二期的复古风格，还可以看到大量印度笈多、南梁样式的传入。

北洞是北响堂规模最大、时代最早的一座洞窟。它是一座中心柱窟，中心柱平面呈方形，形如四柱支起的天幕，在柱子之间开龛，每龛内雕有一佛两菩萨像

（图 69）。龛内主尊佛像的身体丰壮，坐姿各不相同，有结跏趺坐、半跏趺坐、倚坐三种姿态。佛像两侧各雕一身胁侍菩萨像，也是体型健壮，腿部一条直立、一条微弯，表现出了女性般优美的细腰、宽胯、鼓腹的体型特点。这种造像偏向于印度的笈多风格，在山东青州龙兴寺的北齐造像、四川成都万佛寺的梁朝造像中都有发现，佐证了响堂石窟受南梁、笈多风格影响的推断。在中心柱支撑天幕的四根石柱下，雕有高度接近 1 米的托柱神兽，和巩县石窟寺壁基上所雕的神兽非常相似。这种身兽有双翼、兽面，被研究者称为"石畏兽"。北响堂石窟一共有 22 尊石畏兽造像。目前窟内现存仅 10 尊，北京故宫博物院藏有 1 尊，其余 11 尊在清末民初被盗凿，贩卖至海外，在美国弗里尔美术馆收藏有 5 尊。

在窟内四壁开有列龛，龛形为覆钵式塔形，以两柱支撑，在形似亭阁式塔的上部有覆钵体，再上为塔刹，呈三叉戟状，上挑火焰宝珠。这种三叉戟的塔刹形态，最早可以在炳灵寺第 169 窟西秦壁画中看到，在云冈石窟北魏第 6 窟中也有。

图 69　河北邯郸北响堂石窟北洞内景

北响堂北洞四壁列龛的龛柱下原均雕有神兽。龛内造像均被盗凿，现存造像为民国时期复制品。

北响堂北洞四壁的塔形龛共有十六座，在中心柱上部四面也开着十六座小龛。有学者认为这是基于《法华经》卷三“十六王子”故事而进行的设置。但是，有学者进一步认为，这十六龛还与高氏家族有关，很可能对应着高欢的十六个儿子。实际上，高欢只有十五个儿子。为了圆自己的推断，就认为高欢可能还有一个早夭的儿子。这就纯属臆断了，因为高欢是否还有一个早夭的儿子，史书并无记载。

覆钵式塔形龛的设计思路，同时也体现在了北响堂三大窟的外立面上。为了使整个窟的外立面如同一座塔的形状，在洞窟的门上方雕有覆钵体，窟门就仿佛塔门了。那么，进入石窟，就如同走进一座覆钵式佛塔了，洞窟也就具有了入塔观像的宗教功能。北齐佛教传承于北魏，北魏常见的中心柱窟建造形式，就是模仿塔的第一层，入窟就如同入塔。北齐时期为了淡化汉式建筑结构，将北魏常用的楼阁式塔变为印度味更浓的覆钵式塔，是在强调印度风格的外表下恢复鲜卑的古风艺术。

北响堂中洞规模略小于北洞，窟前设有前廊，前廊两侧设有立柱。屋檐是覆钵式塔形状，窟门外的两侧壁各开一龛，龛内雕一尊立菩萨像。在门券的表面刻有精美的缠枝花草纹样（图 70）。中洞主室中央凿一中心塔柱，中心柱正面开龛造像。中心柱的后壁略矮，在两侧壁后部凿出甬道，形成了一条可以环绕中心柱的礼拜道。中心柱正龛龛楣刻作宝帐形，使龛内的造像如同身置一座宝帐之中。宝帐上有横梁，横梁上方以莲花、火焰宝珠装饰，下部刻有莲花瓣、垂角、幔帐等。中心柱正龛内的造像多数损毁，仅残存主尊坐佛像，下坐圆形束腰仰覆莲座。该佛佛像的风格与北洞中心柱龛内佛像一样，身体壮实，身着北魏中期流行的通肩式大衣。这种传自印度的通肩式大衣在北魏晚期至东魏时期一度绝迹，直至北齐高氏推崇鲜卑文化，才再次出现在石窟造像中。主佛两侧原各有一身立菩萨像，现存的菩萨像为后期复制品，承袭了北魏、东魏的着装样式，有帔帛在腹前交叉。

中心柱正龛下部有五个小龛，中间龛内雕有香炉，两侧两龛内均雕神王像，包括珠神王、风神王。神王像在北齐石窟中较为流行，常见的有鸟神王、象神王、

图 70　河北邯郸北响堂石窟中洞前廊

珠神王、风神王、龙神王、河神王、山神王、树神王、火神王等。

北响堂南洞的规模与中洞相似，是典型的三壁三龛式佛殿窟。在正、左、右壁间各开了一座大龛，龛楣都作帐形龛，龛内造一佛两弟子四菩萨像。龛内的一铺主像上部雕两排小坐佛像，在同样高度的前壁也雕同样的两排小坐佛像，组成了千佛题材。三龛内的一佛两弟子四菩萨像组合在中国石窟寺中很少见，这种组合最早可见于成都万佛寺遗址出土的梁朝造像，再次印证了梁朝对北齐文化的影响。另外，这些像都是典型的北齐风格，表现为身躯丰硕如筒状，衣纹简洁抽象，没有写实性。在龛内刻出横长形浅龛，内雕香炉和六身跪姿伎乐人物。

在北响堂南洞出现了大面积的“刻经”，主要位于窟内前壁，并且由内向外延伸，整个前廊都刻满了《维摩诘经》全本。以此为起点，后期有人陆续跟随在外围开龛刻经，使北响堂南洞成为融刻经和造像为一体的珍贵遗存。除了北响堂南洞，北齐国其他代表性的刻经还包括河北涉县中皇山的摩崖刻经，有 6 部北齐时期的刻经，多达 13.74 万余字，被誉为“天下第一壁经群”。

刻经在北齐快速发展并形成规模的原因，有佛教三时说。这种说法将佛教的发展史分为三个阶段：正法 500 年，像法 1 000 年，末法 10 000 年。在末法时代，人间的帝王将毁灭佛法，标志就是拆毁寺院佛塔、让僧尼还俗、砸毁佛像、烧掉佛经。没有了佛经，就没有办法传承佛法。太平真君五年（444），北魏太武帝弹压沙门，继而推动灭佛运动，使国内的佛经、寺院、佛像悉数被毁。一时之间，举国上下风声鹤唳，佛教僧侣无不惧怕，感觉末法时代的来临。虽然在北魏太武帝之后，佛教重新获得兴盛和发展，但是与北齐同时期北周武帝（561—578）的“废佛兴儒”运动，让当时的佛教僧侣忧患意识变强，开始思索保存佛经的方式。他们发现，对佛经最好的保存方式，是将佛经刻在山中的石头上。刻录在金属上，珍贵的金属材料会被融化挪作他用；写在纸上，纸张易被烧毁。最好的方式就是刻在毫无经济价值的山中石头上，可以流传万年。于是，磨壁刻经在北齐一度盛行，其影响一直延续到辽朝，如著名的北京房山云居寺辽代石经。

二、南响堂石窟

南响堂石窟由慧义和尚草创，北齐权丞高阿那肱出资，完成最终修建。这里现存北齐石窟 7 座，其中 3 座大窟内容较丰富。由于民国时期古董商的盗凿，这些石窟均残损严重。石窟的形制基本延承北响堂石窟的风格，以中心柱窟为主。与沉淀了北齐皇室故事的北响堂石窟不同，南响堂石窟在沿袭了北响堂形制风格的同时，更多地反映了当时的时代风貌。

第 1 窟为中心柱窟。窟门两侧各有一束莲盘龙柱，门楣上方有一佛龛。窟外门两侧各有一龛，龛侧都有束莲柱，龛内造像已毁，原像可能是护法。在两护法龛的上方各开有一明窗。在窟内，平面方形的中心柱正面造主龛，龛形和北响堂北洞、中洞一致，都是典型的帐形龛。龛楣的上方设置横梁，梁下有垂莲、垂角、幔帐浮雕，整体结构比北响堂中洞的帐形龛装饰更复杂，表现了北齐时期帐形龛样式趋向于繁复与完美。第 1 窟中心柱正壁龛内的主佛像保存完整，属于典型的北齐丰硕风格。两侧的弟子与菩萨像由后人仿北齐风格重做。在中心柱正龛下雕有一个大壶门，中间雕香炉，香炉两侧各有一供养比丘、一狮子。在中心柱侧壁开有较小的佛龛，上方有千佛浮雕。

第 1 窟的珍贵之处，是窟内中心柱正龛上方和前壁门上方保存下来的两面相对完好的浮雕像。前壁窟门上方的浮雕为《西方净土变》，表现阿弥陀佛在西方极乐世界说法场景。佛坐于中央，两侧围绕菩萨，上方有莲花坐佛与飞天，下部是莲花水池与化生童子，画面两侧是极乐世界的宫殿。这幅浮雕已经具备了《西方净土变》的基本内容。中心柱正龛上方的说法图浮雕分为三部分，中间为佛说法图，右侧是飞临听法的佛和菩萨群像，左侧为佛传故事中的“白马辞行”。因此，总体画面可能与释迦牟尼传记故事有关。

经变，即以图像的样式来表现佛经内容，始于南朝，兴盛于唐朝。在敦煌莫高窟有经变 33 种，内容丰富、形式多样，是敦煌极具艺术价值的佛画种类之一。由于战乱频繁，南北朝时期南方与中原地区的经变画存世极少。南响堂第 1、2 窟的经变画浮雕、麦积山石窟西魏时期的经变壁画，是目前存世最具代表性的早期经变题材艺术品，只是画中的人物少于唐代的，但布局与结构均已基本成型。

与北响堂南洞相似，南响堂石窟同样设置有刻经区域。在第 1 窟的侧壁上部开有一排佛龛，中下部壁面平整并磨光，上刻《华严经》一部。

南响堂石窟的第 2 窟也是中心柱窟，窟门外的设计与窟内的结构都和第 1 窟相似。因此，第 1、2 窟应是统一设计规划的一组双窟，第 2 窟的窟门外上方已坍塌。与第 1 窟相比，第 2 窟所遭受的盗凿更为严重。窟内的中心柱正龛几乎全部毁坏，中心柱侧壁的千佛还保存较多。窟内侧壁下部开有列龛，龛内造像均已不存。侧壁上部有唐代以后补凿的小龛，前壁的一些刻经还有保存。

第 2 窟最有研究价值的是窟外门两侧的原护法龛内刻的“滏山石窟之碑”。与第 1 窟相同，第 2 窟在门外两侧各开了一座护法龛，在隋代被磨平，刻了碑文。1985 至 1986 年间，文物工作者拆除了第 1、2 窟外清代建造的砖砌窟檐，发现了这两块隋代石碑。碑文中刻有“有灵化寺比丘慧义……于齐国天统元年（565）乙酉之岁，斩此石山，兴建图庙。时有国大丞相淮阴王高那阿肱……广舍珍爱之财，开此口口之窟”。此碑记载了南响堂在北齐天统元年以后的开凿，以及后续北周武帝灭北齐、毁石窟的过程，是响堂石窟迄今为止发现的唯一记载确切开窟年代的碑刻。

与第 1 窟相同，第 2 窟的壁前窟门上方原有浮雕《西方净土变》，中心柱正龛上方原有浮雕佛说法图，也是分为三部分。这两幅浮雕在民国时期被盗凿，现藏于美国华盛顿弗利尔美术馆。

南响堂石窟的第 3—7 窟位于上层，其中第 7 窟的内容最为丰富，形体也最大。该窟的外立面保存完好，是印度的覆钵式塔和汉民族传统建筑相结合的形式。窟外的基本造型是仿汉族木构建筑，有三开间，四根八棱束莲柱，柱上支撑火焰形门楣与横枋，枋上是一斗三升，上挑屋檐，檐下有椽，檐上有瓦垄。屋脊上升出一覆钵体，四周有山花交叶装饰，覆钵上有一火焰宝珠。宝珠的两侧各浮雕一八棱柱，柱上有莲瓣与火焰宝珠装饰。总之，第 7 窟的外观呈现的覆钵、屋檐、廊柱和北响堂北洞侧壁塔龛的形制有相似性。这种中印建筑样式结合的做法，正好体现了北齐国对汉文化的继承与对鲜卑文化恢复的态度。

第 7 窟窟门外两侧各开一龛，龛内各雕一尊力士像，保存相对完整。力士的服装与菩萨相似，只是下身的裙子较短。他们面有忿怒相，身材魁梧。北魏时期的力士像通常着长裙，以第 7 窟力士像为代表的北齐力士开始着短裙，后沿袭至唐朝。因此，该窟的力士是北朝至唐代力士像的中间形态，开启了唐代力士像风格的先河。在门券侧壁刻有缠枝忍冬纹，与北响堂门券的装饰相似。

窟内的总体布局与北响堂南洞相似，采用三壁三龛式（图 71）。但该窟三大龛的龛形与龛内造像与南洞有所不同。龛形采用的是北魏流行的盝顶龛，龛楣形似梯形，上有火焰宝珠装饰，龛楣表现和上部都有千佛。龛内造像为坐佛并两弟子两菩萨，使三龛主像组成了三世佛题材。与北响堂南洞相似，诸像身体整体均显丰壮，衣着单薄，紧贴着身体，勾勒出身体丰硕的外形，但缺乏姿态的优美，均如直筒状。三大龛下刻有壶门，内雕一香炉、两狮子、四神王像，共有八神王。前壁是千佛浮雕。

第 7 窟窟顶还有精美的莲花与飞天浮雕，窟顶中央刻一朵莲花。在三壁三大龛与前壁对应的上方窟顶处，各有一贤瓶与两飞天伎乐浮雕。这些飞天继承了很多北魏以来的清秀形飞天风格，他们或手拿箜篌，或演奏琵琶，姿态优美。在窟顶雕刻飞天环绕莲的做法，最早可见于北魏龙门石窟宾阳中洞、莲花洞等窟。

图 71　河北邯郸南响堂石窟第 7 窟内景

三、小响堂石窟

小响堂石窟又名水峪寺，与南响堂石窟同步开凿于北齐后主高纬时期，由僧侣、贵族、平民共同出资修建。小响堂大窟仅有 1 座，两侧散落的小窟开凿年代为宋元时期，未形成规模。

小响堂大窟为典型的北齐中心柱窟，形制与北响堂北洞相似。窟内正中凿出方形塔柱体，在柱的正、左、右三面各开一大龛，而柱的背面上部连着窟内后壁，下部是一甬道，供人们绕塔柱礼拜。中心柱三面的大龛均帐形龛，龛内均雕坐佛并两弟子两菩萨像，都是典型的北齐风格，与北、南响堂的造像风格相同。可惜的是，这些像的头部多被盗凿，仅留身躯。主佛像的大衣为简化了的褒衣博带装，只是在腰间没有束带，这种服装对以后的唐朝产生了很大的影响。从雕刻技艺方面来看，该窟的精致程度略逊于北响堂、南响堂。

小响堂大窟内的雕刻基本保存完整，其中最为珍贵的是后壁的阿育王施土像和前壁的供养人群像。阿育王施土的内容布局往往和定光佛为儒童授记故事相似，都是表现一尊立佛向下伸手，下方有一童子或几个童子向佛供奉物品，或是匍匐在地。这种题材的雕刻可见于云冈石窟，在响堂石窟中仅此一例，极具意义。在立佛的旁边有题记，记述北齐武平四年（573）明威将军陆景与张元妃敬造定光佛。虽然题记所记录的场景描述为定光佛，但是实际所呈现的画面则是阿育王施土的场景。因为定光佛授记的对象只是儒童一人，而阿育王则是与小伙伴一起玩耍时向释迦牟尼施土的。这里画面中的小孩有三个，不是一个（图 72）。

阿育王施土的故事，最早可见于东汉《杂譬喻经》，讲述年幼的阿育王和小朋友在街面上玩以土作为仓储粮食的游戏。看到释迦牟尼托钵行乞，于是就将自己认为最重要的东西——仓储中的粮食——敬献给佛。佛言，“我若涅槃百年之后，此小儿者当转生为国王，名字叫作阿育王，另一个小孩会转生成为他的大臣，他们将共同统领阎浮提的一切国土……还将为我建造八万四千座塔”。阿育王施土像，通常会塑一主佛，两个孩童。佛经的记述与小响堂内所见石刻相似，但也不完全一致，因为小响堂内的小孩子雕像有三座，不是两座，但仍是与阿育王施土题材更接近。

图 72　河北邯郸小响堂石窟后壁阿育王施土雕刻

小响堂石窟前壁供养人列像分有数层，人物众多，是小响堂石窟最为珍贵的雕刻遗存。或许是因为与高浮雕或圆雕主像相比，它们太过于细小零碎，才躲过了清末民初的盗凿，完整地保留下了北齐时代的原貌。在位于上层的接近窟门处，有一组供养人体量较大。他们由比丘引导，形体相对大而丰满，身后跟随着众仆人或家眷，应该是当时资助小响堂石窟开凿的北齐高官及家眷。他们的身下还刻有花和坐姿人物。其余下部各层供养人像相对较小，是北齐的普通官员、平民、僧人，俗人手中都持一朵长茎莲花。从供养人群像的衣着来看，北齐有尊鲜卑、反汉化的倾向，其中的男供养人通常着胡服，女供养人则着汉装。

四、结语

响堂石窟自北响堂起，以南响堂为承续，至小响堂为终，分别代表了北齐时代三种最为典型的石窟艺术风格。北响堂的皇家石窟蔚为壮观，南响堂的权臣营建精细无比，小响堂的万民敬献更接近人间烟火。三组石窟的风格互补，相互影响，均以中心柱窟为主，以佛殿窟为辅，龛形涵盖了帐形龛、盝形龛、覆钵塔形龛等。在响堂石窟，我们可以近距离地体会佛教艺术发展过程中对本土、外来影响的融合与取舍。北齐石窟艺术重塑了云冈石窟第 1、2 期的古风作品，吸纳了来自印度笈多、南方梁朝的全新造型样式，最终形成了北齐的独特风格。北齐极具代表性的刻经，在响堂石窟中也得到了淋漓尽致的呈现，为后世留下了可供研究的丰富史料。

可惜的是，响堂石窟曾有过辉煌，在古代与近代遭到多次人为破坏。北周武帝灭北齐后，将灭佛运动也带到了北齐，首次给石窟带来灾难。其后的隋、唐、宋、元、明、清各代，响堂山石窟断断续续都有维修、续凿，清代还修建了砖砌窟檐，用来保护石窟，但还是无法阻挡响堂石窟的日渐衰败。到了民国时期，响堂石窟再次遭到致命打击。文物贩子的盗凿，让响堂石窟的大量精美文物流失海外，包括北响堂侧壁塔龛内诸像，南响堂的八尊菩萨雕像，以及南响堂第 2 窟的两幅精美经变浮雕等。直到 1955 年南北响堂石窟文物保管所成立，响堂石窟才真正受到保护。1961 年，北响堂与南响堂石窟被列入国务院第一批全国重点文物保护单位。2013 年，小响堂石窟被公布为第七批全国重点文物保护单位。

Gems of Chinese Grottoes

陕 西

关中唐代石窟

佛教于东汉年间自印度传入中国，南北朝时期获得快速发展，至唐王朝时期达到鼎盛。佛造像艺术与中原本土艺术相互碰撞、深度融合，创造出高度完善、中国化的佛教艺术风格。唐代石窟的代表——龙门石窟，以造像最多、规模最大，被誉为“中国石刻艺术的最高峰”。但龙门所在的洛阳，在唐代伊始并不是中国的文化与艺术中心，龙门石窟是接受了西京长安的影响才在初唐时期壮大起来的。那么，西京长安的佛教艺术在哪里可以看到呢？佛像风格是什么样？让我们将目光放回长安所处的关中地区，以长安作为起点，重新梳理唐代初期的石窟艺术作品。

一、唐代长安与关中石窟

唐代长安城始建于隋代，是隋代首都大兴城，就是今日西安城的最早雏形。在五代十国时期，对原唐长安城进行了扩建，以原皇城为中心，往北、东两个方向扩了一些，重新建城墙，就形成了今日西安城的布局。现存西安城墙建造于明代，规模仅有唐代长安城的七分之一。

1949 年之后，新中国成立初期的中国考古力量十分薄弱，地方上没有专业的考古队伍，中央也仅有弱小的考古发掘队。在当时的高等院校中，只有北京大学历史系的考古专业可以培养考古人才。在那个资源极度匮乏的年代，中央调拨人力和资源，在 20 世纪 50 年代由中国科学院考古研究所成立了第一批地方考古队，分别在西安和洛阳进行钻探和发掘。得益于中央这一重要举措，才可以看到经过七十多年钻探发掘、基本复原的唐长安城地图。以这份唐长安城复原地图为基础，经过不断地考古发现，一些史书中出现过的长安城寺院遗址被逐一揭晓。

唐王朝的长安城是当时中国佛教艺术最大的载体，那里有着无与伦比的辉煌寺院。在敦煌莫高窟发现的壁画，最大不超过 10 米长。在山西唐代以后的佛寺中发现的壁画面积也是如此。但从考古发现情况看，如长安城的西明寺大殿遗址，面阔 50 米许，进深 30 米许。也就是说，这个大殿两侧的山墙长达 30 米，高 20 米许，在如此大的墙面上原来绘有壁画，那是何等的壮观！

当时万国来朝的长安城，不仅商贾如云，更是艺术家们施展才华的天堂。全国著名的画家、雕塑家都会聚于此，其中最具代表性的人物，阎立本（601—673）、吴道子（约 680—759）、尉迟乙僧等，他们都曾经在长安佛教寺院中绘制壁画。但随着唐朝的衰落和城市的更迭，长安城内曾经香火鼎盛的寺院逐渐成为废墟，昔日艺术大师们巧夺天工的壁画、雕塑也消失殆尽。反而是远在敦煌的画作，因为地方偏远，又远离战乱，才得以逃过唐武宗（814—846）灭佛以及后续战争的影响，成为今日可见的艺术精品。

幸运的是，由于当年长安城太过繁盛，加上丝绸之路南北两线对文化艺术的传播，以长安为中心向周边区域的艺术影响，让关中地区很多地方都接纳了来自长安的佛教艺术样式。这种传播的影响力由强到弱，距离长安最近的区域基本完全沿袭了长安的样式；较远的区域则在接受长安风格的同时，产生了融合地域特点的变异，形成了属于自己的艺术风格。

唐代佛教艺术在唐高祖（618—626 年在位）、唐太宗（627—649 年在位）时期发展缓慢，于唐高宗和武则天时期达到鼎盛，在武则天（690—704 年在位）之后的唐玄宗（712—756 年在位）时期，石窟寺又趋于发展缓慢。安史之乱（755—

763）以后，唐朝皇室能管辖的区域缩小，石窟的建造也逐渐减少，仅在偏远而安定的敦煌和四川盆地持续繁荣。因此，所谓唐代佛教艺术的高峰期，指的只是唐高宗与武则天时期。也只有这段历史时期，长安对中原北方地区的佛教艺术产生了极大的影响力。

长安艺术向周边的扩散，与丝绸之路的发展、唐帝王的出行轨迹紧密相关。传统的唐代丝绸之路以长安为起点，分为南北道路出发，行至甘肃段时南北两道重新交会，继续西行。出长安城向西的丝绸之路北道第一站是今彬县，南道第一站是今凤翔，而在两者之间的今麟游县则是唐高宗（650—683年在位）、武则天最爱的避暑胜地——九成宫所在地。同时，距离长安很近的耀县，也成为唐代关中佛教艺术的重点区域之一。就这样，以长安为中心，逐渐形成了现存彬县、麟游、耀县三个主要的关中石窟地点，它们直接接受长安中央模式的影响，主要开凿时期是在唐高宗与武则天执政年间（650—704）。

二、关中第一奇迹：彬县大佛寺

彬县大佛寺石窟是陕西省境内最大的石窟群，现存洞窟116座，有造像的洞窟近20座，包含大小造像1 500余尊（图73）。其中最具代表性的是大佛洞、千佛洞以及罗汉洞。

618年，唐高祖李渊（566—635）定都长安，国号唐。当时除李氏掌握的几个区域外，中原战乱仍然在继续，依靠着秦王李世民（598—649）的连续征战才逐渐平定。唐武德元年（618），割据陇西的军阀薛举（？—618）率兵大举东进，李世民领兵于彬县一带拒敌，以浅水原之战为转折点，最终平定西部隐患。作为唐朝开国后第一场真正意义上的大战，浅水原战役中唐军死伤惨重。为了悼念阵亡的将士，李世民在此建庆寿寺（大佛寺前身）。在历代有关庆寿寺的文献记载中，并没有关于石窟开凿的记述。但根据大佛洞大佛旁的题记“贞观二年”完工和整个工程量，以及保存在千佛洞的唐代“豳州长史武太一”题记，基本可以判断大佛寺石窟开凿的推动人应是唐太宗李世民。

图 73　陕西彬县大佛寺石窟外景

大佛洞是大佛寺石窟群中最大的一座洞窟，高 23.5 米、进深 18 米、横宽 34.5 米，洞窟上部的总体构造是穹隆形，中间保留有一个残损的“人”字披，类似两面坡的房屋样子。窟内正壁的主佛高 20 米，仅耳部就达 2 米，是陕西省现存佛像体量之最；两侧胁侍菩萨像高 17 米（图 74）。三尊主体造像开雕于唐武德元年（618），完工于贞观二年（628）。前壁其余的造像是大佛洞主体完成后补雕的，根据风格推断为唐高宗年代作品。石窟造像的题记，通常记述的时间节点为完工年份。通过对其他地区刻有题记的唐太宗年间造像分析，可以佐证我们对大佛洞开凿年代的判断基本准确。

彬县地区洞窟的石质以红色砂岩为主，优点是易雕刻成型，缺点是容易风化。大佛洞于唐代建成后，后续历代都曾对因风化损毁的大佛像进行涂泥重塑。由于佛像内里为石胎，整体造型没有发生太大改变，但是佛像面部、身体的表面细节，已经被更迭为清代风格。不过，主佛像的背光与头光和胁侍菩萨

图 74　陕西彬县大佛寺石窟大佛洞内景

的头光浮雕，仍然保留着唐代雕刻时的原貌。在这个唐代贞观二年完工的大佛舟形背光上，位于最顶端的是一个亭阁式塔，两侧各有一列飞天伎乐拱卫着这座塔。在背光上以飞天拱卫佛塔的做法，在北魏时已有，可见于山东青州龙兴寺遗址出土的北魏石造像。但大佛寺的这座亭阁式塔的特别之处在于，在塔门中雕有三像，中间是倚坐菩萨像，表现弥勒菩萨。那么，这个亭阁式塔，很可能代表着弥勒菩萨居住的兜率天宫。大佛背光上还刻有火焰纹和小坐佛像，头光表现则刻有莲瓣和缠枝花草。窟内的大佛像很可能是释迦牟尼佛，与背光上的弥勒菩萨存在着继承关系。窟内两侧壁的胁侍菩萨分别是观世音和大势至菩萨。在大佛的两下侧还分别向内开凿着环形甬道，信徒们可以环绕大佛像做右旋礼拜。

在大佛背光的上方和两上角还刻有娑罗树和阿修罗托着日、月的双手。菩提树和娑罗树是印度佛教最为神圣的两种树，因为佛在菩提树下成道，在娑罗树下涅槃。根据佛经记载，娑罗树下的佛造像题材应与释迦牟尼涅槃有关，而菩提树下的佛像应是释迦牟尼成道题材。然而，在中国佛教艺术中，这种特殊性往往变成了普遍性，两种树的使用也就不限于那两种题材了。大佛背光上方娑罗树后的两只手，推测暗示的应该是多面多臂的阿修罗，他一手举着太阳，一手举着月亮。阿修罗以手上托日、月的图像，可见于四川广元千佛崖的唐代石窟，那里的阿修罗显露着上半身，也是以佛的护法身份出现的。

大佛的头顶肉髻低平，身体丰壮，大佛背光处的小坐佛像也是如此。这是北周、隋代以来的佛像风格，在唐代初年属于旧的保守风格了。此时的唐代佛教艺术为何还没有创新呢？在唐王朝初期，唐高祖李渊、唐太宗李世民都是不怎么信仰佛教的。对于佛教，他们采取的是限制其发展的政策，即不毁佛，但也不提倡鼓励。在这种政策之下，唐朝初期佛教的发展势头较南北朝时期有所放缓。因此，现存贞观年间造像呈现的风格都十分保守且多样化，因为它们基本延续了北齐、北周、隋代的旧风格，还没有形成统一的大唐风范。

前述贞观二年的题记全文是“大唐贞观二年十一月三日造”，刻于大佛背光左侧，曾有学者怀疑其真实性。判断该题记是否真实的依据，取决于题记周围佛背光雕刻的保存是否完整。如果题记是真实的原始设计，它一定是先在背光上凿出与背光装饰雕刻具有同样高度的平面，再刻文字。如果题记是后代补刻的，就需要先把背光上的装饰雕刻磨平，再在上面刻题记，题记所在的平面一定会低于装饰雕刻所在的最高平面。但通过现存迹象来看，这则题记与其上部的联珠纹最高平面是相同的，足以证明这就是原始的大佛洞完工题记。

在大佛寺的西崖开凿有大小洞窟七座，窟口面北，其中第 3、4 窟的造像和典型的唐代风格不同。曾有人将此两窟断代为北周或隋代。它们的平面呈方形，窟内环正、左、右壁下部凿有倒“凹”字形基坛，坛上造佛、菩萨雕像，造像风格似北周或隋代，特别是胸腹平坦、没有健美的典型唐代人物身材。在同样是唐太宗贞观年间雕刻的龙门石窟宾阳南洞的造像中，我们也能看到类似北周、隋代的风格，这正是贞观年间的造像特点。那么，这两座窟是否属于贞观年间，还是开凿于北周或隋代，应该综合造像风格以及开窟崖面位置来作判断。古人在一个地区的崖面开窟造像时，总是先选择最好的区域。那么，大佛寺所在崖面的最好区域，无疑就是大佛洞所在地了。如果西崖洞窟开凿于北周或隋代，当时人怎么会放着最好的位置不用，而去选择一个边角的区域呢？所以，将西崖的第3、4窟定为唐贞观年间较为合理。

西部崖面的第7窟同样值得一看。它是典型的佛坛窟，开凿于唐高宗年间。虽然主窟内的造像已经损毁，只剩下空荡荡的基坛，但是其所选择的窟门外设两力士、两狮子的布局，对研究龙门唐代石窟十分有意义，因为龙门的很多唐代石窟门外都是这样的布局。但随着景区建设和保护工作的开展，现在彬县大佛寺西崖已经不再对游客开放，东崖的僧房区也已封闭。我们期待在未来经过修整保护后，这两个区域能够重新开放。

位于大佛洞东侧的千佛洞是彬县大佛寺造像最为集中的洞窟。它是一座中心柱窟，平面近似方形，平顶，保存大小造像龛175座，约有300余尊造像。千佛洞的整个洞窟龛像布局凌乱，基本没有统一规划，只在局部有一些设计。龛像分布特点是：壁面中、上部的年代早，因为区域重要、醒目；壁画下部的年代较晚，因为是插空补雕。这种情况形成的原因是没有贯穿洞窟开凿始终的统一规划。该窟开凿于唐高宗年间，完成了第1龛后，即被废弃。以后陆续有人在此窟开龛造像，大部分为武周时期。少数龛像雕于唐玄宗、唐代宗时期，一般位于壁画下部，因为可选择的位置越来越少了。延续几十年时间的补雕，导致了窟内龛像布局的凌乱。

即便如此，千佛洞还是为我们保存了众多初、盛、中唐时代的造像作品，是总结唐代长安城造像风格演变的极好材料。千佛洞最为宝贵的财富是洞内保存了大量的题记，而这些题记又给我们带来了许多纪年龛像，成为断代的年代学标尺。千佛洞现存年代最早的题记为唐高宗咸亨二年（671）在中心柱左侧刻的唐僧玄奘翻译的《佛说般若波罗蜜多心经》和东汉安世高译的《佛说温室洗浴众僧经》。其余的唐朝造像题记多数集中于武周时期。窟内还发现了一批等身造像，也就是与真人身高基本相等的造像。例如：一座龛内的等身立佛与两菩萨像，根据题记记载，它是由武则天的堂侄女彭城县主武氏与丈夫豳州司马柱国李齐共同发愿雕造。

龛内的两身菩萨像体态婀娜，是典型的初唐长安菩萨像风格。这种风格也直接影响到了龙门石窟和中国其他地区的石窟，日本古代奈良、平安时期的很多菩萨像也都承袭了这种风格。

罗汉洞与千佛洞的开凿时间都在唐高宗年间，罗汉洞原计划也是开成一座中心柱窟，位于大佛洞的西侧。这样一来，就会形成两座中心柱窟胁侍大佛洞的寺院布局。先开凿的是千佛洞，没有按时完成，罗汉洞的开凿更是半途而废，连最初设计的窟形都没有凿成。现存的罗汉洞仅仅是当初完成的三个门道、中心柱正壁大龛、中心柱右侧的甬道。到了武周时期及以后，信徒们在罗汉洞内补雕龛像，现存窟内的造像龛共有 39 座，年代以武周、唐玄宗时期为主。

由于风化严重，罗汉洞中原有的造像基本都已经涂泥重塑，仅个别造像从其面相还可以看到少许的唐代风韵。罗汉洞中现存最具代表性的造像是门柱上雕刻的骑狮文殊菩萨与昆仑奴像，它的纪年题记为唐代宗大历十二年（777）。另外，现存罗汉洞佛像的泥塑头部基本都为北宋风格，证明这些像是在北宋时期重修的。也就是说，在北宋时期，这些佛头早已不存在了。这就足以证明罗汉洞的造像曾在唐武宗毁佛时受到了毁灭性的打击，是现存最直接反映毁佛事件的石窟寺证据之一。

从古至今，名人效应都是旅游的动因之一。因为拥有唐太宗所建造的大佛，彬县大佛寺在唐代以后成了颇受欢迎的旅游胜地。宋元明清时期的文人墨客、达官显贵都以到此参观、留下题记为荣。据调查，在大佛寺石窟的众多题记中，仅在《宋史》《元史》《明史》《清史稿》等正史中有传的就达 22 人之多，他们都是当时位高权重的政治人物，包括明朝的佞臣大太监刘瑾（1451—1510）、甲午海战中牺牲的民族英雄丁汝昌（1836—1895）等。另外，还有 19 位在正史中虽无传但也曾经有过重要历史地位和贡献的人物，有的成就还被正史提及。这些题记不仅记载着他们游览或出资修缮大佛寺的时间，也给我们提供了他们中的很多人曾在陕西任职的具体时间，起到了补充史料的作用。彬县大佛寺的题记在金石学中一直备受关注，晚清金石学家叶昌炽（1849—1917）就曾到大佛寺，求请寺僧拓印窟中题记，并以此编撰完成了《邠州石室录》。

三、耀县药王山摩崖造像

耀县药王山在唐代称磬玉山，北宋、明、清称五台山。药王山一名来自唐代的神医孙思邈曾隐居于此，在清末被正式载入《陕西全省舆地图》，从而取代了“五台山”的旧名。为了纪念孙思邈，唐代之后的历朝历代均有人在药王山建祠、立碑，留下了丰富的文化遗产。1977 年耀县成立药王山文管所，1986 年建药王山博物馆，由孙思邈庙宇、碑林、摩崖造像三部分组成。

药王山摩崖造像位于北山东部山腰，现存佛龛 23 座，造像 45 尊，最早的为隋代，最晚的为宋、金时期。在这些造像中，以唐高宗、武则天、唐玄宗时期的作品为主。最具代表性的是双观音立像，各高 1.6 米，俗称“等身观音”。他们都是面容清秀圆润，躯体线条匀称，根据该龛的题记可知，是在唐玄宗开元十一年（723）由卢焕造的双观世音像龛。这组观音是研究双观音像历史的重要材料。

还有一尊十分珍贵的佛装地藏菩萨像（图 75）。该像约造于武周时期，半跏趺坐，身旁升出六道云气，右侧承托着天人、阿

图 75　陕西耀县药王山摩崖造像佛装地藏菩萨像

修罗、人；左侧承托着畜生、地狱鬼差、饿鬼。这里表现的是地藏菩萨伴随六道轮回的图像，因为地藏菩萨是专事解救六道众生的大菩萨。在龙门石窟中发现有大量的唐代半跏趺坐菩萨像，着菩萨装，题记上称之为“地藏”。龙门还有少量的立菩萨和僧装半跏趺坐菩萨像，也表现地藏菩萨，因为佛经上说地藏菩萨常作“沙门形”。在彬县大佛寺千佛洞中也发现有唐代佛装地藏像，在题记明确标其身份。由此可见，唐代的地藏菩萨多样，包括僧装、佛装、菩萨装三种。但从目前的发现来看，除了耀县之外，只在长安城地区发现有僧装地藏伴随六道轮回的图像，是小型的善业泥造像。因此，耀县的这尊地藏与六道轮回图像，就与首都长安城有关系了。唐代以后，地藏形象开始统一，一般是僧装，一手持锡杖，一手捧宝珠，或站立，或半跏趺坐。这种样式也直接影响到了日本地藏菩萨像的制作。

四、麟游九成宫周围的石窟造像

麟游山川秀丽，景色宜人，夏日气候凉爽，是隋代和初唐时期皇家喜爱的避暑胜地，唐高宗年间的避暑夏宫“九成宫”就坐落于此。九成宫始建于隋文帝开皇十三年（593）二月，竣工于隋开皇十五年（595）三月，开始名叫“仁寿宫”，是文帝的离宫。唐太宗贞观五年（631）修复扩建，更名为“九成宫”。“九成”之意是“九重”或“九层”，言其高大。唐高宗时曾一度改名为“万年宫”，意指颐和万寿，后又恢复原名。唐朝重臣魏徵（580—643）撰写、欧阳询手书的《九成宫醴泉铭》，在中国书法史上影响甚大。现麟游县城即位于原九成宫遗址之上。

以九成宫遗址为中心，周围散落着水系、青山，都是石窟寺选址最为偏爱的区域。因此，这里陆续发现了 9 处佛教石窟和摩崖造像地点。它们是：东川寺摩崖龛像、青莲山寺摩崖造像、慈善寺石窟、白家河摩崖造像、麟溪桥摩崖造像、石鼓峡石窟、蔡家河摩崖造像、喇嘛帽山摩崖造像、狮子口石窟。现在择其中重要石窟介绍如下：

慈善寺石窟，位于漆水河西岸的崖面之上，自北向南依次分布3座石窟，其中第1、2窟建造完成，第3窟为半成品。第1窟的规模最大，窟室依正、左、右三壁凿出一个倒“凹”字形佛坛，正壁是一尊圆雕坐佛像，两侧壁各有一尊高浮雕坐佛像，构成三世佛题材。三佛像都是典型的唐高宗年间风格，两侧佛像着通肩装，主佛像着简化的褒衣博带装，身躯健壮，呈现出优美的身段刻画。在主佛的背后留有步道，可绕佛一圈进行礼拜。

第2窟的主尊是一通高4.7米的立佛，年代也为高宗年间。该佛像体型高大，左手托着火焰宝珠，立佛左右两侧分别设有一佛两弟子龛、一佛两菩萨龛，与立佛呼应，共同组成三世佛题材。遗憾的是，小龛中的一尊立菩萨像头部在初次调查后被盗凿。未完成的第3窟，按原本规划应该是一个规模不小的大窟，但仅凿出窟口，唐高宗晚期有人在此造了一尊坐佛像，风格与第1、2窟造像有着明显差距。在石窟南部崖间还凿有10座佛龛，主要表现为唐高宗和武则天时期的雕刻风格，龛内造像组合以一佛两菩萨居多。有一座大龛极为罕见，主尊为倚坐弥勒佛，两侧胁侍以倚坐菩萨、半跏坐菩萨、两弟子像，对研究造像组合极具价值。

麟溪桥摩崖造像，有19座佛龛，依次分布于麟游县木器厂最北端的山崖间。除16、19龛外，剩余17座均为唐高宗和武则天时期完成，表现着典型的初唐风格。佛、菩萨像身体丰满又显窈窕，造像组合多为一佛两菩萨、一佛两弟子两菩萨，也有单身菩萨立像。

青莲山寺摩崖造像，由16座佛龛组成（图76）。根据此处发现的清代石碑以及县志记载，是少有的唐太宗年代的摩崖造像群。造像题材有佛、罗汉、菩萨以及佛传故事等。很多龛内佛像肉髻低平、身型结实、丰满，是北周佛像的遗风。此处年代最晚的造像约雕于北宋。

蔡家河摩崖造像，由22座佛龛组成，建造年代从唐高宗、武则天时期延续至北宋。此地很多唐代龛像融入了更多民间的地方特色，是唐代民间艺术家从中央风格中吸取精华再自成特点的代表之一。

石鼓峡石窟，位于麟游县城以北，澄水之畔，窟内仅雕有一尊1.8米高的坐

图 76　陕西麟游青莲山寺摩崖造像

佛像。根据窟内的铭文题刻，推断石窟的开凿时间应为唐德宗（780—805 年在位）至宪宗年间（806—820 年在位）。可惜石鼓峡石窟的坐佛头部也未能逃脱盗凿者的破坏。

喇嘛帽山摩崖造像，位于麟游县城西南 15 千米处。自此山北面观其外形，顶际平圆，状如冠盖，似西藏黄教喇嘛所戴的黄帽，而被当地人称为“喇嘛帽山”。崖下路边有摩崖造像龛一处。山半有千佛院，存石窟一座、摩崖造像龛一处。从千佛院绕山腰北行，可至喇嘛帽山中峰东崖上方，在这嶙峋的绝壁有一处摩崖造像，雕有佛、菩萨并千佛像。沿百尺崖的千佛壁北去 50 米许还有两摩崖小龛。这些造像年代最早可至唐高宗时期，有的雕于中唐的 8 世纪，最晚的为北宋作品。这处佛教遗迹在麟游为数众多的佛教艺术中占有重要地位，2003 年成为陕西省重点文物保护单位。

五、结语

从彬县大佛寺到耀县药王山，再到麟游的环九成宫石窟群带，唐代长安的佛教艺术模式呈现出以长安为中心、逐渐向外扩散发展的过程。这种传播的力度是由强至弱的，即靠近长安的地区基本完整继承着来自中央的佛教艺术风格；远离长安的区域，在学习中央风格的同时会因地制宜，在造像风格上作一些调整，形成属于自己的地域特色。在今西安地区发现唐代佛教造像极其有限的情况下，尽量多地调查西安外围关中地区的唐代石窟与摩崖造像，以及单体石造像，就可以为我们推想原长安城的造像模式带来丰富的资料。

延安宋金石窟

960年，黄袍加身的赵匡胤（927—976）建立北宋，定都东京（今河南开封）。建国后，赵匡胤和宋太宗赵炅（976—997年在位）先后消灭南平、后蜀、南汉、南唐、北汉，终结了五代十国的纷乱局面。而位于北方和西北的少数民族政权辽、西夏等发展迅速，北宋建国后面对的第一个强敌，便是对中原虎视眈眈的辽国。

历经25年战争后，宋辽签订澶渊之盟，北宋获得了休养生息的百年时间。随后金国兴起，金灭辽之后乘胜直攻北宋，中原再次陷于战争泥潭。靖康二年（1127），金兵攻取北宋首都东京，宋徽宗、宋钦宗被俘虏，北宋灭亡，史称“靖康之变”。宋朝皇室被迫南迁，以淮河为界，建立南宋。

辽、金、西夏的不断侵扰，让宋朝统治者疲于应付。虽然佛教仍然在向前发展着，但开凿造窟的热度在中原地区已经逐渐散去，在西北、西南仍有发展。陕北的黄土高原与西夏接壤，延安府是北宋抵御西夏的前沿重镇，饱受战乱之苦的人们愈发需要佛教的精神慰藉。于是，在远离北宋政治中心的延安地区，逐渐形成了一片繁荣的陕北石窟群带。因为这里多为军事要地，常年驻军，在此开凿的石窟，很多与北宋的军事将领有关。

北宋灭亡后，金国的统治者对当地原有的佛教文化采取了相对宽容的态度，不仅没有大肆破坏，还在原有石窟的基础上进行修缮维护，以及开凿新窟。众多的数量，精美的技艺，让陕北地区的宋金石窟成为三秦大地最为耀眼的石窟艺术瑰宝。

一、佛坛窟的源流

陕北宋金石窟以佛坛窟为主。佛坛窟的形制起源于印度，传入中国后逐渐与当地文化融合，演变为中国的佛坛窟形式。国内现存年代最早的佛坛窟，是位于四川广元千佛崖的佛坛窟，通常在窟内中央凿有一坛，坛上造一佛两弟子两菩萨两力士及附属人物像，主佛背后立有背光和镂空的双树，直通窟顶，信徒们可环绕佛坛做礼拜，同时可以观赏坛上造像。这种佛坛窟与中心柱窟的宗教功能十分相似。

其实，佛坛窟的形制来自在地面建造的佛寺大殿的结构。入唐以后，佛寺中的大殿逐渐替代了佛塔在寺院的中心位置。为了方便信徒们礼佛参拜，大殿的中央一般设置佛坛，在坛上安置一辅造像，像后有背屏直通殿顶。这样的殿中佛坛，很像我们看到的佛坛窟的结构。在中唐时期建造的五台山南禅寺大殿，以及五代时期北汉建造的平遥镇国寺大殿，殿的中央都建有佛坛，坛上安置一组造像。

到了北宋时期，佛寺大殿中安置佛坛更加流行。如河北正定隆兴寺大殿建于北宋时期，大殿中间就建有佛坛，坛上安置着佛与胁侍像，佛坛的背面与两侧背屏组成了一个倒“凹”字形结构。这种倒“凹”字形佛坛，在陕北宋代石窟中也能见到。建于金代的山西大同善化寺的大殿，中央设置长形佛坛，坛上安置五尊佛像，中间以柱网分隔为五个相对独立的空间，这种形式在陕北宋代石窟中也得到了体现。

陕北宋金石窟，主要包括黄陵县万安禅院千佛寺石窟、富县阁子头寺石窟、子长县北钟山石窟大窟、延安万佛洞第 1 窟，以及富县石泓寺第 2 窟等。这些石窟，在延续唐代传统的基础上，题材内容与造像风格更趋于汉化，使印度佛经中的佛、菩萨等角色，成为能够知晓中国人间疾苦、怜惜世人的神灵，佛教艺术品也就成了人们的精神慰藉。

二、黄陵县万安禅院千佛寺石窟

黄陵县千佛寺石窟，开凿在县城以西约 40 千米的半山崖间。石窟的平面呈长方形，宽约 9 米、深 8 米，中间凿有佛坛，坛的背面与左、右两侧有屏直通窟顶。这种倒“凹”字背屏的设置，与前文提及的河北正定隆兴寺的佛坛设置基本一致，可知是模仿佛寺大殿的结果。进入该窟的信徒可以环绕佛坛做礼拜，还可以欣赏坛上和四壁雕刻的大小佛龛和佛教故事。在这座石窟中，留存有很多与造像有关的题记，其中最早的一条刻于北宋哲宗绍圣三年（1096），说明该窟造于是年之前。

千佛寺佛坛上是一个小型的独立洞窟。坛上造像为三世佛题材，在正、左、右三壁前各雕了一尊佛像，其中左壁为倚坐佛，表现未来佛弥勒，其余两佛为结跏趺坐，表现正壁的释迦与右壁的过去佛（图 77）。三佛的服装有两种，一为简化版的褒衣博带装，在腹前不束带，衣领口开得更低，露出胸部较多，为宋代风格。一为传自印度的通肩式大衣。这些佛像更加富态，肉髻比唐代的低，还强调肉髻前突出的髻珠。北宋以后的南宋、金、元、明、清等朝代基本延续这种佛像风格。在正壁释迦牟尼佛的两侧各有一尊弟子像，在正、右壁佛像的须弥座束腰前雕有两个玩耍的狮子，这种做法未见于唐代，仅在千佛寺的这座宋代石窟中出现。

千佛寺石窟最为精美的造像，是后壁的阿育王施土像。这组主造像高达 3 米，是中国石窟发现的最大体量的阿育王施土雕塑，表现托钵行乞的释迦，与阿育王和他的小伙伴在虔敬礼佛。阿育王施土题材，在南北响堂石窟一章中曾有提及，在此不再赘述。千佛寺的阿育王施土像，在布局上与传统的做法略有不同。在立佛像的旁边十分少见地造出了一座汉民族的密檐式塔，以表现释迦预言阿育王将造八万四千塔，在印度佛经与中国文化之间建立了一道奇妙的联结。这尊释迦立像的总体风格与千佛寺中心佛坛上的佛像一致，有着典型的北宋佛像富态丰满的脸庞、壮硕魁梧的身材，肉髻低矮，前有髻珠，胸前袒露较多。

图 77 陕西黄陵县万安禅院千佛寺石窟佛坛造像

菩萨像是陕北石窟中最为常见的题材，表现形式有水月观音、多菩萨排列组合等。北宋陕北的菩萨像，很多已不再采用唐朝常见的袒露上身、佩戴项圈、身披帔帛的做法，而是穿紧身上衣、高发髻、戴宝冠的装束，更加具有中国人的审美习惯。这种菩萨衣着多见于宋金时期的北方，在南方石窟中则基本不见。在千佛寺石窟的侧壁雕有一尊千手千眼观音。千手千眼观音的表现法一般为两种，一种是只雕大手，数量为 18、24 或 40 等，以象征千手千眼，手中通常握有兵器或法器。千佛寺的这尊千手千眼观音只雕出了大手。另一种是在大手的后面再雕很多小手，如孔雀开屏一般。

千佛寺侧壁还有一龛十分珍贵，表现一大一小两佛。大佛伸出右手放在小佛的头上方表示安抚，其头部还亲切地偏向小佛；小佛双手合十，姿态虔敬。大佛代表释迦牟尼，小佛为释迦牟尼之子罗睺罗，这一题材被称为“释迦会子”，在麦积山第 133 窟的前部，也安置着圆雕的释迦牟尼与罗睺罗相会场景，表现手法与此相似，也是北宋作品。

三、子长县北钟山石窟

位于子长县东北的北钟山石窟，开凿于北宋英宗治平四年（1067），现存一座大窟、六座小窟。历史上，这里曾是西北佛教的传播重地，现存的古迹众多，艺术风格精美，而北钟山石窟是陕北石窟的代表作之一。

北钟山大窟模仿的是传统佛寺的大殿，保存状态完好，题材丰富。它的平面呈长方形，中间有一长方形佛坛，坛上立八柱，形成三开间格局。每间内有一尊佛像，形成了三世佛题材（图 78）。在八根柱子表面雕有千佛，穿插于其中的还有水月观音、结跏趺坐观音像等。坛上三佛像的头顶雕有藻井。三佛都表现出典型的北宋风格，脸型丰满呈椭圆状，头顶有低矮的肉髻，髻前有珠；身穿双领下垂式大衣，袒露胸部较多，写实性强，头身比例完美，是北宋石雕佛像中的杰作。

图 78　陕西子长县钟山石窟大窟佛坛中部造像

在坛上中间的主佛座前，设有两座蹲跪式供养菩萨像。这种做法承袭自唐朝，在山西五台山的南禅寺大殿佛坛上就有类似的设置，可惜那里的两尊供养菩萨像已经被盗。在北钟山大窟，随侍佛旁的两弟子仍然是特征分明的阿难和迦叶像。阿难为少年形，意气风发；迦叶为老者形，饱经沧桑，如胡人模样。

在坛上两弟子的外侧还有两菩萨。菩萨像的主体风格以唐代特征为基础，脸部呈丰满的椭圆形，身体扭成S形，姿态优美。但是，其衣着和宝冠的式样已经变成了北宋样式，为紧身上衣，冠如一个花瓣形。

北宋以开封为首都，这一地区在北宋灭亡后常年受黄河洪灾影响，基本没有太多的佛教艺术作品留存。反而是远离中央的陕北，留存下来诸多的艺术精品。北宋时期的佛教造像风格与南北朝、隋唐不同，不再是中央模式影响地方的扩散式发展，而是呈现百花齐放的发展态势。因此，北宋时期的南、北方佛教艺术都有各自的地方风格。

在该窟石柱与壁面上还刻有丰富的内容。在坛上石柱的千佛间雕有十大菩萨像，分两排站立。有的穿通肩式佛装，有的穿袒露右肩式大衣，大部分穿菩萨装，袒露上身，下身着长裙，但他们都是菩萨，都戴着宝冠。进入五代以后，佛教艺术界对菩萨装的改革，主要是让菩萨像穿佛装，其中以双领下垂式为主，有的穿通肩式大衣，见于吴越国的杭州地区、前后蜀时代的四川地区。但与此同时，唐式的菩萨衣着仍然存在，直到明清时期，唐、宋式菩萨装一直并存。

另外，在千佛题材中加入菩萨像，是北宋时期才兴起的做法，也见于北钟山的大窟。这些小菩萨像的坐姿与手势各式各样，活泼、自然，使千佛题材更加丰富多彩。在后期出现的千佛作品中，千佛中不止有佛、菩萨，还加入了罗汉、世俗人物等元素。不仅千佛如此，连五百罗汉里面也加入了佛、菩萨、世俗人物。现存北京碧云寺的清代五百罗汉像，就是受这个趋势影响的典型代表。虽然这种集百家之长的方式并不符合传统佛教造像艺术的要求，却是佛教文化与中国儒、道等文化逐渐融合后呈现的佛教艺术中国化趋势。佛造像只有更加接近人间的形态，契合人们的审美需求，人与佛之间才能更加亲近。

四、富县阁子头寺石窟

富县阁子头寺石窟位于距县城15千米的洛河西岸，窟内存有北宋徽宗政和二年（1112）的开窟题记。石窟坐西面东，是一座长方形的窟室，窟内没有佛坛，

图 79　陕西富县阁子头寺石窟西壁释迦涅槃浮雕

只设有 4 根方形石柱连接窟顶，柱上刻满罗汉像。窟内中央安置 3 尊圆雕像，中间为弥勒佛，两侧坐佛头部残缺，已无法辨认，推断应为三世佛题材。

阁子头寺石窟的代表是位于西壁的释迦涅槃浮雕（图 79）。这幅高 1.7 米、宽 2.2 米的浮雕，再现了佛经中佛祖涅槃、弟子举哀的场景。在图中，释迦牟尼佛位于中央，体量只比弟子们略大一些，身后有娑罗双树，周围是悲恸的众弟子，他们有的掩面痛哭，有的叩首哀号，有的匍匐在地，有的无力地坐着，真是普天同哀，就连佛祖床前的两头狮子也在悲鸣。场面被刻画得栩栩如生、惟妙惟肖。

五、延安万佛洞石窟

延安万佛洞石窟位于城东清凉山之上，面临延河，现存一座大窟、三座小窟。万佛洞以第 1 窟为主窟，是一座佛坛窟，窟室内空间前部宽 16.1 米，后部宽 17.6 米，进深 12.9 米，窟中央凿石成基坛，高 1.43 米，宽面阔 11 米，进深 5 米。佛坛左右两侧各有一个石屏直通窟顶。现坛上原有的一辅造像已被损毁，替换为当代补做的佛像。佛坛两侧的屏壁上雕刻的千佛保存相对完好，整体的艺术风格与前述同期北宋石窟基本一致。窟内后壁与两侧壁上也有千佛雕刻，间杂一些较大的佛龛，与佛坛侧屏壁上雕刻风格相同。在位于佛坛上方的平顶部位雕有三个藻井。在窟内保存了多条题记，最早的题记为北宋神宗元丰元年（1078），可以推断这座大窟应该是在北宋时代完成的。因为该窟保存状态不佳，针对万佛洞第 1 窟的介绍在美术史著作中不多见。

延安万佛洞第 2 窟的规模较第 1 窟略小，前部宽 5 米、后部宽 5.7 米、进深 4.8 米、高 4.6 米。窟的南北两壁各雕刻一尊护法天王像，正壁雕三世佛及胁侍弟子像，北壁雕普贤骑象，南壁雕文殊骑狮，狮像前分别有牵引的昆仑奴。在万佛洞中保存相对完好的造像，还有水月观音、罗汉等。整个窟内的画面构图丰富，呈现了多样的北宋雕刻艺术元素。

六、富县石泓寺石窟

富县石泓寺石窟，位于富县城西 65 千米直落镇川子河北岸，现存石窟 7 座、小龛 65 个、造像 3 371 尊。石泓寺石窟的主窟为第 6 窟，是一座长方形平面的佛坛窟，中央佛坛的四角各有一根石柱直通窟顶，形成一个巨大的开间。佛坛上的主像是结跏趺坐佛并两立弟子、两结跏趺坐菩萨，很像是北钟山石窟大窟的缩小版，只是去掉了佛坛上两侧的开间（图 80）。在四根支撑的石柱上满刻千佛，同时开有多个小龛，内雕水月观音、菩萨像等，大小造像超过 1 331 尊。佛坛的顶部平整，表面刻有莲花图案。在窟内后壁及左右侧壁间也是刻满千佛，间有一些大龛，龛内以刻佛、菩萨像为主。窟内造像合计超过 1 947 尊。在造像间，保存有金代皇统元年（1141）和贞元二年（1154）的铭文题记，可以推断这个大窟整体应完成于金代。

窟内的造像风格基本延续北宋传统。比如，侧壁头戴高冠的水月观音像，这种风格源自北宋，山西大同华严寺的辽代彩塑菩萨也戴相似的宝冠，说明了北宋对辽金的影响。对于这种跨区域、时代的风格重叠，我们更倾向于认为金代在灭辽统一北方时，吸纳了宋辽的样式风格。

图 80　陕西富县石泓寺石窟内景

在窟壁上有一龛僧伽造像，头戴风帽，身着僧装，身前安置一几，身旁有两弟子胁侍。僧伽是唐代高僧，在唐高宗时曾游历江淮为百姓医病、治水。因为其常住江苏泗州，被称为“泗州大圣”。宋代时，宋太宗加封他“大圣”谥号，后世尊他为“大圣菩萨”，而老百姓更相信他是观音的化身。对僧伽这样的中国高僧的崇拜，是中国佛教世俗化加深的标志之一。如僧伽这样的佛、菩萨的中国化身，在北宋还有很多，如人们信仰的五代布袋和尚、梁朝宝志和尚、唐代万回和尚等。

七、结语

延安地区保存有许多北宋、金代石窟的精华，窟型以佛坛窟为主，而佛坛的样式有多种，都是在模仿地面佛寺中的大殿布局。这些宋金石窟中的造像，表现着鲜明的时代特征，上承唐代，下启元、明，是佛教艺术中国化进程加深的重要时期。在陕北的宋金石窟中，我们可以看到佛、菩萨像造型更加中国化，观音的中国化，观音形象的多元化，千佛造型的中国化，等等。更具中国化的佛教文化艺术，有利于和传统的儒、道等多元文化进行融合，也有利于满足普通人所需求的心中慰藉。

Gems of
Chinese Grottoes
四 川

广元石窟

广元位于四川省北部，是中原与西北地区进入四川的门户。在北朝、隋唐时期，长安（今陕西西安）、洛阳是中国宗教文化的中心，一些新的艺术样式自长安、洛阳传入四川，首先要经过广元地区。北魏在5世纪上半叶统一了北方，此时四川广元地区被南朝管辖。494年，北魏将首都迁至洛阳后，政治中心与南朝疆域接近，导致北魏对南朝的侵略更加频繁。502年，北魏宣武帝（500—515年在位）派军队攻打四川地区，川北地区被攻下。此后很长时间，川北地区都被北魏管辖。因此，广元与四川其他地区的石窟不同。在四川其他地区的石窟与摩崖造像中，我们很难见到北朝的作品，基本都是隋唐、五代、两宋的雕刻。广元地区因为曾经被北魏占领，北魏分裂为东魏、西魏之后，广元又归西魏管辖，使这里可以看到一些北朝的造像。

广元石窟主要有千佛崖与皇泽寺两个地点，其中千佛崖的内容更为丰富。千佛崖有54窟，819龛，造像7 000余尊，时代上至北魏晚期，下至盛唐（图81）。这里既有窟，也有龛，而窟与龛的区别主要表现在窟的空间较大，人可以进入，而龛则空间较小，千佛崖的浅龛比较多，这也是四川、重庆石窟的特点之一。站在千佛崖前面可以看到，空间较大的即

图 81　四川广元千佛崖石窟外观

为窟，密密麻麻地布满在崖面上的即为龛。皇泽寺的窟、龛数量较少，窟、龛一起编号共 50 座，造像 1 203 尊，年代上自西魏，下至盛唐。由于许多窟、龛造像没有纪年，且北魏晚期和西魏的艺术风格变化不大，因此有的学者认为皇泽寺的最早石窟造像属于北魏晚期。在千佛崖与皇泽寺，90% 以上的窟龛都造于初唐或盛唐时期，只有极少部分属于北魏晚期到西魏。从 1962 年拍摄的照片中可看到，当时皇泽寺的崖面前有一座寺院，崖壁上凿有石窟和造像龛，窟、龛造像是寺院的组成部分。如今，崖前的寺院仍然在，为了保护窟、龛，在一些窟前修了木构楼阁。

下面，我们将千佛崖和皇泽寺分为北朝、初唐、盛唐三个阶段，依次介绍两处石窟艺术的样式与风格。

一、北魏晚期至西魏阶段

千佛崖第7号窟，马蹄形平面，主像为一佛两菩萨，开凿于北魏晚期。后壁有许多补刻的小龛，是唐代的信徒按照出资多少在空余处补刻的。主要的菩萨像明显具有北魏晚期风格。首先，菩萨像胸腹平平，身形较瘦，不注重身段的刻画，腰部至腿部线条较直，不具有唐代造像柔和的曲线美。面部有些丰满，从这个角度来说，很多人认为该窟可能是西魏时期的作品。其实在北魏晚期，梁朝以胖为美的风格已经传到了北魏国。最显著的特点是帔帛从双肩披下，在腹前交叉，并且覆盖双肩，向外翻卷呈“八”字形，这是北魏晚期菩萨像帔帛的典型特征。唐代菩萨像有的也继承了帔帛从双肩披下在腹前交叉，但一般没有在双肩外翻卷呈“八”字形。北魏晚期菩萨像的帔帛在腹前交叉，有的会穿环，或再挂瓔珞，这些都是在同时代流行的，没有时代区别。这尊菩萨像的衣纹刻作阶梯式，没有写实感，较为抽象，裙摆外张呈“八”字形。该像的总体风格偏平，没有圆润的感觉，是北魏晚期中原地区的秀骨清像风格在川北地区的表现，既有时代特征，也有地方风格。这就是文化传播的特征，因为一种文化在中心地区向各地传播时，各地工匠总是会接收一部分，舍弃一部分，按照自己的喜好重新创作。

北魏雕刻的一辅主像的背后有很多小龛，都是唐代补刻的，其中有立姿的观音菩萨和半跏趺坐的地藏菩萨。需要特别指明的是，千佛崖第7号窟正壁右上方有一尊左腿盘起、右腿下舒的半跏趺坐造像，形如僧人，身穿袒裸右肩式大衣，头上有伞盖，右手执莲。类似的僧样半跏趺坐造像在唐代长安、洛阳等地区发现较多，表现的是四大菩萨之一的地藏菩萨，因为佛经中说地藏常作“沙门形”。然而，很多学者将此像断定为罗汉，并认为它的雕刻时代为北朝。问题在于，这样形象的僧装人物在北朝时期从未出现过，而迄今最早的地藏菩萨像出现在唐太宗时代的龙门石窟，为普通的立姿菩萨像。半跏趺坐的僧装地藏菩萨像最早出现在唐高宗时期，武则天时期较多。因此，它应该是一尊初唐雕造像的僧样地藏菩萨像。

千佛崖第 21 号龛的时代可能在北魏晚期或西魏时期。其中的菩萨像与第 7 号窟的菩萨像相似，身躯上小下大呈梯形，身体两侧边缘较直，没有柔软的曲线。帔帛在腹前交叉，身体表面基本不刻衣纹，表现着浓厚的广元地方风格，很具有民间风格。菩萨头顶有一飞天，是典型的北魏晚期清瘦风格，双腿呈跪姿。该菩萨像旁边的一些小造像龛是后期补刻的，具有北周风格，佛像有低平肉髻，面相丰满，身躯硕壮。

皇泽寺第 45 窟是一座很珍贵的中心柱窟，在川北地区独有。窟内的中心塔柱细高，和北方粗壮的中心柱有所不同（图 82）。另外，该中心柱分为两层，从中可以看到一些北方影响的因素。两层的中心塔柱，在四面开龛造像，可见于云冈石窟第 6 窟，造于 5 世纪下半叶。皇泽寺的中心塔柱每层的上部都刻作宝帐形，有火焰宝珠、覆莲瓣、垂角装饰，每个垂角下都缀着一颗小珠子，如同四面龛中的佛、菩萨等人物都位于宝帐之中。将中心柱装饰成宝帐的样式，最早也是出现在云冈石窟第 6 窟的中心柱之上，但它只是装饰了上层。另外，在河南巩县石窟的第 1、3、4 窟中心柱上，第 4 窟中心柱四面也刻有两层龛，但都只是将柱的上沿装饰成宝

图 82　四川广元皇泽寺第 45 窟内景

帐形。可想而知，皇泽寺第 45 窟中心柱的宝帐装饰来自北魏，但它的独特之处在于有两层宝帐装饰。另外，该窟中心柱的四面两层龛的下部还刻有栏杆装饰，也是北方的北魏石窟中所不见的。栏杆，多用于地面上建筑的木结构房屋。因此，第 45 窟中心柱的设计是想表达两层木构楼阁式塔的结构，是广元接受了中原影响之后的再创造。龛中的造像一般是坐佛并两胁侍菩萨的组合，都具有秀骨清像的特点，佛着褒衣博带装，有大衣下摆垂覆在座前，这些都是典型的北魏晚期或西魏时期的佛像风格。

二、初唐阶段

皇泽寺第 45 窟中心柱周围三壁各开了一个大龛，都呈现着初唐风格。对比一下中心柱与侧壁三龛造像，可知它们风格的不同。中心柱四面刻的佛像，大衣下摆垂覆座前有三四层之多，且呈倒梯形。而侧壁龛中的主佛像，大衣下摆只有一层垂覆在座前，显然与中心柱的雕刻不是同一个时间，而是典型的初唐高宗时期的悬裳座风格。到了武则天时期，大衣下摆一般不再悬下，重点表现底座的精美。再来看看侧壁龛内造像的头部与身体风格。左侧龛佛像头顶有肉髻隆起，面部长圆丰满，双腮胖大，胸部挺起，腰腹内收，是典型的初唐时期矫健有力的身材，完全没有北魏晚期秀骨清像的特点。佛像旁边的立菩萨像已经有了婀娜多姿的身材，特别是服装已经不再有从双肩垂下于腹前交叉的帔帛，而是将帔帛在腹下绕作两道圆环，这种做法开始于北周时期。但袒裸上身，有一条斜向的胸巾从左肩处垂到腰部右侧，则是典型的初唐时期菩萨像服装，在北朝时期没有。问题在于佛像的舟形背光之外有一周飞天，则是北魏晚期或西魏时期的清秀风格，双腿都呈跪姿。如果在一组造像中出现了新旧两种风格，断代时应当以新风格为准，因此这组造像时间应是初唐，而不是传统观点认为的西魏。这种具有北魏晚期或西魏风格的初唐造像，在初唐时代的中原地区很难见到，却在川北地区出现了。初唐高宗年间，是川北地区大面积发展石窟造像并且接受中原地区风格影响的时代，当地的艺术家们在原有北朝晚期风格传统之下开始创作新型造像，难免还保留旧有的秀骨清像的审美观，就将早期风格的飞天刻在龛的后壁外沿。同窟右侧龛的造像风格也是如此，应该同雕于唐高宗年间。

皇泽寺第 37 龛，传统观点也认为是西魏的作品。此龛造像为结跏趺坐佛并两弟子像。与皇泽寺第 45 窟侧龛像类似，该龛主尊佛像面部圆润微胖，挺胸收腹，身材丰满健壮，悬裳一两层，遮盖底座一半左右，这都是典型的唐高宗年间佛像风格。两弟子左为迦叶，右为阿难，阿难面相与身躯均显胖，也是初唐风格。最有初唐时代标志的做法是在造像后面刻两株树。这两株树不是菩提树，而是树叶较长且成组的娑罗树。用娑罗树装饰佛龛，原本是表现释迦牟尼涅槃的。但该树的造型传入中国后，特殊性往往就变成了普遍性，只是作为一种装饰，可以用于任何佛龛，不一定和涅槃有直接关系。在一铺造像上部装饰娑罗树，早期可见于唐太宗贞观二年（628）完工的彬县大佛寺大佛洞，皇泽寺第 37 龛的娑罗树装饰应该是来自长安的影响。

皇泽寺第 28 龛大而精美，是皇泽寺的代表作。龛内造像为立佛并两弟子两菩萨两力士，有些北周或隋代的遗风，如佛的身材硕壮，菩萨有长璎珞在腹前交叉穿环等。但断代要根据晚期的风格，而不是早期的遗风。如菩萨身段既丰满又窈窕，主佛头光两侧刻有天龙八部的浮雕，都是初唐的典型特点，可以判断造像年代应在初唐。

皇泽寺第 28 龛的主尊立佛面部丰满，右手施无畏印，左手托摩尼宝珠。左手托摩尼宝珠的立佛像可见于唐高宗时期雕刻的陕西麟游慈善寺第 2 窟主尊立佛，应是来自长安地区的影响。第 28 龛主佛穿褒衣博带装，虽源自北魏，但已被唐代继承。两胁侍立菩萨像身挂长璎珞，并在腹前交叉穿环，这种做法最早见于北魏晚期，但在龙门石窟唐高宗年间的菩萨像身上仍然可以见到，武则天时代就很少有了。另外，两菩萨像身段既丰满又窈窕，是初唐时期的典型风格。在主佛头光两侧的天龙八部造像中，最有特点的是阿修罗，有三头六臂，每只手臂所举物品都不同，其中上面举起的两只手，一手托太阳，一手托月亮。这里太阳和月亮的区别应当在其表面上的绘画，但现在上面的绘画已经不存在了，可以通过与类似的雕像比较来判断哪个是太阳、哪个是月亮。如皇泽寺第 51 号龛主佛的头光左侧有浮雕阿修罗，左上手托月，右上手托日。那么，第28窟的阿修罗的双手所托日月之别也可能如此。在佛的背光后刻阿修罗双手各托日、月的做法，同样来自关中地区，见于彬县大佛寺唐太宗贞观二年完工的大佛洞主佛背光上方。

皇泽寺第51龛也雕有立佛并两弟子两菩萨像。主尊立佛的服装为简化的褒衣博带式，胁侍菩萨也有长璎珞在腹前交叉，也注重身段刻画。菩萨像也饰有斜向胸巾，也是初唐菩萨像的典型特点。后壁刻有娑罗双树和阿修罗浮雕，也是来自长安的样式。

千佛崖在初唐时期开凿出了佛坛窟，也就是在窟的中央凿出基坛，在坛上造出一辅主像。坛上的造像以主尊位于中央，弟子、菩萨、力士等在周围环绕，佛的身后有背光，形似一屏；背光两侧各有一株娑罗树直通窟顶，与主佛背光一道形成了一个大背屏，这种做法是为了连接窟顶，使得洞窟结构更加稳固。这样一来，信徒们可以环绕着佛坛做礼拜。在窟内的后壁与侧壁雕有一些造像，供信徒们观赏。

千佛崖的佛坛窟，是目前在中国发现的年代最早的一批该类型洞窟。我们没有在中原地区见到同样类型的佛坛窟，龙门石窟有武周时期开凿的佛坛窟，如擂鼓台中洞和南洞，但没有背屏直通窟顶。敦煌莫高窟有类似的佛坛窟，但年代已经到了晚唐时期。陕北地区发现的有背屏的佛坛窟则是北宋作品。即使现存最早的有背屏的佛坛窟是在广元千佛崖发现的，我们也不能认为这种佛坛窟一定是在四川地区创造的，而没有受到长安地区的影响。因为广元石窟里的很多内容如娑罗树、阿修罗、主像的风格等，都受到了长安的影响，很难想象其洞窟结构是原创的。从中国寺院发展情况看，初唐时代的佛寺已经不再流行以佛塔为中心了，寺院中心建筑多是大殿，而在大殿内中央一般会造佛坛，坛上造像，并且有背屏直通殿顶。这种寺院大殿的做法很可能影响到了佛坛窟的开凿。

千佛崖第33窟名为“菩提瑞像窟”，是一座典型的中心佛坛窟（图83）。坛中央的主尊佛像很特别，结跏趺坐，右手施降魔印，头戴宝冠，身穿袒裸右肩式大衣，但戴有项链、臂钏、手镯等菩萨应有的装饰品，兼具佛和菩萨的特点，也就是半佛半菩萨的形象。这种宝冠佛像表现的是释迦牟尼在菩提树下降魔成道的

图 83　四川广元千佛崖石窟第 33 窟（菩提瑞像窟）内景

形象，也就是释迦初成佛像。据佛经记载，释迦在成佛以前被称为“菩萨”。那么，在他将要成佛时，用这种半佛半菩萨的形象来表现是恰如其分的。

据史书记载，王玄策是唐朝初年著名的外交家，曾经四次赴印度。在释迦牟尼成佛的地点——摩揭陀国（Magadha）的大菩提寺，也就是今天的菩提伽耶，他见到了一尊由弥勒菩萨塑的坐在金刚宝座上的释迦成道像。由于它表现的是释迦牟尼当年在那里的菩提树下成佛的形象，又称“菩提树像”。玄奘也见过此像。那尊释迦牟尼成道像，是头戴宝冠、结跏趺坐、右手施降魔（也叫触地印）、左手施禅定印的佛像，这些特点和广元千佛崖第 33 窟主佛完全一致。在王玄策多方恳求之下，寺院的僧人才允许和他一起去印度请塑工兼画匠宋法智来绘画这尊像的形貌。他们最终携带着像的摹本回到了长安，引起了僧人和在家信徒的极大兴趣，他们争相模仿这尊像，来制作复制品。在原属唐长安城光宅寺武周时期的七宝台造像中，就有这种宝冠佛像，时代早于千佛崖第 33 窟，现藏日本东京国立博物馆。

在千佛崖第 33 窟内北壁近门处刻着一通石碑，碑额上有篆书“菩提像颂”四字，碑文的题目是“大唐利州刺史毕公柏堂寺菩提瑞像颂并序”，明确地告诉我们窟内的主佛是“菩提瑞像”或“菩提像”，也就是菩提树像，雕造年代大约在唐睿宗时期（710—712）。所以，这里的菩提像样式应该是从长安或洛阳传来的，原本来自印度释迦成道地——菩提伽耶。

到了五代时期，越国夫人重妆了第33窟，将窟内原来的题记抹去了一部分，刻了自己的重新妆銮题记。在新的题记里，她把重妆之后的窟内主像叫“毗卢遮那”。毗卢遮那是密宗和华严宗的主佛，在密宗里，他也是头戴宝冠、身有菩萨装饰品。大概是因为菩提瑞像只在初盛唐时期较为流行，之后不再建造，到了五代时期，人们已经不认识这种造像了。但在五代时期仍然流行密教，因此越国夫人在重新妆銮窟像之后，便错误地把该窟主像定为了“毗卢遮那”。

第33窟主佛身后两侧各有一株娑罗树，树冠直通窟顶。如前所述，娑罗树本应用于佛涅槃题材，但在这里显然不再有那种特殊性了，只起着装饰作用。在窟内侧壁还刻有许多伎乐人物和供养人像，且体量高大，在中原地区少见，应是川北地区的特点。所以，我们可以看到川北地区工匠在接受中央模式的同时，会有自己的创作。

千佛崖第30窟名为“弥勒窟”，也是一座中心佛坛窟。坛上雕有倚坐弥勒佛并两弟子两菩萨两力士像，佛前还有一香炉两狮子。佛的身后也有两株娑罗树，直通窟顶。倚坐弥勒佛像流行于初唐高宗、武则天年间，多见于7世纪开凿的龙门石窟。所以，这种倚坐弥勒佛像也是受到中原地区的影响。两胁侍菩萨像虽然仍有璎珞在腹前交叉，但窈窕的体态已经是典型的初唐风格。

千佛崖第5窟是另一座中心佛坛窟。主尊为结跏趺坐佛，很可能是释迦牟尼佛。他的身旁胁侍有两弟子两菩萨两力士，还有一香炉两狮子。在弟子与菩萨身后各刻一株娑罗树，树前刻有托举日、月的阿修罗等护法神。主佛的大衣下摆没有垂覆座前，而是显露着莲花座，这种做法很接近唐高宗晚期至武则天时期的佛座特点。因此，这座窟的开凿时间很可能在武则天执政时期或稍晚时期。

有背屏的佛坛窟，最早可以追溯到印度。在印度阿旃陀石窟的僧房窟正壁一般开凿一小窟，内雕佛像。有的窟内佛像位于中央一坛之上，佛像身后有头光与背光，头光上有两飞天，其后有屏连着窟顶。那么，我们可以想象，在印度地面上建的佛寺大殿中，中间也可能设坛，在坛上造像，后有背屏连接着大殿顶部，信徒可以绕佛坛进行礼拜。正是这种佛坛窟的构想，才影响到了中国佛坛窟的制作，但具有中国的本土特色。

千佛崖第 13 窟，是初唐时期开凿的三壁三龛式佛殿窟。其中右龛主佛没有戴冠，有正常的肉髻，身穿袒裸右肩式大衣，佩戴项饰、手镯，以右手施降魔印。类似的形象在长安地区也有，如现藏于东京国立博物馆的来自长安城光宅寺武周时期七宝台的一件造像，主尊佛像也没有戴冠，也是着袒裸右肩式大衣，但有菩萨的臂钏，也以右手施降魔印。这种佛像没有戴冠，但可能是接受了菩提瑞像的影响，表现的也应是释迦成道形象。第 13 窟的其他两龛主佛像的手印不同于降魔印，有的为无畏印。因此，这三身佛像的题材值得研究，或为过去、现在、未来三世佛，或为法身、应身、报身佛的组合。

三、盛唐阶段

盛唐时期，广元石窟仍然有佛坛窟的开凿。千佛崖第 8 窟即为一座佛坛窟，窟型和造像组合与初唐佛坛窟相似，主要变化是佛与菩萨像更加丰满。主佛身旁有两弟子两菩萨两力士像胁侍，仍是初唐的造像组合。菩萨像仍然有长璎珞在腹前交叉，在中原地区已属陈旧的装饰了，但在广元仍有继承，反映了接受中原新样式的滞后。背屏上有浮雕的天龙八部护法图像，没有镂空的双树，也许是盛唐的一个变化。

千佛崖第 2 窟是一座方形佛坛窟，坛上主像释迦牟尼、多宝两佛并坐。两佛造像丰满，分别身着双领下垂式大衣和通肩式大衣，说明了唐代对前朝所见佛衣样式的继承。两佛身后的背屏上有着天龙八部护法浮雕图像，也没有镂空雕成的双树。

千佛崖第 16 窟的形制有些奇特。它的平面略呈方形，平顶。窟的中央雕一尊立佛，佛身后的头光、背光与上方的娑罗树叶形成背屏，直通窟顶。在后壁开有两龛，龛内各雕结跏趺坐佛并两弟子，龛外各一力士。此两佛与窟中央的立佛可以组成三世佛题材。两侧壁各有四排浮雕菩萨立像，多有帔帛在腹下绕两周，并身挂长璎珞，在腹前交叉穿环。这种菩萨像装饰曾经流行于唐高宗时期的龙门石窟，至此时仍在广元沿用，只是菩萨的身躯更加丰满。相对于中原，广元是比较偏远的地区，中原新的造像样式还没有完全影响到四川盆地。该窟的题材应为三佛说法、众菩萨前来助兴的场景。

千佛崖第4窟是一座平面矩形的平顶窟，主龛造有佛在娑罗双树下涅槃的情景，周围有弟子与菩萨举哀。在右侧壁有一群戴头巾的浮雕人物（可能是妇女），正在仰望上方自焚的金棺。右侧壁还有一群唐朝妇女奔走相告的浮雕，她们的右侧有一袒裸上身、半跏趺坐的修行人，背景是山峦。这里表现的也可能和佛涅槃时的场景有关。因此，该窟的主要题材是《涅槃变》，可与中唐时期敦煌莫高窟开凿的第158窟《涅槃变》相比较。

千佛崖第22窟是一座中心柱窟。在中心柱的正面开有一龛，龛内造结跏趺坐佛并两菩萨两天王像（图84）。主佛着通肩式大衣，双手于腹前施说法印，衣摆没有垂于仰莲座前，延续着武周时期的样式。在窟内两侧壁还各开有一龛，龛内雕一佛两弟子两菩萨两力士像，仍是初唐以来的样式与风格。中心柱窟在盛唐时期的中原地区已经不再流行，该窟为研

图84　四川广元千佛崖石窟第22窟

究中心柱窟在西南的发展史提供了难得的实例。

千佛崖第 28 窟是一双层龛，营造出一种进深的视觉效果。在内层龛中雕坐佛与两弟子两菩萨，佛的座前有两尊蹲跪姿势的供养菩萨。外层雕刻两力士，以及一些菩萨、天王像，布局比较乱，像是不同的出资者分批雕造的。主佛像在左肩处垂带系袈裟，是北齐、隋代以来的传统做法，不想在盛唐的广元仍有继承。双层龛在川北地区比较流行，主要的宗教功能首先是给开龛的人造功德，其次是给拜佛的人提供方便。

川北唐代石窟与摩崖造像的发达，取决于当地经济的繁荣与富庶。雕刻在窟内的供养人像，正是慷慨解囊、出资兴建佛教艺术品的代表人物。千佛崖第 34 号为一矩形龛，内雕一佛两菩萨像，还雕有两男供养人和两女供养人像，实际上是一对夫妻和他们的仆人。在中原地区，供养人像一般也配对出现，表现一对夫妻联袂做功德。供养人的姿势一般呈蹲跪状，有的手执长柄香炉，如千佛崖第 34 窟中的供养人。这些供养人都是唐朝人物的真实写照，可以使我们了解唐朝男女的服装与审美时尚。但这些供养人像并不是所刻画人物的真实形象，而是模拟肖像，即以当时男女典型的美的形象来表现所有供养者，但以题记标明其身份。供养人手中托举的长柄香炉，在一些考古发现中可以见到。第 34 窟中有唐玄宗开元十年（722）造像记，为我们判别年代提供了标尺。

四、结语

四川广元地区的石窟与摩崖造像以千佛崖与皇泽寺为主，可分为北魏晚期或西魏、初唐、盛唐三个发展阶段。其中北魏晚期或西魏的作品极少，多数属于初唐与盛唐时期。千佛崖的窟龛造型有佛坛窟、中心柱窟、三壁三龛式洞窟、摩崖佛龛等。较有特色的是初、盛唐时期的佛坛窟，中心坛上的造像题材可以不同，如释迦牟尼佛、弥勒佛、释迦多宝、菩提瑞像等，但造像布局与结构有着统一的时代特点，如初唐时期的佛坛后部镂空雕出娑罗双树直通窟顶，起着稳定支撑的作用。还在树前雕造天龙八部等，特别是手擎日月的阿修罗像，很有地方特色。

皇泽寺石窟中有北魏晚期的中心柱窟，中心柱形状细高，有着广元地方特征。两地数量最多的是摩崖佛龛，有些佛龛只有一层，有的是两层，有一种进深感，内容也更加丰富。

在广元千佛崖与皇泽寺石窟中，我们可以看到不同时期中原地区对广元的影响。从北魏晚期的秀骨清像、褒衣博带装，中心柱上的宝帐装饰，到初唐时期佛坛窟的娑罗双树和两手托举日月的阿修罗，都是在受到长安、洛阳地区的影响下创作成的。同时，我们也可以看到一些中原地区所没有的川北地区特色，如佛坛窟侧壁雕刻的高大供养人像，有着纵深感觉的双层摩崖佛龛等。到了盛唐时期，川北地区仍然保留了一些中原地区的保守做法，比如菩萨像有长璎珞在腹前交叉，在武则天时期的中原地区就已经不用了，但在四川地区仍然有。艺术的发展总是曲折的，一旦接受了中原地区的影响，形成了本地的艺术传统，再要完全换掉是很难的。与此同时，川北在不断接受中原地区的影响，我们因此可以看到这里既有新样式，也有保守的旧传统。

安岳石窟

安岳地区的石窟造像大致集中在唐代、五代时期的前蜀和后蜀，以及宋代。在唐代，安岳地区的石窟造像受到长安（今陕西西安）、洛阳地区的影响。五代时期，唐代样式被延续，同时，工匠、佛教徒等创造出了具有特色的新样式、新风格，题材也发生了变革。在宋代，佛教艺术进一步汉化、世俗化。世俗化主要有两个方面，一方面寺院僧人使佛教世俗化，另一方面平民百姓也让佛教变得更加世俗化，双方相互影响。这些都反映在安岳地区的石窟造像中，这也是当时全国的普遍现象与趋势。

安岳石窟数量众多，在此我列举出其中较为重要的六处。

卧佛院。建造于盛唐时期，时代较早，是安岳石窟中名气最大的一处石窟群，共有 139 座窟龛，1 593 尊造像，其中小型造像较多。

千佛寨。建造于唐代，布局非常特别，围绕一块凸起的大岩石而开凿，有 105 座窟龛，3 091 尊造像，同样也是小型造像占多数。

圆觉洞。圆觉洞的开龛分为两处，一处建造时代集中在五代时期，一处则集中在北宋，共有 103 座窟龛，1 933 尊造像，其中北宋时期的造像大都非常宏伟，在安岳地区的宋代窟龛中规模最大。

毗卢洞。建造于北宋，有 6 座窟龛，造像 465 尊，数量不多，但规模较大。

华严洞。有 159 尊造像，仅有 2 窟，一窟建造于北宋时期，其中大型造像较多；一窟建造于南宋时期，造像总体数量较多。

茗山寺。建造于北宋时期，其裸露在外的大龛数量较多，有 20 座窟龛，63 尊造像。

一、卧佛院

卧佛院在两个相对的崖面上开龛造像。我们先来了解一下卧佛龛。这里的卧佛像十分宏伟，身长 23 米，头长 3 米，肩宽 3.1 米，是全国现存最大且最完整的唐代左胁卧佛像（图 85）。卧佛龛的布局为佛像头脚处各站一力士，卧佛身后站两排弟子，其间夹杂着菩萨、护法等，以一尊坐佛为中心。这尊坐佛与卧佛为同一人，表现的是佛在涅槃前最后一次说法的场面。

图 85　四川安岳卧佛院《涅槃变》雕刻

龛中表现的具体故事情节在《大般涅槃经》中有详细记载，其中有这样一个故事。佛在将要涅槃前遇到两个人，一位是120岁的婆罗门教徒，名为须跋陀罗，他一生都在苦修婆罗门教。佛涅槃这一天，他刚好游化到了佛所在的娑罗双树前，于是向佛提出自己的疑惑，经佛解答后恍然大悟，最终皈依佛门，成为佛的最后一位弟子。之后不久，佛便涅槃了，因此他十分痛苦。第二个人是释迦牟尼的母亲，她从天而降，希望能见佛最后一面。即使佛当时已经去世且躺在了棺材中，佛仍然用他的神力打开了棺材，与母亲见了最后一面。因此，在这尊大卧佛前面佛而坐的人，应当就是两人中之一。

这尊卧佛最奇特之处在于，他的头部朝向其左，双臂伸直平放，为“左胁卧”。而一般的卧佛为头部朝向其右，以右手垫于面下方，为“右胁卧”。这是全国唯一一尊左胁卧的卧佛。这种不合佛经的姿态，或许是为了使其左手与身前跪坐者的右手相握，或许还有其他原因。由于没有文献记载，我们得不到令人信服的解释。

在卧佛的身后，中部的坐佛像肉髻较高，面部丰圆，身材健美，体现出了唐代造像的典型特点。左右两侧为阿难和迦叶，再两侧为其他弟子，后一排也有弟子，并有天龙八部护法、菩萨等。在得知佛要涅槃后，弟子们皆因为老师的离开而悲痛万分。而菩萨境界高深，他们知道佛的涅槃是对病痛折磨和轮回痛苦的摆脱，因而个个神情较为安详。敦煌唐代壁画中也有此表现。位于龛两侧的力士也很有唐代风格，他们袒裸上身，身材健壮，身穿齐膝短裙，孔武有力。

这座卧佛龛本身没有纪年，但卧佛应当与对面窟龛雕凿时代相差不大，是当时卧佛院规划的一项重要工程。卧佛对面的窟龛造像也为典型的唐代风格，第50号龛千佛像的下面有一处铭文题记，上面刻的是唐玄宗开元十一年（723），普州乐至县芙蓉乡普从里的佛家弟子杨义，为确保自身的平安，敬造了百身千佛。这是卧佛院现存的最早纪年文字材料，它可以帮助我们推断巨大卧佛的开工年代，有可能也在唐玄宗开元年间或稍早。

在卧佛院另一崖面，石窟造像不算多，但刻经较多，并且大部分刻的是《大般涅槃经》内容。可以看出，这些刻经与卧佛造像都是以宣扬佛的涅槃为主题。第45号有一尊千手观音像，他有六大臂，在身后壁面上还刻有许多如孔雀开屏一般的小手。这尊观音像的特别之处在于其中两只大手指向下方，左手在播撒钱币，手下方有一人仅穿齐膝短裙正在用口袋接钱币。此人可能有两种身份，一种是外道修行者，另一种是穷人。这种场景很少在其他地方发现，非常注重现实需求，具有浓厚的民间生活气息。观音的一右侧大手指向一个瘦弱的小鬼，这是对来自地狱小鬼的救度，同样具有现实意义。

二、千佛寨

千佛寨是一块凸起的山石，所有龛像围绕山石而刻凿，人们可以沿着阶梯环绕参观。其中许多龛建造于唐代，其中的题材、元素等和川北广元石窟有些相似之处。首先，有龛内主佛讲经说法的布局和川北地区十分相似，即佛坐于中间，后方刻有娑罗双树，佛的旁边是胁侍弟子、菩萨、力士等，胁侍身后上方雕刻八部护法。佛像背后雕刻娑罗双树，是广元千佛崖、皇泽寺石窟造像的特点之一，但已经不再专为释迦牟尼涅槃了，而是更多起着装饰作用。这些造像的特点应当是先从长安、洛阳传至川北地区，而后从川北地区深入到四川内部，再经过了当地工匠的改造。千佛寨等四川内地的唐代菩萨像身着长帔帛，佩戴长璎珞，与中原地区相比较为保守。因为这种特点的菩萨像如果出现在中原地区，一般造于唐高宗年间，远比安岳地区的同类造像年代为早。因此，我们在分析一些造像元素时应该考虑到其地域特色。

千佛寨最精美的龛，是第96号《药师经变》龛（图86）。结跏趺坐的药师佛坐于中间，身后是装饰性的娑罗双树，头顶有华盖，华盖两边各有一飞天，这些因素都是来自长安地区的影响。药师佛旁边刻有八大菩萨，下方原来可能刻有十二神将。这辅造像的左右两侧分别有“十二大愿”与“九横死”浮雕，都是药师经中的内容。根据这些内容，可以确定此龛为《药师经变》。九横死是九种非正常的死亡方式，源头都是苦难，而药师佛的职责正是解救

图 86　四川安岳千佛寨第 96 号《药师经变》龛

人民脱离苦难。药师佛还能治疗疾病，因此其手中时常端着一只药钵。该药师佛的右手残损，推测原来应当持有一钵。《药师经变》在中原地区很难见到，在敦煌石窟有此类题材壁画，但雕塑作品很少见，即使在四川地区也是如此。而这幅《药师经变》雕刻特征明显，要素齐全，从全国范围来说都是很难得的作品。

第 24 号是西方三圣龛，雕于宋代。由于两尊立姿菩萨的宝冠破损严重，特征不明显，无法据此确定两菩萨的身份。其中的右胁侍菩萨持莲花，可能是观音。因此，中间的立佛很可能是阿弥陀佛，两菩萨就可能是观音与大势至。龛侧刻有善财童子，因为他曾经拜访过观音与大势至菩萨。

三、圆觉洞

圆觉洞的崖面分为两部分。一部分雕刻时间集中于五代时期，规模不大。第 23 号是一座以儒、释、道三教合流为主题的龛，在四川其他地区也有发现。四川地区的道教信仰发达，有全国现存最为丰富的道教石窟造像，多建造于唐、宋时期。

第 60 龛的年代在前蜀或后蜀，造像题材为地藏菩萨与十王。地藏菩萨半跏趺坐于中央，为僧样。地狱十王分成两排刻于两侧，每个王面前有一张桌子，旁边坐着助手。地藏菩萨下方是地狱审判的场所。一个正在接受审判的屠夫，生前杀生罪重，却不服审判。地狱鬼差便拿出记录述说他的罪行，并用镜子照出了他生前宰杀牲畜的罪孽。这只是地狱审判的一个例子。南宋大足宝顶大佛湾的《地狱变》组刻中，还涉及其他惩罚方式。地藏菩萨是解救六道众生的大菩萨，他往往变现成沙门的模样，右手执锡杖，可以叩开地狱之门；左手持摩尼宝珠，可以解救众生。把地藏菩萨和十王放在一起，在印度佛经中并不存在，这是中国佛教徒在晚唐时代所创作的《佛说十王经》中描述的。这部伪经中负责审判地狱众生的十殿阎王，有六位可以在印度佛经中找到原型，而另外四位完全是中国佛教徒的创造。晚唐时期仅仅创作出了这部伪经，但地藏菩萨与十王的艺术形象大概从五代时期才开始创作，这也是佛教艺术世俗化的一个重要表现。

圆觉洞的另一部分造像建造于北宋时期，规模宏伟。第 7 号龛主像是净瓶观音，像高约 10 米，雕刻十分精美，头身比例匀称，衣纹刻画有很强的写实感，并且宝冠、项链、背光、衣裙等细节刻画也很精致，是北宋时期观音像中身形较为高大、雕刻技艺高超的作品。菩萨头戴大宝冠是北宋时期南方雕刻的特点，北方所雕刻的菩萨像一般不戴冠或冠较小。南北方风格完全不同，应当是地方特色的表现。这种现象在唐朝大一统时代很少见到，可以看出唐以后全国各地的地域特点逐渐发展了起来。在观音像旁边，有一个驾云呈蹲跪状恭敬合十礼拜菩萨的人物，当地学者将他定为善财童子。但是从外观上来看他是一位老者，与善财童子形象不符，此处存疑。

第 10 号为拈花微笑龛（图 87）。主尊为一立佛像，身体向右侧，头微下低，面带微笑，俯视刻于龛右侧的迦叶，十分精美与传神。虽然佛手中并没有花，但综观全龛造像，应为释迦牟尼拈花微笑题材。相传，有一次释迦牟尼正在灵山会上向众弟子们宣讲大法，忽然他手里拈着一朵花让弟子们观看。众人思前想后，仍是不理解佛祖的意思，只好默不作声，只有大弟子迦叶破颜微笑了。释迦牟尼明白迦叶已经心领神会了，于是就向大家宣布说："我有一套微妙的法门，不必用文字来记载，只是教外的别传，今天就嘱咐给迦叶。"并且让阿难帮助迦叶代代传下去，千万不能让它断绝了。迦叶得到了真正的"我心即佛"大法以后，在古代印度延续了 28 代，其中的夜奢和摩奴罗是同一时代继承禅法的两位罗汉，所以共计应该有 29 位传法罗汉。第 29 位罗汉是菩提达摩，就是中国佛教禅宗的创始人，即禅宗初祖。其实禅宗大法是佛教中国化的体现。中国佛教徒常以一些传说故事来证明其佛法的正统性。迦叶传播禅宗佛法的故事，便是禅宗附会释迦牟尼的传法世系，以此来确立自己的正统世系。除此之外，四川资中东岩第 2 龛也有一组相同题材的宋代造像，可以看出禅宗在宋代的流行。

第 14 号莲花手观音龛，造像同样十分高大精美。与第 7 号提净瓶观音像相同，这尊菩萨也穿着佛装。给菩萨穿佛装，是五代之后中国佛教徒对菩萨像的改革，是为了避免菩萨上身袒裸过多而进行的创作，因为这样做更符合汉民族的审美。

四、毗卢洞

毗卢洞的龛数量不多，但大都十分精美。第 19 号龛，是一组以北宋水月观音像为主像的雕刻，可以说是水月观音像雕刻中的最佳作品。观音头上所戴的大宝冠依旧为南方样式，着装为袒裸上身、下身穿长裙的唐式风格，但相对于唐代

图 87　四川安岳圆觉洞第 10 号拈花微笑龛

菩萨装来说多了一些装饰物。五代以后，菩萨像流行两种服装，一种是承自唐代的袒裸上身、下身着长裙；一种是身穿佛装。后者是我们现在主要接受的菩萨装，是五代以后对菩萨装的变革，一直延续到现代。

第 8 号龛是柳本尊十炼组雕，空间体积较大，雕刻写实，技艺优良（图 88）。造像分三层排列，中央为毗卢遮那佛，中层和上层表现的是同一个人在不同情况下修炼的情景，这个人就是柳本尊。柳本尊本名为柳居直，855 年生人，晚唐、五代时期在四川致力于密教的传播。在任何宗教中，大师级人物被尊称为“本尊”，四川的密教徒就这样称呼他。以现在的角度来看，柳本尊的传教方式十分奇怪和极端，在他一生中曾经采取过十次极端的方式来修炼、供养、施舍，以求解救众生，后人把这十次修炼集合在一起，称为“十炼”。

图 88　四川安岳毗卢洞第 8 号龛柳本尊十炼组雕

接下来看看细节部分。这幅组雕的主尊毗卢遮那佛，头戴菩萨形宝冠，身穿褒衣博带式佛装，具有半佛半菩萨的特点。他是密教最高的佛，因此被雕刻在大龛的中央。柳本尊十炼雕于其旁和身后，每一炼的下方都刻有题记，阐明修炼的前因后果。第一炼为炼指，通过烧掉左手二指第一节来供养佛。第二炼为立雪修行，即站在雪中忍受严寒来锻炼自己的意志。第三炼为檀香炼踝，即点燃一支蜡烛或一支香烧自己的脚踝，以此来供养佛。第四炼为剜眼施舍，原因是当地一位太守听说柳本尊修行十分虔诚，便想测试是否如此，于是派人对柳本尊说他病重，需要柳本尊的眼睛作为药引。柳本尊听后没有任何犹豫便将自己的眼睛剜下给了太守。太守拿到眼睛后十分后悔，从此便对柳本尊诚心供养。第五炼为割耳供养除病疫。起因是当地暴发瘟疫，柳本尊便将左耳割下供养佛，希望这个做法可以去除瘟疫。第六炼为香烛炼心，即将一支蜡烛立于袒裸的胸部上，然后点燃蜡烛让其燃烧，表明发菩提心，让自己觉悟。第七炼为蜡烛炼顶，仿效舍头布施，让蜡烛在头顶燃烧。第八炼为舍臂，柳本尊发誓要拯救众生，便决心要施舍掉自己的左臂，最终砍了48刀才将左臂砍掉。第九炼为炼阴，普通人有七情六欲，但出家人必须要断绝自己的情欲，于是柳本尊用一块沾满蜡的布裹住自己的阴部燃烧，通过烧伤阴部来绝欲。第十炼为炼膝，即点燃一支香或蜡烛灼烧自己的膝盖，以此来供养佛。这些做法一般的佛教徒很难做到，对柳本尊的信仰也是在四川地区流行。最下一层造像为俗人形象，应当与柳本尊的修炼、施舍有关，但是大多没有详细的描述，只能进行大概的推测。比如,《唐柳本尊传》曾记载成都玉津坊有一卢氏女子，将自己的宅子施舍出来建了道场，同时自己也皈依了佛门。该女子可能就是下层一位正在削发的女子。组雕的侧面还雕着护法金刚，是宋朝武将打扮，但面相忿怒，具有神性。

毗卢洞还有一座千佛窟。与唐代的千佛窟相比，这座窟很有特色。每尊小佛都刻在一座圆形龛中，很多佛像都是结跏趺坐，双手施禅定印。其中一些佛像非常生动，各有其独特的坐姿，这是很少见到的。

五、华严洞

华严洞主要有两个洞窟。一是华严三圣窟，规模宏大，雕刻生动写实，十分精美。正壁雕刻华严三圣像，中间为毗卢遮那佛，该佛同时兼任华严宗和密宗两个教派的主佛，他的两侧是文殊和普贤菩萨，分别骑着狮和象。在两侧壁又各造五尊坐姿菩萨像，共同组成密教十二圆觉菩萨。据《圆觉经》记述，有十二位菩萨向佛祖请问修行法门，佛为其说大乘圆觉清净境界修行法。这十二圆觉菩萨是：文殊、普贤、普眼、金刚藏、弥勒、清静慧、威德自在、辨音、净诸业障、普觉、圆觉、贤善首。“圆觉”意为圆满之觉性，谓如来所证之理性具足万德，圆满周备，灵明朗然。这十二位菩萨能入如来圆明境界，故称十二圆觉菩萨。

在侧壁的菩萨上方，雕刻的是来自《华严经》的善财童子五十三参故事，可见华严洞造像主要来自华严宗经典，也许将“华严洞”改名为“圆觉洞”更为贴切。诸菩萨的服装为唐式或宋式，雕刻十分精细、写实。另外，十二菩萨造像有一个奇特之处，即每一尊菩萨宝冠上都雕刻了本应当是观音菩萨标志的化佛，可见化佛也可以用在其他菩萨身上。

华严洞另外一座洞窟为建造于南宋时期的大般若洞。“般若”意为智慧。相对于华严洞来说，该窟雕刻水平逊色很多，比如头身比例失调，头部显得过大，雕刻技法稚拙、简单，有更多民间风格。这是一座儒释道三教窟，佛坐于正壁中间，两侧壁雕孔子和老子，旁边刻有众多三教的护法。如果仔细观察护法的数量，我们可以发现，很难将他们归类到一个整体的组合中去。比如，佛教中有二十四诸天，而右侧壁的诸天像个数却不止 24 个。这同样也是民间做法的体现。

六、茗山寺

北宋时期的茗山寺摩崖造像共有 63 尊，都规模较大。第 12 号龛内雕刻着十二护法神将，是药师佛的护法。虽然其中没有出现药师佛，也应该是来自药师信仰。每尊神将上身着紧身衣，下身穿战袍，有的胸前似有铠甲，头戴不同的帽子，手拿不同的兵器，动作各异，大眼深陷，鼻梁塌陷，嘴过大。加之风化侵蚀，使得护法外貌更为夸张。

真正能代表茗山寺造像水平的是第3号“现师利法身”龛，与华严洞和圆觉洞的水平相当，具有学院派的专业优雅风格。龛内的主尊立姿菩萨左手持经书，冠上有化佛，表现的是文殊菩萨。其服装样式结合了唐宋时期的菩萨装特点。我们通常见到的佛装是通肩式、袒裸右肩式、褒衣博带式。第3号龛菩萨所穿为唐式菩萨的袒裸上身，外加袒裸右肩式大衣，是菩萨装和佛装相结合的形式。

第2号龛内雕的是并坐的观音与大势至菩萨。右侧观音像头冠上刻有立姿化佛，左侧大势至像头冠上刻有宝塔，冠的花纹雕刻细腻，技艺高超。在通常情况下，大势至菩萨头冠上应刻宝瓶而非宝塔，这或许是当地民间的做法。因此，我们可以了解到，地方工匠的反传统做法让造像身份存在许多可能性，或许这组造像并不是观音与大势至，因为右侧造像手中拿着一本经书，而手持经书一般为文殊菩萨的特征。但也有可能是当地工匠让观音手持经书。左侧菩萨双手托一钵，也可能表现着另一位菩萨。

七、结束语

安岳石窟的精华位于六个地点。时代最早的是唐代开凿的卧佛院与千佛寨，卧佛院以卧佛龛为主，且与对面崖窟中的《大般涅槃经》刻经有关，有的窟中还有密教观音等像。千佛寨的《药师经变》龛是其精华，可以看到来自川北、长安地区的影响。圆觉洞、毗卢洞、华严洞与茗山寺主要是北宋作品，其中圆觉洞部分造像雕于五代，华严洞部分造像刻于南宋，三地的洞窟代表了北宋时期南方地区造像的最高水平，应当都出自具有高超技艺的专业雕刻大师之手。在这些窟中，我们可以看到根据中国伪经所创作的图像，如圆觉洞的地藏十王像。有一些禅宗题材的造像汉化趋势强烈。毗卢洞内的水月观音像以及柳本尊十炼图，都是同类题材中艺术水平最高的作品。体积最大的洞窟是华严洞的华严三圣窟，是宋代安岳最精美的一组造像。茗山寺造像体量也较大，介于圆觉洞和华严洞之间。

安岳石窟造像体现出唐代以后佛教艺术汉化与世俗化的深入。首先，是中国传统神灵加入佛教殿堂。如圆觉洞地藏十王中，有四位不是来自印度本土，而是源于中国道教以及民间信仰的神灵。第二，是观音的多元化。如毗卢洞第 19 号龛的水月观音像，就是观音多元化的典型表现之一。第三，是造像样式与风格的深入汉化。如菩萨身着佛装，在印度是不存在的，因为中国佛教徒对菩萨上身过多袒裸并不欣赏，但又不便给菩萨穿俗装，便为菩萨穿了佛装，同时保留着菩萨的宝冠、项链装饰等。

Gems of Chinese Grottoes

重 庆

大足石窟

大足石刻群现隶属于重庆市，主要有北山、石门山、石篆山、妙高山、宝顶大佛湾、宝顶小佛湾等处，其中以北山与宝顶大佛湾两处最为著名，被誉为重庆大足石刻双璧。北山石窟汇集晚唐、五代、两宋石刻，共有窟龛 290 座，内容十分丰富。石门山与石篆山石窟规模较小，建造时间集中在北宋、南宋，分别有 16 龛、500 余尊造像，10 龛、200 余尊造像。妙高山石窟开凿于南宋时期，共有窟龛 8 座、1 005 尊造像。宝顶大佛湾则非常特别。中国绝大部分石窟都是在不同时间由不同资助者陆续开凿成的，而宝顶大佛湾石窟是由赵智凤（1159—1249）一人主持设计规划，始凿于 1174 年，历经七十余年，于 1252 年完工，长度 500 余米，共有窟龛 31 座。统一的规划以及独到的岩体使得大佛湾十分特别。当你置身其中，一定会被其浑然一体的严谨的布局和宏大的气魄所震撼。宝顶小佛湾石窟是与大佛湾配套开凿的一处宗教场所，由石块垒砌开凿而成，现在处于关闭状态，有窟龛 9 座、1 000 余尊造像。

一、北山石窟

（一）晚唐时期

当进入北山石窟参观时，雕刻于晚唐时期的第 5 号龛毗沙门天王像，即我们俗称的北方托塔天王首先映入眼帘（图 89）。这尊天王像十分魁梧，他的双臂残损，推测其中一手原应托举宝塔。此像头戴高宝冠，身披铠甲，脚下有两个夜叉托举，同时有一位天女从两脚之间伸出头部。毗沙门天王又名北方多闻天王，是四天王之一。毗沙门天王在西域的于阗国非常有名，传说于阗国王出生在北方天王处，才有了于阗国王世系，因此于阗人对北方天王十分崇拜。这种信仰之后逐渐传到内地，在敦煌石窟壁画以及陕西扶风法门寺唐塔地宫塔门雕刻中便可以见到对毗沙门天王的崇拜。但在汉地佛教造像中，单身的北方天王像较为少见，多和另一身天王配对，辅助佛说法。和四大天王或两天王组合像中的形象有所不同，北山石窟 5 号龛的这尊毗沙门天王像是

图 89　重庆大足北山石窟第 5 号毗沙门天王像龛

目前所发现的体量最大且最为精美的该题材造像。

第 9 号千手观音龛，以高浮雕的方式刻出很多大手，在背光内侧还刻有一圈手掌，但数量很多，同类型观音像较少。上方两只大手托举一佛像，中间双手合十。观音身体两侧的大手有的执武器或法器，可惜很多大手臂残损严重。大足北山地区的造像有一个地方性特点，那就是很多佛、菩萨造像都是两腿下垂的倚坐像。在北方中原地区，倚坐的佛或菩萨像往往是弥勒佛或弥勒菩萨，但在这里不能仅仅依靠坐姿来判断造像身份。因此，当我们探讨一个地区造像发展演变时，应当以地区为主，同时也要考虑一些外来因素作综合考量。

第 52 号龛内雕阿弥陀佛、观音、地藏菩萨，可以明显地看到来自长安（今陕西西安）地区的影响。佛头顶刻有伞盖，伞盖两边各有一个飞天，这种做法见于长安地区发现的唐代造像，但这种样式是受到印度的影响。另外，这尊佛像还有一个小特点，那就是肉髻前有一个突出的髻珠。从现存资料来看，佛头顶髻珠最早在北魏时期就已经出现了，盛行于宋朝及其以后，直到现在也非常流行。这尊坐姿佛像身穿通肩式袈裟，没有悬裳，下座束腰圆形莲座，仍然是武则天时代流行的特点。在佛像组合上，佛与观音、地藏菩萨搭配较为特别，因为在多数情况下，都只是观音与地藏的组合，他们中间一般没有主尊佛。在唐代观音、地藏的组合中，两者最初都是菩萨形象，之后地藏逐渐变成了沙门形象。如在河北邯郸南响堂石窟就刻有唐代的观音与地藏像，其中观音站立，地藏呈半跏趺坐状。大足北山第 52 号的两菩萨都站立于佛两侧，且地藏为沙门形，应是当地的造像特色。

观音和地藏的组合没有佛典依据。两菩萨的职责也各不相同，观音菩萨度化行善者至西方极乐世界，地藏菩萨则是在地狱之中救度行恶者。从唐朝开始，我们见到许多观音与地藏的组合，可以说这是一个很具有现实意义的权宜之计。因为如果同时拜这两位菩萨，做了善事便可随观音入天堂，一旦因歹念而做了坏事，便可由地藏来救度。

第 245 号《观无量寿佛经变》龛，是大足北山最精美的造像龛。高约 5 米，宽约 4 米，深约 40 厘米，体量庞大，保存完整，并且雕刻十分复杂细腻。其布局类似敦煌莫高窟的唐代《观无量寿佛经变》壁画，两侧“十六观”，中部刻西方极乐世界的胜境。中央为呈结跏趺坐的西方三圣，即阿弥陀佛、观音与大势至菩萨，三圣身边围绕众多前来听法的人物。三圣的上方为华丽的天宫盛景，三圣下方刻往生以及“未生怨”故事。目前，我们没有在其他地方找到过有类似复杂布局的该经变雕刻，只在敦煌有类似的唐代壁画。但如果我们因此推断敦煌莫高窟和大足北山石窟之间有影响与被影响关系，就犯了把迄今保存下来的实物当作了以前所有实物的错误。敦煌与大足的样式，都应该来自长安地区。总体来看，这幅《观无量寿佛经变》龛的构图布局十分充实严谨，大小人物刻画皆栩栩如生，亭台楼阁等场景细致、精美，器物展示丰富，是研究唐代艺术的宝贵材料。另外，大足北山石窟除了多倚坐像外，还有造像多托钵这一特点，这幅经变图中的西方三圣也有托钵。在一般情况下，托钵的佛为药师佛，但在北山石窟，不能根据托钵来判断其为药师佛。

（二）五代后蜀时期

第 279 号药师净土变相龛，可以说是大足北山石窟地域特色的集中体现。虽然主尊佛像头部残损，但我们可以通过下方专属于药师佛的十二护法神将来判断其身份。除此之外，自隋代开始，药师佛手中一般都托着一个钵，唐代的药师佛除了托药钵外，还持锡杖。在这座龛中，药师佛的锡杖由其右侧的一位胁侍持着，而他的药钵则飞升在左侧弟子的上方。前文已述，北山的佛与菩萨多有倚坐以及托钵的地方特点，在这一龛中，不仅药师佛为倚坐之姿，两侧的胁侍菩萨也同样是倚坐的状态，并且手中也托有钵。

在此龛的右侧刻有一些地藏菩萨像。他们的样貌类似和尚，头戴风帽，右手拿着锡杖，左手托着宝珠，呈半跏坐姿。

（三）北宋时期

在北山石窟中，水月观音像也较多，如第 113 龛的水月观音。这尊观音右腿弯曲，右臂置于右腿膝上，左腿自然垂下，左臂向下支撑着身体重心。水月观音的坐姿多样，如该龛这样的左右腿姿势可以互换，或者一腿下垂，以双手抱另一腿膝的坐姿。这尊观音像袒裸上身，下身着长裙，但上身的装饰较多，且头戴大冠，已脱离了唐代风格。

第 253 号龛内雕观音、地藏菩萨并立像。唐朝是立姿观音与地藏像组合的源起，最早的两菩萨均为菩萨样貌，如果没有题记，我们很难辨别哪一尊是观音，哪一尊是地藏。后来，地藏演变为半跏坐姿的菩萨像，且有题记相对应。再后来，地藏成为半跏趺坐的僧样。这里的观音为菩萨形，地藏为僧样，继承着北山晚唐第 52 龛的传统。

第 177 号龛中的泗州大圣僧伽像，也是大足北山石窟雕刻精美并且体量较大的造像。僧伽是初唐高宗年代的一位和尚，他曾在长安生活过，但主要活动在泗州（今江苏盱眙）地区，因此被称作“泗州大圣”。相传他擅长治水，一些宋朝以后刻的僧伽像会在下面刻水波纹。唐朝以后，部分中国高僧被认为是佛或菩萨化身，僧伽便被认为是观音菩萨的化身。这尊僧伽像头戴风帽，为和尚样貌，呈结跏趺坐。如果此像只是一般的佛弟子，是不可能这样像佛一样结跏趺坐的。如果他只是普通的罗汉像，可以呈这样的坐姿，但罗汉一般不戴风帽。因此，这尊戴风帽的僧人，一般表现僧伽。

第 180 号“普贤神变窟”，也是很有名的一座窟。当地人称它为“普贤神变窟”是不妥的，因为窟内并没有普贤菩萨像。位于正壁中央的主像为水月观音，坐姿与第 113 号龛的水月观音像类似，只是将左腿盘起。在窟内正、左、右壁下部凿有倒“凹”字形坛，坛上雕着排列整齐的菩萨像，都表现着观音不同的形态，每一尊观音手中所持之物不同，比如有莲花、篮子、印、宝瓶、念珠等。这些手持物品原本都是千手观音所执的器物，唐代翻译的密教经典将其进一步发展为独立的手执一件器物的观音。虽然经典依据已有了，但在唐朝没有造出手持各种物品的观音像，直到宋朝才将经典所记付诸现实。另外，第 180 号窟所体现出的观音多元化，也是佛教艺术汉化、世俗化的表现之一。

（四）南宋时期

第 122 号诃利帝母及乳母龛，也是佛教艺术中国化的具体表现。龛中诃利帝母的造型，完全是一个汉民族贵妇人的形象，脱离了印度佛经中的原型。诃利帝母是五百鬼子之母，也称为“鬼子母”。她生有五百鬼子，却以人间孩童为食。之后被佛教化，皈依佛教，以保护人间孩童为职责。因此，这尊鬼子母的怀中抱有一子。她的倚坐之姿则是北山的地方特色。当送子观音像兴起后，诃利帝母怀抱小儿的图像便逐渐减少了。

第 136 号为转轮经藏窟，空间较大，雕刻也非常精美。在窟的中央雕有一个转轮经藏，实际上是经塔的一部分，信徒可以环绕这座经塔礼拜。根据题记，该窟建造于南宋绍兴十二至十六年间（1142—1146）。右壁主像为结跏趺坐的六臂日月观音，上方两手分别托着日、月，还有两臂手持武器，身旁有一男一女两胁侍（图 90）。日月观音的右侧是立姿的数珠手观音，以右手执一串念珠。日月观音的左侧是结跏趺坐于象背上的普贤菩萨，象的身旁有昆仑奴。可以看出，这一组造像出自专业工匠之手，技艺十分出色。左壁主像为结跏趺坐的宝印观音，为两臂，以右手执印，座的两侧也有一男一女两胁侍。宝印观音的左侧为两臂如意珠观音，双手于腹前捧

图 90　重庆大足北山石窟第 136 号窟内六臂日月观音像

一宝珠。宝印观音的右侧为结跏趺坐于狮子背上的文殊菩萨，狮子的身旁有一昆仑奴。

文殊、普贤菩萨有时作为佛的左、右胁侍，常常同时配对出现。文殊是最有智慧的菩萨，因此手中一般持有佛经，象征其智慧，以狮为坐骑。普贤菩萨则象征着理德、行德，以象为坐骑。他们所用的昆仑奴，具有西域人的面相，凝眉瞪目，头发卷曲，身材矮小。在服装方面，文殊与普贤都身穿袒裸上身较多的唐式菩萨服装，而其他四尊观音像则身穿佛装，为宋式菩萨服装。但他们都头戴宽大的宝冠，为宋代样式。

二、石门山石窟

大足石门山的洞窟较少，但其中建造于南宋时期的第 6 号窟十分精美。该窟正壁的主像为西方三圣，两侧壁各雕五尊观音立像，类似大足北山第 180 窟，表现的也是观音的多种变化身，每位观音手中执不同物品，如莲花、宝镜、扇、柳枝、经函、提篮等。这座窟应当是密教与净土信仰的结合。两侧壁菩萨的着装较为特别，右壁的五身观音穿唐式服装，袒裸着上身，只是上半身的装饰较多；左壁五身观音则身穿佛装，是五代以后的创作。在中国石窟艺术中，大部分观音像都是单尊，也有少量的双观音像。像大足北山第 180 窟和石门山第 6 窟这样集中表现多尊观音像是极为少见的，因此十分珍贵。

三、石篆山石窟

大足石篆山较为精美的作品是第 2 龛和第 9 龛。第 2 号龛建造于北宋时期，主像为宝志和尚（418—514），他生于东晋末年，历宋、齐、梁三代。传说他具有神通，有一次去朋友家里做客，突然他的头上长出十个小头，显现出十一面观音的形象，因此被大家当作观音的化身。这种附会应该来自五代以后，与大足北山第 177 号龛的泗州大圣僧伽崇拜一样，他们都是观音菩萨在中国的化身。在中国寻找印度佛、菩萨的化身，是五代以后的流行做法。据文献记载，宝志拿的锡杖上经常挂着剪刀、尺子和佛像。刚开始人们并不理解这些都有什么含义，后来才慢慢懂得：剪刀可以把东西剪齐，预示着齐朝；尺子用于丈量，预示梁朝；佛与“拂尘”音相似，预示着陈朝。也就是他早就预示了南朝齐、梁、陈的交替。大足石篆山第 2 龛中的宝志为一行脚僧形象，他头戴风帽，左手拿着尺子和剪刀，身后有一幼童挑着他的行李。此处没有展示佛像，也许佛像就在幼童挑的行李之中。

大足石篆山第 9 号龛开雕于南宋时期，内容为地藏十王。半跏坐的僧样地藏菩萨位于龛的中部，他右侧的侍女执着他的锡杖。地藏的两侧环列着十王，都是倚坐之姿，他们的身后是助手，手中持着不同的物品。十王的标准雕凿做法应该是每一位王面前有一个桌子，如安岳圆觉洞第 60 龛。但石篆山 9 号龛的十王则不同，他们的面前没有桌子，像是地藏的胁侍。

四、妙高山石窟

大足妙高山第 2 窟建造于南宋时期，是一座三教合流窟。位于正壁中央的是结跏趺坐佛，帝王打扮的孔子雕于右壁中央，俗人老者形象的老子位于左壁中央。与安岳华严洞的大般若洞三教造像比较，这里的雕刻技术更为细腻与成熟。

同样建造于南宋时期的第 3 窟表现的是华严三圣。正壁主像为毗卢遮那佛，骑狮的文殊菩萨与骑象的普贤菩萨位于两侧，他们的坐骑内侧各有一个昆仑奴。华严三圣在《华严经》中有记载，但是经中并没有将三圣并列而让信徒们来膜拜。将三圣组合在一起加以膜拜，是唐代时期的中国高僧提议的。之后，华严三圣的组合造像便逐渐流行起来。另外，唐代的华严宗所造的毗卢遮那佛和一般的佛没有什么区别，但密教所造的该佛则是穿菩萨装，上身袒裸。唐代以后的毗卢遮那佛多受密教影响，头戴宝冠，身穿佛装，但有一些菩萨的装饰。妙高山第 3 窟的毗卢遮那佛就是这样的。

五、宝顶大佛湾石窟

大足宝顶石刻建造于南宋时期，有大佛湾与小佛湾两个地点。由于小佛湾一直不对外开放，而且规模较小，很多雕像题材都可以在大佛湾见到，因此，在这里我们只介绍大佛湾石窟。

大佛湾是一个 U 形的环形山岩体，中部有溪，总长度达 500 多米。崖面上雕刻着 31 组大型组雕，共有大小造像万余尊，其中以经变主题居多。与中国其他地区的大型石窟群在不同时代开凿、没有统一布局不同，大佛湾有着统一的规划与设计，因为它是由南宋赵智凤一人主持，在 1174 至 1252 年间开凿完成的。可以说，这是一处人杰地灵的绝妙宝地，艺术巨制十分宏伟壮丽。在安岳石窟一章中，我们曾提到唐朝末年柳本尊在四川地区进行密教传播，赵智凤便是柳本尊密教在南宋的传承者。但大佛湾所雕刻的内容并不仅仅限于密教，体现了佛教各宗派之间的信仰与崇拜对象并不互相排斥的特性。赵智凤的初衷是建造一个普及佛教教育的道场，因此在大佛湾几乎可以看到当时流行的各种佛教宗派的信仰，可以说是一个佛教艺术的百科全书。

大佛湾石窟有两个入口。一个位于南岩西侧的《牧牛图》组雕处，一个位于北岩西侧的《柳本尊行化图》组雕处。在北岩和南岩各开凿了一所洞窟，分别是毗卢洞和圆觉洞。大佛湾的中心位于东侧崖面，雕刻着大型的涅槃变，还有与佛传有关的组雕。为了普及佛教常识，崖面上凿刻了大量题记来解释图像内容，有的直接抄录自一些经文。因此，沿着崖面参观一圈，相当于了解了很多重要佛经的基本内容。下面，我们来看其中的一些组雕图像。

第 3 号龛是六道轮回图，是佛教对人生观和世界观的阐释。一尊巨大的力士双手捧着一个轮盘，正中心为一结跏趺坐者，形似佛，从他的身体中发出了六道云气，将整个轮盘划分成了六个部分，而在云气之中还刻有小坐佛像，展示他们已经超脱了六道轮回。从轮盘中心向外第一圈便是六道内容，即天、人、阿修罗道、饿鬼、地狱、畜生道，并且以天道位于最上方，人与阿修罗道位于天道两侧。

位于下部的三道就是“三恶趣”，是人们不愿意轮回的方向。第二圈表现的是人世间的行为与六道轮回的因果关系，第三圈则是轮回的过程。对于信佛的人们来说，这种图解具有震撼心灵的作用。

第5号龛主像为华严三圣，来自《华严经》。《华严经》是一大部头经典，有三个翻译版本。以修行《华严经》为主的宗派被称为“华严宗”，在宋代仍有延续。如果要修行《华严经》，就要崇拜华严三圣，即毗卢遮那佛、文殊、普贤。在第5号龛中，三圣均为立姿，毗卢遮那佛没有雕作半佛半菩萨形，而是与一般佛无二。文殊与普贤则一托经塔，一托佛塔。

第8号龛的千手千眼观音像，是目前全国该题材造像中最大最生动的一尊。一般的千手千眼观音像，都是在诸多大手后非常程式化地绘出或刻出如孔雀开屏一般的小手，且每只小手的形状都相同，像图案一样排列出来。这是一种简便的表现手法。但第8号龛的千手千眼观音每一只手都不相同，且非常写实、逼真，很多手中还执有法器。这尊像高达7米多，如此大的规模，在全国石窟中是独一无二的。

第12号龛九龙浴太子图，雕刻于涅槃佛的旁边（图91）。大概是赵智凤等人在勘测设计时发现这一处有山泉，便将主龙头雕刻在泉眼处，借助天然山泉为下方的坐姿合十太子沐浴。这一设计可以说是匠心独运。同时九个龙头之间雕刻着密布的云彩，仿佛九龙驾云而来，十分形象、生动。

大佛湾中心的涅槃佛像，是大足石刻中最大的一尊造像，同时这是世界上最大的石雕半身卧佛像。卧佛面部与身体前雕着众多的天神、菩萨、俗人等形象，也都是半身像，仿佛他们都是从云中涌出，是这组涅槃变雕像一大特点。半身像在其他地区也存在，但在四川与重庆地区更为流行。

第15号龛是《父母恩重经变》组雕，依据的经典是中国佛教徒在儒家思想影响下所造的一部疑伪经——《父母恩重经》。虽然该经不被正规的佛门寺院所承认，却十分符合民间的偏好，因此在民间十分流行。上半部为七佛半身像，表现过去六佛和现在佛释迦牟尼佛。下半部以组雕的形式表现父母对子女的各种恩典，以右侧一对夫妇向佛祈求嗣息来展开。接着是怀胎十月恩、哺乳恩等。其中的

图91 重庆大足宝顶大佛湾九龙浴太子雕刻

“推干就湿恩”最为动人，展现孩子夜间尿床后，母亲将孩子推到干的地方，自己躺在尿湿之处，母亲对孩子的这种细致关怀令人动容。

第 17 号龛《大方便佛报恩经变》组雕是有印度佛经依据的。比较而言，第 15 号龛《父母恩重经变》表现的是父母对子女之恩，而第 17 号龛的《大方便佛报恩经变》则表现子女应该如何去报答父母之恩。龛的中央是一身巨大的半身佛像，两侧都是分三层雕刻子女对父母的报恩之举。其中有释迦牟尼佛对父母所尽的孝道，如父亲年老时佛去探望，父亲去世时佛亲自抬棺送葬。这些都是佛为信徒作出的尽孝榜样。

第 18 号龛是《观无量寿佛经变》组雕。该龛大体分为两层，上层雕刻西方三圣的半身像，他们的下半身隐于天宫楼阁的栏杆中，犹如身处天宫俯视人间。下层表现的是“九品往生”，即以人们在世间的行为划分九个等级，不同等级在往生西方极乐世界时的待遇不同。最高等级为“上品上生”，去世者将会被阿弥陀佛亲自引接至西方极乐世界，在七宝莲花池里化生（图 92）。

第 20 号龛是《地狱变》组雕，分为四层。上起第一层为一排坐佛像。第二层为负责审判的地狱十王。第三层展示的是有罪者在地狱所接受的各种惩罚，如裸身在雪山受冻，被抛入粪池之中，不断被长矛刺腹，反复被锯齿轮碾压，等等。第四层为人世间可入地狱的各种有罪行为，其中一些主要情节表现的是酗酒后做错事，如丈夫酒后不认妻子，姐姐酒后不认妹妹，等等。还有儿子杀父、淫母的情节，都是要堕入地狱的恶行，希望人们引以为戒。

第 24 号龛《牧牛图》组雕，是用牧童驯牛的情节来阐释修行者悟禅入门的过程。禅宗讲究调服心性，认为人人皆可成佛。很多人之所以没有成佛之缘，是因为其心被太多的贪、嗔、痴掩盖，无法发现自身佛性。如果将心打扫干净，没有了贪、嗔、痴，再学习一些佛教道理，就会发现自身的佛性，就可以立地成佛了。于是禅宗用牧童驯牛的过程，来展现调服心性的过程。在他们编绘的图画中，起初所牧之牛是一头黑牛，表示人们的心完全被贪、嗔、痴掩盖。之后，牛从头到尾逐渐变白，最后成了白牛。大佛湾的《牧牛图》组雕，是一幅充满田园野趣的生活画卷。有牛在旁边自由吃草，牧童在田间睡觉，小猴子过来逗牧童。还有两个牧童在

图 92 重庆大足宝顶大佛湾第 18 号龛《观无量寿佛经变》组雕

田间相遇，一吹笛，一在旁欣赏，中间还站着一只野鹤。由于雕像表面的颜色年久脱落，虽然我们无法分辨整体画面哪里为首，哪里为尾，但艺术家的创作来自对生活的细微观察，至今仍令世人叹服！

六、结束语

在重庆大足，北山和宝顶大佛湾石刻，是其佛教艺术的精华所在，时代从晚唐至两宋。但两宋时期的石门山、石篆山、妙高山石窟也有精彩之处，也值得欣赏。总体来看，大足石刻主要有两个特点。其一，和大部分地区一样，大足石刻汇集了多个朝代的石窟和龛像，如北山石窟所拥有的晚唐、五代、两宋时期的石窟与造像。宝顶大佛湾很特殊，是南宋的赵智凤一手设计、统一规划完成的，布局完整而合理，是一个普及性、综合性的佛教教育基地。其二，大足地区的各朝代造像，展示着晚期中国佛教艺术发展的特点，那就是汉化与世俗化的深入。这个特点在大足的表现，首先是题材的变革，比如根据“伪经”雕造的地狱十王像；观音的多元化，如北山与石门山雕刻多尊观音像的观音窟；中国传统神灵加入佛教殿堂，如地狱十王中有四位都是来自中国道教的神灵。还有，就是三教合流在大足石窟中也有充分体现。

Gems of
Chinese Grottoes

浙 江

杭州飞来峰石窟

杭州飞来峰石窟的年代集中于五代、宋、元这一段中国佛教艺术大变革时期。它是中国东南地区最大的一处石窟群，也是研究唐代以后南方地区中国佛教艺术史绕不开的一部分。纵观飞来峰石窟的发展，我们可以看到唐代以后石窟造像发展的一些总体特点。首先是对唐代样式延续的同时又创造出了新样式与新风格，两种样式交替并存。其次是随着佛教艺术汉化与世俗化的深入，在题材方面也发生了重大的变革。

飞来峰石窟开凿于五代十国时期，这是中国历史上众多政权并存的割据时代。“五代”为唐朝灭亡之后，中原地区相继出现的定都于开封或（和）洛阳的后梁、后唐、后晋、后汉和后周五个朝代。“十国”为割据于西蜀、江南、岭南和河东的前蜀、后蜀、南吴、南唐、吴越、闽国、南楚、南汉、南平、北汉这 10 个政权。其中吴越政权的统治范围为现在浙江全省以及江苏南部，国土最大时占领了福建北部部分地区，当时的杭州即为吴越政权首府。虽然国土面积不大，但吴越国却是当时佛教发展最发达的地区，这与其统治者有重要关系。吴越国共历经三代五王，五位国王全都信仰佛教，并且大力修建寺院、石窟，甚至有后代学者认为吴越国弘扬佛教的力度比其他国家加在一起都要强，当然这种说法有些夸张。

杭州地区的其他寺院石窟大部分也同样建造于吴越国时期，并且相对于飞来峰的五代龛像质量更高。吴越政权之后，飞来峰石窟才逐渐在体量方面超过了其他杭州地区的造像，最终成为杭州最大的石窟造像群。

在 10 世纪至 14 世纪这一段时期中，佛教艺术的主要载体并不是石窟，而是寺院里的造像。如净慈寺在南宋时期建造的五百罗汉殿全国闻名，其他寺院建造五百罗汉时都会仿照净慈寺，并且为了方便参考，后人还将五百罗汉像画刻在碑上供大家拓片、流传。可惜之后造像毁于战火，石碑反而流传了下来，并且由于石碑磨损严重且供不应求，清朝同治年间还对石碑进行了增刻，可见南宋时期这一组五百罗汉像影响之深远。

飞来峰是一个石灰岩小山峰，在众多山泉的冲刷侵蚀下，形成了许多溶洞，其中较大的有青林洞、玉乳洞、龙泓洞，是石窟造像的集中区域（图 93）。飞来峰造像的开凿，自山体东北坡面的青林洞开始，之后继续沿东北坡面开凿。因此，五代时期的造像主要集中在青林洞，两宋时期的造像主要分布在青林洞与玉乳洞之间，

图 93　浙江杭州飞来峰造像局部

以及玉乳洞一带。元代造像主要分散在龙泓洞一线天区域，同时又在青林洞与玉乳洞之间寻找空余的空间开凿，以及沿着冷泉溪的西北与西侧崖面进行开凿。

飞来峰造像的兴起与周围的寺院有着重要关系。飞来峰西北方向是灵隐寺，这里是五代两宋时期中国佛教第一大宗派禅宗的中心之一。东南方向是三座天竺寺，由于北部地势低，因此最北边的天竺寺叫作下天竺，中间的为中天竺，南边的为上天竺。其中，下天竺寺是唐代以后中国佛教第二大宗派天台宗的中心之一。中天竺和上天竺的归属则在天台宗和禅宗之间交替变化。“天竺”的意思为“印度”，这几所寺院之所以命名为“天竺”与“灵隐”，都与飞来峰的传说有关。相传在东晋时代，有一位名叫慧理的和尚从印度来到了杭州，看见了飞来峰，感叹道：“此乃中天竺国灵鹫山一小岭，不知何时飞来？佛在世日，多为仙灵所隐。”因此将山命名为“天竺”，峰命名为“飞来”，地命名为“灵隐”。从此以后，慧理和尚便选择了在这里修行，之后人们又陆续修建了灵鹫寺、灵隐寺、天竺寺等。这个传说最早见于唐朝以后的文献，很有可能是唐代以后的僧人为了加深其寺院历史渊源有意编造的。如果东晋时期确实有这样一位来自印度的高僧，那么《高僧传》中应该会有相应记载。而且杭州自隋代才开始成为一个独立的城市并迅速发展，东晋时期的杭州仅仅是一个不知名的小地方。另外，有的文献记载灵隐寺建造于隋朝，那么飞来峰的传说最早可能产生于隋代，这几处寺院建造于东晋时期的可能性极低。

下面，我们来看看飞来峰各时期造像的情况。

一、吴越国时期

青林洞第 10 号龛主像为西方三圣，龛内题记表明其雕造于后周广顺元年 (951)。由于吴越统治者无心于争霸夺权，便先后尊中原五代及北宋等王朝为正朔，并且接受其册封，还采用中原王朝年号。这也使得吴越国在五代十国时期政治相对安定，经济、文化、宗教都得到了很好的发展。这一组西方三圣像的坐姿都为结跏趺坐，这样统一坐姿的西方三圣像可见于唐代四川、敦煌地区描写西方极乐净土的经变题材绘画或雕刻里。经变在唐代非常流行，第10号龛这一组造像应当继承了唐代西方净土变图像的影响，是唐代此类经变的缩小版。

青林洞外的第2号龛虽然没有题记，但从它和第10号龛的相似性，大致可以判断这组造像应当也雕刻于吴越国时期。相对于第10号龛来说，第2号龛体量较大，且更为精美，也是表现西方三圣。但在杭州吴越国的西方三圣造像中，第2号龛的规模并不是最大的，规模最大的是杭州凤凰山胜果寺的西方三圣大像龛，其次是慈云岭资贤寺的西方三圣像龛。这些龛的相似性都是中间主尊佛像施禅定印，两边胁侍菩萨为结跏趺坐。吴越国这些造像的风格明显继承着唐代传统，有着身材健美的特征。菩萨的宝冠比唐代的大一些，但还没有发展到我们在四川地区看到的宋代菩萨像所戴的大冠。菩萨大部分身穿袒裸两臂的紧身衣，同时又有帔帛，遮盖住了上身的大部分。飞来峰的吴越龛像没有出现天王。资贤寺的西方三圣像龛两侧各雕着一尊天王，他们的手中都持一把长柄斧，这是吴越国时期天王像的一大特点。

二、两宋时期

960年北宋建国时，全国尚未统一。978年，北宋与吴越国进行和平谈判，虽然吴越国手中仍有十万军队，但其统治者无心于战争，便“纳土归宋”，将自己治理的两浙十三州全部献给了北宋王朝。

青林洞外第5号龛旁刻有题记，表明其建造于北宋乾兴元年（1022），题材为卢舍那佛等像17尊。卢舍那佛即毗卢遮那佛，他同时是密教和华严宗的最高佛，其主要胁侍为文殊和普贤菩萨。在唐代，文殊与普贤菩萨多没有坐骑，但从唐代开始逐渐有了坐骑，即文殊骑狮、普贤乘象，有的还伴随着昆仑奴。比较而言，第5龛有两大特点。其一，卢舍那佛周围的胁侍非常多，不仅有骑狮文殊与骑象普贤，两菩萨各有一位善财童子和一位昆仑奴，两侧还有四尊菩萨和四大天王，上方有两飞天，共16位胁侍。如此众多的胁侍，在卢舍那佛图像中很少见到。其二，卢舍那佛头戴宝冠，身穿佛装。这应是密教毗卢遮那佛的形象，创自唐代。

飞来峰第5龛显然不是一座密教造像龛，但卢舍那佛的形象是受到了密教的影响。他的两手向外张开，这种说法印在唐代就已经出现，但并不流行。在北宋时期，有这种手印的卢舍那佛像仍然不流行，但偶尔可以见到，如重庆宝顶小佛湾佛塔中一尊造像便施这种说法印。

青林洞中有较多的罗汉像，其中有一处未完成的五百罗汉像。杭州是吴越国与北宋雕造五百罗汉最早、最发达的地区。根据文献记载，吴越国第一代国王钱镠（852—932）就已经开始建造五百罗汉像了。青林洞的这处北宋罗汉群像虽然时代不是最早的，但风格和吴越国的罗汉像十分相似，是由不同人共同出资雕刻的，共有一百多尊，还留下了许多题记，十分珍贵。杭州地区最著名的五百罗汉像在石屋洞，雕造于吴越国时期，也是由众多的施主出资陆续雕造成的，其中有不少妇女、外地游客参与，共雕有罗汉516尊。这516尊罗汉原型指的是居住在浙江天台山的五百罗汉和玄奘翻译的《法住记》中等待弥勒佛降临的十六罗汉。这组造像围绕一座大龛而设，大龛内雕有一佛两弟子两菩萨两天王，两位天王均手执长柄钺，雕刻十分精美，应当是由吴越国王出资建造的。可惜石屋洞在“文革”时期遭到严重毁坏，在20世纪90年代用水泥对其进行了复原。

从青林洞北行便到了玉乳洞。玉乳洞也是一座石灰岩溶洞，造像大都经过统一规划，最著名的是北宋时期雕造的第24号十八罗汉像。这一组罗汉像大致与真人等高，沿山洞自然走向分布。雕造风格丰满、抽象，在面相上一种似汉族僧人，一种似西域胡僧。人们的衣纹刻画没有任何写实感，仅有阴刻线，不仅与杭州吴越国造像风格区别较大，和其他地区北宋的造像也有明显差别，应该是唐代以后佛教造像地域化在杭州的表现。玉乳洞的十八罗汉像以上文提到的等待弥勒佛降临的十六罗汉再加两位组成，新加的两位俗称“降龙罗汉”“伏虎罗汉”，因为他们的旁边分别以龙、虎相伴。但在佛经中对他们没有确切记载，应当与经典中的一些说法有关。在印度，很多高僧或罗汉有降龙的本领，能将龙收服在钵内（图94）。在一些印度经典中，常常以“伏虎”来象征自身对贪、嗔、痴等观念的降服。另外，不论在当时的中国还是印度，老虎都是一种很大的危害，百姓们非常希望有人能够制伏老虎。于是，在中国的许多佛教史书中，一些高僧就具有伏虎

图 94　浙江杭州飞来峰玉乳洞托钵的降龙罗汉与两罗汉

的本领，他们不是将老虎打死，而是用佛经将老虎调伏。《高僧传》中便记载了许多僧人伏虎的故事。这或许正是伏虎罗汉产生的背景。另外，南宋僧人志磐认为，降龙罗汉与伏虎罗汉应当在印度佛经中有原型。在十六罗汉之前，佛是先向四位弟子嘱托，让他们住世护法，等待弥勒佛的降临。这四位中的两位后来加入到了十六罗汉行列。那么，中国人新编的十八罗汉，应该是增加了原四弟子中的另两位进入新的群体。但是这个说法并没有得到重视，就连苏东坡（1037—1101）都认为新增加的两位罗汉是庆友与宾头卢。庆友是《法住记》的作者，不可能接受释迦牟尼的嘱托。宾头卢就是十六罗汉之一的宾度啰了，是同一人的不同译名。

玉乳洞北洞口处雕刻有第 28 号龛禅宗六位祖师像。其中东侧壁第一尊与第二尊旁刻有题记，分别是："清信弟子杨从简舍财造太祖第一身。天圣四年（1026）二月日立"。"清信女弟子马氏一娘舍净财造六祖像，天圣四年二月日立"。过去有学者认为这里的"太祖"为菩提达摩，六祖为慧能（638—713），继而认为这组像是表现菩提达摩、慧可、僧璨、道信、弘忍与慧能这六位衣钵相传的禅宗祖师。这是唐朝僧人所崇拜的禅宗祖师体系。但这种说法明显与造像的排列顺序相悖了：太祖是第一位，六祖慧能位于第二位。其实，这里的“太祖”指二祖慧可，“六祖”为慧能。历朝历代的首位皇帝谥号常常为“太祖”，而“太祖”可与“大祖”通用。北宋《景德传灯录》卷三记载，慧可圆寂后，唐德宗（780—805年在位）追谥其为“大祖禅师”。之后，也有一些佛教典籍以“大祖”来尊称慧可。同时，禅宗从未将菩提达摩称作“太祖”，而是将其称作“初祖”。唐朝以后，各地寺院逐渐打破原唐代的禅宗六祖崇拜体系，从原六位祖师中选择其中两位或三位，再选择三位或四位本寺院的开山祖师，成为本寺院的祖师崇拜体系。对于唐代禅宗祖师体系的选择并不固定，有时还会加入为禅宗立清规戒律的百丈怀海（约720—814），总体来说较为灵活，能够更加吸引当地信众。因此，飞来峰第28号造像代表了唐代以后禅宗崇拜的新体系，而这一新体系在文献中的记载比该造像的纪年晚了约四五十年时间，可见这组造像的珍贵之处。就艺术风格来看，这六祖像是抽象的，如同北宋同时期所造的罗汉一般。也许在信徒们的眼里，这六位祖师具有与罗汉相同的宗教功能。

第68龛约雕刻于南宋时期，表现布袋和尚与十八罗汉像。布袋和尚是生活在五代时期浙江的禅宗僧人，人们相信他是弥勒佛的化身。他的形象憨态可掬，十分惹人喜爱。在布袋和尚的两侧分别刻九尊罗汉，形成与十八罗汉的组合，正是以五代以后人们在印度原有十六罗汉的基础上增加而成的十八罗汉与弥勒佛相组合，而这里的弥勒佛却是化身成中国禅僧的形象，既特别又有中国化色彩。

三、元朝时期

在元朝，藏传佛教对汉族地区产生了极大的影响，其传播路径为尼泊尔—西藏—大都（今北京），再以大都为基地向四方传播。这与蒙古族的宗教信仰有关。蒙古没有成系统的宗教，因此，当蒙古占领了某个地区后，就会接受当地的宗教信仰，以此来巩固其统治。在占领中原地区后，蒙古人鼓励各种宗教自由发展，但皇室的偏爱是藏传佛教。当年，蒙古军队攻打到四川时，与西藏宗教首领进行了和平谈判，最终西藏和平归顺元朝，从此西藏便纳入了中国版图。为了与西藏保持稳定的友好关系，元朝统治者十分重视藏传佛教，不仅请重要喇嘛做帝师，还用行政手段在汉地推行喇嘛教。于是，全国各地建造了许多藏传佛教风格的寺院、佛塔、造像，现存元朝造像最多的地点就是杭州飞来峰。

元朝的杭州是南方佛教中心。因为那里曾是南宋首都，元朝统治者便在杭州建立了江南释教总统所，第一任总统是来自西夏的杨琏真伽。他虽然劣迹斑斑，却特别受到元世祖忽必烈（1271—1294 年在位）的宠信。杨琏真伽来到杭州任职时，以资金不足为由向皇帝提议发掘南宋皇帝及其陪葬陵墓，用来建造藏传佛教寺院。皇帝同意后，南宋帝陵遭到了巨大破坏。他还推倒位于凤凰山上的南宋皇宫，并在旧址上修建了一座藏传佛教白塔，取名“镇南”，意即“镇压江南”。元朝之前，佛教在汉地经历了上千年的发展，已经形成了一套被民众接纳的汉化佛教体系。而藏传佛教带有更明显的印度风格，并不被汉族民众所喜爱。加之杨琏真伽极端残暴的传教手段，更加使得江南民众对他恨之入骨，民族情绪强烈，并殃及了他赞助的飞来峰雕像。杨琏真伽在飞来峰主持雕刻造像时，同时也雕刻了自己以及两个帮手的肖像，是为现编第 73 龛。到了明朝的 1543 年，杭州知府陈仕贤来到飞来峰这座石龛前，大骂“秃贼”，命令将石像斩首示众，在场的人无不拍手称快。现在，这三个石像的头部都是后来重新修补上去的新作，它们的脖颈和胸部，仍然可以清楚地看到当年被刀砍过的痕迹。几百年后的当地人对这处造像身份不了解，可能以为是一组罗汉像，便将其进行了修补。

沿冷泉溪向南，在溪的东岸岩间还有少量造像。这几尊造像旁边有一座呼猿洞，同样得名于慧理和尚。据说慧理饲养的几只白猿也认出了从印度飞来的灵鹫山，慧理便在此处设立了一个喂养猿猴的台子。呼猿洞对面便是永福寺。永福寺最早建造于五代时期，元代时重新修建并被选为杨琏真伽的江南释教总统所所在地。永福寺的对面就是飞来峰，这也是杨琏真伽在飞来峰倡议雕刻造像的一大原因。虽然他所刻造像以藏传佛教风格居多，但也有一些汉式造像，说明了元朝统治者虽然对藏传佛教有偏好，但并没有打压其他佛教宗派。

飞来峰的元代造像大部分由杨琏真伽倡导雕凿，有些是由首都来的大臣、当地官员等出资雕刻，其中有几所造像龛是由杨本人出资雕造的，如第 89、98 龛。由于杭州当地工匠不熟悉藏式佛像的雕刻，因此这里的大部分元代藏式造像都是由经过尼泊尔巧匠阿尼哥（1244—1306）培养的大都艺术家雕刻的。第 89 号龛的结跏趺坐无量寿佛像下部刻有一方题记，记录此龛雕造于至元二十六年（1289），题记的执笔人为灵隐寺住持净伏。这尊无量寿佛像具有鲜明的藏式风格，穿袒裸右肩式大衣，宽肩、挺胸、细腰，身材雄健有力，这些都与宋朝佛像的特点大相径庭，并不为当时的江南民众所喜爱。另外，这尊藏式无量寿佛双手在腹前托一钵，也与汉式不同。

第 99 号龛建造于至元二十九年（1292），主像为无量寿佛，造型与第 89 龛的同类佛像相似，两侧分别为文殊菩萨与绿度母。文殊菩萨右手举剑，也与汉式的文殊造像不一样（图 95）。度母是观音菩萨眼泪化现的神祇，唐朝密教文献中有

图 95　浙江杭州飞来峰第 99 号龛无量寿佛、文殊菩萨与绿度母

相关记载，但是并没有雕刻成像。在藏传佛教艺术中，度母十分流行，且形象多样，共有二十一度母。第 99 龛的左胁侍为绿度母，其身体微曲呈 S 形，坐姿类似游戏坐。这里的文殊与绿度母都是头戴五佛冠，上身袒裸，是来自印度的菩萨装。

第 52 号龛内雕有大白伞盖佛母像。“佛母”意为众佛之母。大乘佛教认为完美的智慧是诸佛之母，因为智慧的培养可以使人看到佛法的真正本性。佛母是对那些能获得并运用佛法的智慧去救度众生的佛教尊神的象征性名称，他们可以获取和运用佛教智慧来将有情众生度往觉悟的彼岸。这种尊神不能理解为释迦牟尼或其他佛的亲生母亲。在古代社会，伞盖通常为身份地位的象征。大白伞盖原为古印度弘扬佛法的转轮圣王的一种仪仗。佛教用大白伞盖来比喻如来藏性本无染，遍覆有情也。藏文佛典也说：当该佛母持此不可思议之伞盖时，她可以在多方面利益众生。这位佛母同样身穿菩萨装，头戴五佛冠，耳部垂巨大的圆形耳珰，身体两侧帔帛飘逸呈 U 字形。这些都是藏传佛教菩萨灵像的一些共同特点。

第 75 号龛内雕毗沙门天王像，也是藏式风格，与汉式毗沙门天王像有着明显差别。该天王面呈忿怒相，骑着狮子，右手握着指挥战争的胜利宝幢，左手握宝鼠。这个宝鼠既可作为武器，又能口吐宝物。因此，毗沙门天王在藏传佛教中也被作为宝藏神加以膜拜。

第 79 号龛雕一女性神像，着菩萨装，右脚下踩一卧猪。她是摩利支天。根据《摩利支天经》的记载，摩利支天有大神通自在之法，常行走于日天（即太阳神）之前，日天无法见到她，而她能见日天。由于她可以隐身，故她的冤家对头无法对付她，能救芸芸众生于危难水火之中。她的坐骑是猪。因此，骑猪是她的特征之一。她的左手执无忧树枝，而释迦牟尼正是在无忧树下诞生的。摩利支天也同样存在于汉传佛教艺术中，但形象迥异。北京大慧寺有一尊明代摩利支天彩塑像，不但脚下没有猪，而且还是一个汉族贵妇人样。

第 32 号龛表现金刚手菩萨。这位菩萨因手执金刚杵，常侍卫于佛，故称之为金刚手菩萨，具有除恶降魔的广大神力。在汉文佛典中有记载但并未描绘出形象，而在藏传佛教艺术中很流行。他形似一个大腹小男孩，面部呈忿怒相，双目圆睁，头发上竖，戴五佛冠。全身基本袒裸，仅着短裤。双腿迈成弓字步，右手上举金刚杵。金刚杵是质地坚固、既大且重的武器。但在该菩萨的手里，金刚杵如同一个玩具，我们可以想象金刚手菩萨的威力。

第 37 号龛内雕一结跏趺坐藏式佛像，左手于腹前执一金轮。该佛表现的是炽盛光佛。炽盛光佛即金轮佛顶尊，因于毛孔中放出无数光明，故云炽盛光。该佛能降伏九曜，即指北斗七星和辅佐两星，也就是金、木、水、火、土、太阳（羲和）、太阴（望舒）、计都和罗睺九位星君。九曜能主宰人间的吉凶祸福。炽盛光佛能降伏九曜，自然就会造福于人类了，所以受到人们的崇拜。在这尊炽盛光佛莲花台的下方有九尊没有雕造完成的立姿人物，即代表着九曜。炽盛光佛只出自汉文佛典之中，不见于藏传佛教。但这尊炽盛光佛像却有着藏传佛教佛像样式，应是一尊汉藏合璧的佛像。

第 93 龛内有一尊汉藏合璧式的四臂观音像。他结跏趺坐，前两手于胸前合十，后两手分别在身体两侧执念珠与莲花（已残）。他的四臂姿势、圆形大耳珰、莲台的样式都是藏式的，但大宝冠、服装是宋代样式。在飞来峰雕刻的汉藏合璧造像有两种方式，该龛属于汉藏造像样式上的结合，而第 37 龛是汉族题材与藏传造像样式的融合。汉藏佛教交融是元代杭州飞来峰的独特之处，在国内其他地区很难看到这些汉藏合璧式的造像，因此十分珍贵。

飞来峰还有很多元代汉式造像，基本延续着宋代风格。第 95 号龛的主像是汉式水月观音，这是两宋时期流行的造像题材。观音的台座前雕刻莲花、荷叶，象征着他身前的莲花池。在龛的右侧壁雕双手合十的善财童子，左侧壁雕一尊力士像，是很特殊的组合。元代以后，善财童子常随观音，但不再有力士胁侍了。

第 46、47、48 号龛是两组与佛教传播相关的雕刻。第 46、47 号表现唐僧玄奘西天取经题材（图 96）。第 46 号是僧样的玄奘像，第 47 号是玄奘的三位随从，位于中间的一位题记为“朱八戒”，正是元人对猪八戒的称谓。“猪八戒”的名称是在明代才确定的，是为了避明朝开国皇帝朱元璋的讳。所以，这座龛是迄今已知的表现《西游记》题材的最大一幅作品，也是唯一具有明确朱八戒题材的元朝作品。第 48 号龛内雕两尊立姿僧人像和一匹马，展现的是东汉明帝（58—75 年在位）时期自印度来到中国传教的摄摩腾、竺法兰“白马驮经”的故事。

图 96　浙江杭州飞来峰第 46、47 号龛《西游记》组雕

四、结束语

杭州飞来峰石窟共编 102 号，约 349 尊雕像，起自吴越国，终于元朝。吴越国造像的主要题材为西方三圣，数量不多，体量不大。北宋时期较为优秀的造像有青林洞未完成的五百罗汉、两组十八罗汉、卢舍那佛会，以及玉乳洞的等身十八罗汉、禅宗六位祖师像等。这些像都具有北宋杭州雕刻的地方特点，即多用抽象的艺术表现手法。南宋时期只在飞来峰雕刻了颇为壮观的布袋和尚与十八罗汉像。比较而言，元代的造像体量大，兼具汉藏艺术特点，主要是由元朝时期在杭州任命的江南释教总统杨琏真伽主持、倡议的，很可能由一批来自大都的艺术家设计并实施雕刻。在元代藏式造像中，有很多汉地不见的题材与样式。而在元代汉式造像中，则主要继承着两宋的传统。在元、明时期，杭州地区的民众对蒙古人和藏人带有强烈的民族情绪，因此对藏传佛教及其艺术也非常抵触，对杨琏真伽十分厌恶，表现在了很多元、明时期文人的作品中，以至于在明朝砸毁了杨为自己在飞来峰雕刻的肖像。但在现代人的眼里，这些元代雕刻是一批极为珍贵的文化遗产。

Gems of Chinese Grottoes

云南

剑川石钟山石窟

剑川石宝山的石钟山石窟，是大理剑川最著名的名片之一。这个在唐、宋年代所对应的南诏大理国时期开凿的石窟，早在1961年就被列入国务院第一批重点文物保护单位（图97）。这个时间比大理古城被列入国家级历史文化名城的1982年还要早差不多21年，可见其珍贵之处。在学者眼中，被誉为“西南敦煌”的石钟山石窟是国内唯一反映滇密阿吒力教的石窟，它几乎算是这个在南诏初期未列入国教却相当于国教的宗教对整个南诏文化艺术的影响的缩影。

一、时代背景

唐、宋之间，云南相继出现南诏、大理两个在中国历史上占有重要地位的少数民族政权。直至元代初年，蒙古人占领大理，以洱海为中心的云南区域才正式归入中央版图。

唐代初年，大理地区有六个少数民族部落以洱海为中心兴起，其中最为强盛的蒙舍诏、蒙巂诏位于巍山境内。因为蒙舍诏在其他五诏的南边，又被称为南诏。当时，唐王朝与吐蕃的战争不断，位于吐蕃与唐王朝缓冲区的六诏自然成为两方争取的对象。处于夹缝的五诏和河蛮部落在两股强大势

图97 云南剑川石钟山石窟外景

力之间游离不定，唯有蒙舍诏始终拒绝归顺吐蕃。

唐太宗贞观二十三年（649），蒙舍诏首领细奴逻（617—674）以巍山图山城为都城建立大蒙国。唐高宗永徽四年（653），细奴逻遣子出使唐朝，唐高宗（628—683）封细奴逻为巍州刺史，自此蒙舍诏成了唐王朝在洱海地区最坚定的支持者。唐玄宗开元二十六年（738），在唐王朝的支持下，细奴逻的孙子皮逻阁（697—748）统一六诏，建立南诏政权（738—902），这个历时253年经十三帝的国家，也是大理地区第一个真正意义上的统一政权。南诏国初建时，剑川还在吐蕃势力的控制之下，直至南诏第六代国王异牟寻（754—808）与唐朝结盟击败吐蕃军队，剑川才正式归入南诏版图。

南诏的主要民族为哀牢族，以乌蛮的蒙姓为国王，以白蛮的大姓为辅佐。乌蛮是彝族的先民，白蛮是白族的先民。902年，南诏权臣郑买嗣（861—909）灭南诏建立大长和国（902—928）。928年、929年，大长和的东川节度使杨干贞建立短暂的大天兴国、大义宁国。937年，白蛮贵族段思平建立大理国（937—1094、1096—1253），整个洱海地区开始重归太平，进入一个全新的发展阶段。

唐宋时期，南诏、大理也曾数次与以四川成都为代表的汉族政权发生战争，双方各有进退。在战乱中，有一些汉族工匠从四川被掳至云南，一些中原的技艺文化也逐渐在洱海周边开始落地生根。

南诏、大理的两个政权统治者都信仰佛教，尤其是大理国尤为推崇佛教，其22代国王中先后有9位国王禅位为僧。因此，佛教在南诏、大理国得以充分发展。扼守中国西南边陲，西连缅甸，南连老挝、越南，西北隅紧连吐蕃，云南这种独特的地理位置，决定了这里的佛教艺术将呈现出比中原更丰富的多元形态。中原的大乘佛教、东南亚的南传佛教、吐蕃的密教都在此交会，与当地的本土文化相融合形成大理地区独有的阿吒力教文化。

二、石钟山石窟概况

石钟山，因此山有一处形状如倒扣石钟而得名，属大理剑川石宝山支峰、老君山脉。石钟山石窟是云南地区开凿最早的石窟之一，起自晚唐，历五代至南宋，基本集中于南诏、大理国时期，距今已有一千多年历史。石钟山石窟分为石钟寺、狮子关、沙登箐二区：石钟山区编号 8 所，窟、龛均有；狮子关区编号 3 所；沙登箐区编号 6 所；造像合计 139 尊。

与其他地区所发现的石窟题材不同，石钟山石窟不仅包含了南诏、大理时期的佛教艺术内容，还增加了对当时南诏王室政治生活、当地本土原始宗教崇拜的内容刻画。它还将唐宋的正统风格与来自吐蕃密教的影响融为一体，在超凡的想象力之下，打破了许多传统的中原造像规则，以更为灵活的形式向我们呈现了南诏大理国的佛教艺术魅力。它是唐宋时期以洱海为中心的少数民族精神与物质文化的重要记录，在中国石窟艺术文化中拥有独特地位。

接下来，我们以石钟山石窟的三区作为切入点，以开凿年代为顺序，逐一领略这些“南天瑰宝”的魅力。

三、南诏国时期的龛像

石钟寺区的南诏作品代表是第 6 龛，开凿于晚唐时期的它是该窟群中规模最大、内容最为丰富的洞窟。龛长 11.63 米、高 4 米。在巨龛正中雕一佛两弟子，左右各有四尊多面多臂忿怒明王像，以及护法毗沙门天王、四臂大黑天像等，合计 13 尊造像（图 98）。第 6 龛的整体设计为仿木结构大殿，六柱将全龛分为五间，形成一个五开间的仿木结构大殿。所有造像下均设有统一的束腰形佛坛，如同佛寺大殿的中央佛坛。位于龛中央的一佛两弟子像整体风格承袭唐风。主佛像着袒裸右肩式的大衣，结跏趺坐于莲台上，左手放在腹前施禅定印，右手覆掌作触地印（降魔印）。旁边两侧为随侍两弟子，右为年轻的阿难，左为年老的迦叶。主佛像有榜题曰：“大日遍照佛”，应指密宗的最高佛大日如来。该佛与唐宋时期汉族地区流行的半佛半菩萨样大日如来形象有所不同，而与一般的释迦牟尼降魔成道形象一样。大日如来是释迦牟尼的法身，将他造成释迦牟尼佛的样子，似乎没有错。这也许正是南诏国佛教徒对大日如来图像的理解。大理国著名画家张胜温约

图 98　云南剑川石钟山石窟石钟寺区第 6 龛

绘制于 12 世纪的《梵像卷》中也有大日遍照佛与两弟子像，与第 6 龛的样式基本一致，表现着大理国时期大日如来的图像。

明王是佛与菩萨的变化身，为教化愚昧众生而做的忿怒像。因有八大明王内容，第 6 龛又被称为“八大明王堂”。龛内雕刻的八大明王均有相应的榜题，他们分别是降三世明王、大威德明王、大笑明王、大轮明王、步掷明王、马头明王、无能胜明王、不动明王。与其他地区发现的明王像相比，石钟山的八大明王雕刻技艺更具有当地的民间风格，均为坐姿，各持不同的法器。有学者认为石钟山的八大明王形象应该是来自吐蕃的密教形象，我们认为他们是来自长安的唐代密教影响下的产物。1959 年，在西安的唐长安城大安国寺遗址曾发掘出一批唐玄宗时期的精美白石造像，包括与第 6 龛相似的坐姿多面多臂的降三世与马头明王像，两地明王像的共同特点，说明了他们之间的联系。在唐玄宗（712—756年在位）时期，长安的密宗发展已经颇具规模。在中唐时期来华的日本僧人空海（774—835）就曾在长安密宗的青龙寺学习，并将密宗传至日本，以平安京（京都）东寺为中心创立了日本密宗。剑川石钟山石窟第6龛的明王样式，反向证明了安国寺遗址所出土的造像为五大明王或八大明王。而安国寺出土的白石造像，又印证了剑川的明王像组合应来自唐长安城。

第6龛的左右两侧分别雕有毗沙门天王和大黑天神。毗沙门天王手持三叉戟，上缠幡，右手上举，但手已残，原似托塔，脚踩夜叉鬼。大黑天神玛哈嘎拉，为四臂忿怒像，是藏族信仰的战神，表现着吐蕃密宗对南诏国的影响。我们可以感受到这座南诏佛龛所承载的多元佛教艺术风格。

沙登箐区第8龛雕倚坐弥勒佛与两弟子像，也属南诏国时期。这尊佛像着通肩式大衣，身材丰满、健壮，很具有武周时期倚坐弥勒佛像的风格。但从石钟山石窟流行倚坐之姿来看，该佛像也有可能是释迦牟尼。

四、大理国时期的龛像

石钟山区第4龛为圆拱形，内雕“华严三圣”像，兼有唐、宋两朝风格。主尊佛像呈倚坐之姿，在唐朝一般为弥勒佛，但在这里应表现释迦牟尼佛或卢舍那佛。佛、菩萨像流行倚坐之姿，是石钟山石窟的地方风格之一。主佛头顶有螺髻，面相丰满，身躯健壮，着袒右肩式大衣，坐于束腰须弥座之上，双足各踏一朵莲花，具有唐武周时期倚坐佛像的特点。左右两侧的菩萨像分别为骑狮的文殊、骑象的普贤，都是头戴大宝冠，内着紧身胸衣，胸前系带，呈现的是宋代菩萨像风格。二菩萨坐骑旁还各有一尊昆仑奴，普贤菩萨的造像仍保存完好。在一佛二菩萨的背光后部之间各露出一半身弟子像，为浅浮雕刻成，右侧的为年轻阿难，左侧的为年老迦叶，头后都有圆形头光。

石钟寺区第7窟的甘露观音是剑川石窟中保存最为完整的造像之一，身旁有二侍女。因为造型完美，有学者赞誉其为“东方维纳斯”。这尊观音像的塑造融合了宋风及密教的特点，头戴宋朝流行的高宝冠，右手持柳枝，又是观音的一般特征。他左手托钵，双腿下舒呈倚坐之姿，具有大足北山造像多倚坐、多托钵的特点，很有可能是受到四川盆地的影响。

这尊甘露观音被当地人称为“剖心观音”，流传有很多故事。其一，说她原本是当地一个善良的女子，为救自己的母亲，剖心作药引。为了纪念她的勇敢、善良，后人将其视为观音的化身。其二，观音想要普度众生，可是世人却不理解她苦苦相劝的佛语。于是她剖腹掏心，放于钵内，让人观之，以视赤诚。后世的信徒为纪念她，所以造了这尊剖心观音像。这些应该都是后代给为尊雕像附加的传说故事。

第 5 龛分为三部分（图 99）。中部的屋形龛内主尊是维摩诘，坐于岩座之上，身后的背景是山岩。维摩诘是大乘佛教中著名的居士，被尊为在家菩萨。

图 99　云南剑川石钟山石窟石钟寺区第 5 龛

在这组造像中，他结跏趺坐，身着交领式大衣，头戴一帽，帽上向两侧各垂一带。这种服装与大理国画家张胜温绘的《梵像卷》中的“维摩大士”相同，因此该像被学术界判定为维摩诘像。他面容消瘦，颧骨突出，与我们所熟知的汉地雕刻与壁画中的维摩诘形象有很大的差异。在第5龛中部主像的左右两侧各有一坐姿人物，正在与他谈经论道。有学者推测，这个场景为维摩诘与文殊菩萨对坐说法。但在《维摩诘所说经》中，维摩诘与文殊菩萨两人对坐说法，在图像中的表现一般是左右对称，地位对等。但在第5龛中部，主尊与两侧人物显然是有主次之别，且两侧人物从形象来看也不像是菩萨，倒像是出家僧人。

大理国时期所留下的《南诏图传》描绘了佛教传入南诏的历史，也就是洱海地区南诏、大理国所常用的梵僧传教说。在这个传说中，前来云南传播佛教的梵僧是观音化身，在进入云南初期，很多当地人不仅不信佛，还对梵僧排斥追打，于是梵僧显现神迹，化身为观音，佛教自此在云南落地生根。第5龛的两侧各有一圆拱形龛，龛内各雕一尊样式不同的观音像：左龛的菩萨袒裸上身，头顶束高发髻，为倚坐的阿嵯耶观音之姿；右龛内的菩萨为结跏趺坐之姿，头戴冠，身穿紧身内衣，饰有帔帛等，右手持柳枝，左手托钵，是受到宋代风格影响的菩萨像。总之，第5龛两侧龛内的观音像，似乎表现着观音在云南地区化现之初到落地生根、接受宋代影响的过程。那么，中龛内的造像，很可能与梵僧神迹有关。

在南诏、大理国的佛教文化发展中，融合了来自不同区域的文化影响，形成了独树一帜的滇密文化“阿吒力教”，它是密教在云南的表现。其最具代表性的造像就是高发髻、身躯直立、上身袒胸、下身着裙、身段优美，风格非唐非宋，深具南亚或东南亚影响的“阿嵯耶观音”。这种形象的观音可见于沙登箐区第2窟，造于大理国时期，正是梵僧化现成观音的形象。狮子关区的第1龛雕着梵僧立像，左手于胸前执一瓶，表现的是梵僧初来云南传教的形象。

南诏时期佛教由印度梵僧传入，经过本土化后形成了云南地区独具特色的佛教文化。阿嵯耶观音在南诏国、大理国深受尊崇。金铜阿嵯耶观音像在海外尤为著名，留存约有 22 尊，约造于 12 世纪。其中一尊收藏于美国纽约大都会艺术博物馆，高 52.7 厘米。这些金铜阿嵯耶观音像都是出自大理崇圣寺主塔，造型划一，都是在民国时期流落海外的。在国内的藏品中，则以云南省博物馆所藏的纯金阿嵯耶观音像最为精美。

石钟寺第 3 龛造像为倚坐地藏菩萨。他下坐方形束腰叠涩座，身后有圆形背光。他头戴风帽，帽内隐现菩萨的宝冠；身穿圆领通肩式大衣，又具菩萨特有的项圈。右手已残，原左手似于胸前持摩尼宝珠。可以看出，这是一尊半菩萨半僧人的形象。在唐代造出的地藏菩萨像中，大部分为菩萨形，较少为僧样，因为地藏常作沙门形。传统的汉地地藏菩萨像多数不戴风帽，但戴风帽也有，常见于大足北山石窟之中，可以看出宋代对云南的影响。在张胜温所画《梵像卷》中，就有与第 3 龛相似的地藏菩萨像。

石钟寺区第 8 龛“阿央白”是剑川石窟中常被提及的一座洞窟。现存正龛内的正壁下部有一个三层坛座，上面似有一个莲花台，台上壁面刻一凹槽，形似女性的外生殖器，被很多学者认为是白族生殖崇拜的代表图像之一。因此，这里的“阿央”意即小姑娘，“白”就是女性生殖器之意。生殖崇拜在中国自古有之，原因是古代社会生殖率普遍较低。还有一种解释是：“阿央”意即小孩子，“白”代表门，组合起来的意思就是孩子的诞生地。这应是以抽象的意思来表现生殖崇拜。但根据对现存龛内迹象分析，这里最早的设计并不是生殖崇拜图像。龛内正壁有一莲花，通常是为承托坐姿佛像用的。正壁的凹槽，很可能是原像被毁后才刻出的。现龛内两侧壁还各有一尊浮雕坐佛像，以及数尊护法像。门外两侧各雕一尊天王立像。因此，我们可以推断，第 8 龛的主龛内正壁原雕有一尊坐佛像，与侧壁的两坐佛组成了三世佛题材。

石钟寺区的第 9 龛，是绘在三个圆拱形浅龛内的三尊立菩萨像壁画。这是石宝山唯一的摩崖壁画。因为时间久远，壁画颜色脱落严重，仅存两尊菩萨像相对清晰。两菩萨都是数珠观音立像，双手并放于腹前，持有念珠；上身袒裸，饰有项圈、臂钏、手镯，下身着长裙。头上戴宝冠，有两条长巾带披下。这种造型，大体反映着内地宋代风格的数珠观音形象。

五、王国宫廷的写照

石钟山石窟的重要地位，不仅来自这里保留融合藏、汉、彝、白多民族特点的佛教题材雕刻，还有国内少有的针对少数民族政权帝王的生活重现与崇拜。对王者的崇拜，又和古代云南本主信仰有关。本主崇拜是洱海地区白族的一种独特宗教信仰，由最初原始社会对自然神的崇拜演变而来，属于典型的多神崇拜。本主神可以是拟人化的自然生灵，可以是祖先英灵，也可以是历史上的王者将相。对于当地人而言，能够带给洱海区域统一、稳定的南诏王者，自然可以保佑人们平安吉祥，成为崇拜的供奉对象。就这样，在石钟山石窟的题材中，就包含了南诏国三个不同时代的国王造像。首先是于巍山开拓南诏历史的细奴逻（617—674），之后则是因受不公平叛唐发展南诏的阁逻凤（712—779），最后则是重新归唐的异牟寻（754—808）。这些君王造像华美，周围的人像也极尽细致，三座龛的雕刻连接起来，就是一部粗略的南诏历史画卷。

狮子关区第 3 龛雕刻着南诏王细奴逻全家像，被当地人俗称为“全家福”。石窟刻有 4 行题记曰：“大圣聖躅□ / 大王及后妃男女 / 从者等尊容元 / 改造像昌宁记之”。学者们根据古文献分析，推定这一窟的主题为南诏国开创者细奴逻与家人相聚的形象。

第 3 龛形为长方形平顶龛，高 0.62 米，横宽 1.24 米，深 0.23 米，龛内雕有造像七尊。在龛中间的长方形床上，端坐着一对夫妻，双手拱放于胸前，神态温和、恭敬。夫妻中间有一个正在玩耍的小孩，夫妻两侧的床后分别端立着侍者，再后面刻有屏风。在夫妻的床外侧分别刻着一位侍者，左侧为男性，右侧为女性。虽然画面内物品陈设简单，但是整体呈现轻松、活泼，一种生活的气息迎面而来。

阁逻凤是南诏第五代国王。继位后，他消灭了东爨、西爨，将南诏控制区域扩展至滇东。阁逻凤初承父位后就臣服于唐，但是因受云南太守张虔陀的欺压，起兵反唐，然后依附于吐蕃。叛唐后，阁逻凤曾于 766 年在太和城立南诏德化碑，表明叛唐出于不得已，愿与唐世代友好。

石钟寺区第 2 龛榜题为“阁逻凤出巡图”（图 100）。龛高 1.9 米、宽 1.52 米、进深 0.5 米，共有造像十六尊。从整体的画面呈现来看，该龛仍然属于议政图。正中主位上的国王头戴少数民族风格的椭圆形皇冠，衣着类似宋朝的圆领朝服，两侧分别雕有仪仗、侍女、大臣、僧人等，整体内容丰富。我们可以通过画面推想当时阁逻凤的日常议政场景，推想他正在带领南诏王朝走向强盛。

石钟寺区第 1 龛表现的是异牟寻与大臣在宫廷中的议政场景。龛高 3.66 米、宽 1.2 米、进深 0.5 米。异牟寻头戴金刚宝塔莲花冠，盘腿正坐于龙椅之上。他的两侧有侍从五人，包括持剑武士、持长柄扇侍从等，在龛的左、右两侧壁各雕一大臣，呈倚坐之姿。窟内所雕人物形象栩栩如生，其中两大臣着装为圆领朝服，头戴硬翅幞头，明显受到了宋朝的影响。

图 100　云南剑川石钟山石窟第 2 龛

异牟寻是南诏第六代国王，其继位时南诏已归附吐蕃。继位后，异牟寻率领二十万人马与吐蕃会合，共同进攻唐朝。吐蕃、南诏联军战败，吐蕃封异牟寻为日东王，将南诏降为吐蕃属国。不堪吐蕃贡赋压迫的异牟寻为了寻求国家的稳定发展，于 793 年联合唐军攻打吐蕃，同时移宁北节度使至剑川，称剑川节度。794 年，唐、南诏订立盟约，以此为起点吐蕃开始衰落，南诏则日益稳定，逐渐成为西南强国。

六、结束语

云南地区保存的佛教艺术，以剑川石钟山石窟最为典型与丰富。这里的佛教艺术有些受藏传佛教的影响，更多地受到唐宋时期佛教艺术的影响，还有东南亚的南传佛教影响，以及云南本土风格的影响。由于南诏、大理国统治者仰慕汉地文化，我们看到的主要影响就是唐宋时期的佛教艺术元素。在传统的汉地石窟中，帝王将相通常是以供养人的形态出现，但是在石钟山石窟，南诏国王议政的情景被放入了石窟中，其原因来自白族独有的本主崇拜。

后记

2020年上半年，正当新冠疫情肆虐全球、国内同胞外出参观十分困难之时，我也被困在美国无法返回中国。杭州艺旅文化科技有限公司（以下简称“艺旅文化”）邀我举办线上系列讲座，为大众讲解中国佛教艺术，其中规模最大的一个便是《中国石窟艺术精讲》（25讲）。为了使听众能在听讲之前先了解一些佛教艺术的基本常识，这个系列的绪论就是“佛教艺术的基本常识”。关于石窟艺术有24讲，包括拜城克孜尔洞窟（1）、吐鲁番柏孜克里克石窟（1）、敦煌莫高窟（5）、安西榆林窟（1）、永靖炳灵寺石窟（1）、天水麦积山石窟（1）、大同云冈石窟（2）、太原天龙山石窟（1）、洛阳龙门石窟（2）、巩县石窟寺（1）、南北响堂石窟（1）、关中唐代石窟（1）、延安宋金石窟（1）、广元石窟（1）、安岳石窟（1）、大足石窟（1）、杭州飞来峰石窟（1）、剑川石钟山石窟（1）。可以看出，这个系列讲座基本涵盖了中国石窟的精华。

2021年上半年，东方出版中心戴欣倍编辑联系我，说愿意将这个系列讲座的内容予以出版，以供读者在参观这些精华石窟时阅读。我和艺旅文化均觉得这个主意甚好，就开始行动起来。艺旅文化的许艳女士组织招募了一些有写作与编辑经验的学员，把我的讲座录音整理成文字，他们是杨星月、刘丽亚、方博安、冯瞰、朵云、薄一涛、李钰霞、吴迪。之后，李钰霞、吴迪、冯瞰、朵云又在整理后的初稿文字上统稿。当年 9 月至 12 月，我在这个初稿之上再作改写、补充和整合并配图，最终定稿。衷心感谢上述学员们的辛苦付出，感谢黄智青、马铭锐、杨超超、林保尧、王静娴等人提供的部分照片，感谢艺旅文化的通力合作，也感谢东方出版中心的慧眼，最终将本书呈现在读者面前。

常　青

2021 年 12 月 15 日于成都

参考文献

〔日〕小野玄妙、田中俊逸：《天龙山石窟》，东京：金尾文渊堂，1922年。

〔日〕水野清一、长广敏雄：《响堂山石窟》，北京：东方文化学院京都研究所，1937年。

〔日〕水野清一、长广敏雄：《龙门石窟の研究》，京都：座右宝刊行会，1941年。

〔日〕水野清一、长广敏雄：《云冈石窟：西暦五世纪における中国北部佛教窟院の考古学的调查报告》16卷32册，京都：京都大学人文科学研究所，1951—1956年。

〔日〕常盘大定、关野贞：《中国文化史迹》，东京：株式会社法藏馆，1976年。

夏鼐、常书鸿、宿白、金维诺、〔日〕长广敏雄、〔日〕冈崎敬、〔日〕邓健吾主编：《中国石窟》(17卷)，日本平凡社、中国文物出版社联合出版，1980—1996年。

陈兆复：《剑川石窟》，昆明：云南人民出版社，1981年。

王士伦、赵振汉：《西湖石窟探胜》，上海：上海人民出版社，1981年。

敦煌文物研究所：《敦煌莫高窟内容总录》，北京：文物出版社，1982年。

中国美术全集编辑委员会：《中国美术全集》(第11卷)，上海人民美术出版社、文物出版社、人民美术出版社联合出版，1985—1989年。

中国大百科全书总编辑委员会：《中国大百科全书·考古学》，北京：中国大百科全书出版社，1986年。

王子云：《陕西古代石雕刻Ⅰ》，西安：陕西人民美术出版社，1985年。

甘肃省文物工作队等：《庆阳北石窟寺》，北京：文物出版社，1985年。

李泽厚：《美的历程》，北京：中国社会科学出版社，1986年。

阎文儒：《中国石窟艺术总论》，天津：天津古籍出版社，1987年。

甘肃省文物工作队等:《陇东石窟》,北京:文物出版社,1987年。

甘肃省文物考古研究所:《河西石窟》,北京:文物出版社,1987年。

宁夏文物管理委员会等:《须弥山石窟》,北京:文物出版社,1988年。

段文杰:《敦煌石窟艺术论集》,兰州:甘肃人民出版社,1988年。

敦煌文物研究所编:《1987年敦煌石窟研究国际讨论会文集:石窟艺术编》,沈阳:辽宁美术出版社,1990年。

吴焯:《佛教东传与中国佛教艺术》,杭州:浙江人民出版社,1991年。

河南省古代建筑保护研究所:《宝山灵泉寺》,郑州:河南人民出版社,1992年。

温玉成:《中国石窟与文化艺术》,上海:上海人民美术出版社,1993年。

晁华山:《印度、中亚的佛寺与佛像》,北京:文物出版社,1993年。

胡文和:《四川道教佛教石窟艺术》,成都:四川人民出版社,1994年。

阎文儒、常青:《龙门石窟研究》,北京:书目文献出版社,1995年。

常青:《沙海佛光——敦煌莫高窟漫笔》,成都:四川教育出版社,1996年。

宿白:《中国石窟寺研究》,北京:文物出版社,1996年。

宿白:《藏传佛教寺院考古》,北京:文物出版社,1996年。

龙门石窟研究所编:《龙门石窟一千五百周年国际学术讨论会论文集》,北京:文物出版社,1996年。

北京大学考古学系等:《新疆克孜尔石窟考古报告》(第1卷),北京:文物出版社,1997年。

刘长久:《安岳石窟艺术》,成都:四川人民出版社,1997年。

刘长久:《中国西南石窟艺术》,成都:四川人民出版社,1998年。

常青:《彬县大佛寺造像艺术》,北京:现代出版社,1998年。

刘景龙、李玉昆:《龙门石窟碑刻题记汇录》,北京:中国大百科全书出版社,1998年。

龙门石窟研究所:《龙门石窟内容总录》(12卷),北京:中国大百科全书出版社,1999年。

敦煌研究院、甘肃省博物馆:《武威天梯山石窟》,北京:文物出版社,2000年。

中国石窟雕塑全集编辑委员会:《中国石窟雕塑全集》，重庆：重庆出版社，2000—2001 年。

刘建华:《义县万佛堂石窟》，北京：科学出版社，2001 年。

重庆大足石刻艺术博物馆:《2005 年重庆大足石刻国际学术研讨会论文集》，北京：文物出版社，2007 年。

马世长、丁明夷:《中国佛教石窟考古概要》，北京：文物出版社，2009 年。

常青:《石窟寺史话》，北京：社会科学文献出版社，2012 年。

〔日〕石松日奈子著、筱原典生译:《北魏佛教造像史研究》，北京：文物出版社，2012 年。

四川博物院等:《四川出土南朝佛教造像》，北京：中华书局，2013 年。

王敏庆:《北周佛教美术研究——以长安造像为中心》，北京：社会科学文献出版社，2013 年。

颜娟英:《镜花水月：中国古代美术考古与佛教艺术的探讨》，台北：石头出版社，2016 年。

张宝玺:《河西北朝石窟》，上海：上海古籍出版社，2016 年。

大足石刻研究院:《大足石刻全集》(11 卷)，重庆：重庆出版社，2017 年。

云冈石窟研究院:《云冈石窟全集》(20 卷)，青岛：青岛出版社，2017 年。

常青:《长安与洛阳：五至九世纪两京佛教艺术研究（上下册)》，北京：文物出版社，2020 年。

常青:《西湖佛迹：杭州石窟造像调查与研究》，北京：中国书店出版社，2020 年。